AF372871

Leer y escribir para aprender Historia

Secuencias para la enseñanza y el aprendizaje del pensamiento histórico

EDICIONES UNIVERSIDAD CATÓLICA DE CHILE
Vicerrectoría de Comunicaciones
Av. Libertador Bernardo O'Higgins 390, Santiago, Chile

editorialedicionesuc@uc.cl
www.ediciones.uc.cl

LEER Y ESCRIBIR PARA APRENDER HISTORIA
Secuencias para la enseñanza y el aprendizaje
del pensamiento histórico
Rodrigo Henríquez, Andrés Carmona, Alen Quinteros,
Mabelin Garrido

© Inscripción N° 287.530
Derechos reservados
Enero 2018
ISBN N° 978-956-14-2220-9

Corrección de estilo: Tiarella Moreira Muñoz
Diseño: Francisca Galilea
Impresor: Imprenta Salesianos S.A.

CIP-Pontificia Universidad Católica de Chile
Leer y escribir para aprender historia: secuencias
para la enseñanza y el aprendizaje del pensamiento
histórico / Rodrigo Henríquez [y otros].
1.   Métodos de enseñanza - Chile.
2.   Historia - Enseñanza - Chile.
3.   Ciencias sociales - Enseñanza - Chile.
I.   Henríquez Vásquez, Rodrigo Fernando, autor.
2018   371.3 + DDC23   RDA

Leer y escribir para aprender Historia

Secuencias para la enseñanza y el aprendizaje del pensamiento histórico

RODRIGO HENRÍQUEZ

ANDRÉS CARMONA

ALEN QUINTEROS

MABELIN GARRIDO

EDICIONES UC

Presentación

La Colección Educación UC es una contribución de la Facultad de Educación de la Pontificia Universidad Católica de Chile y Ediciones UC a la labor cotidiana de los profesores en ejercicio, que nace del convencimiento sobre la necesidad de contar con textos que orienten el trabajo práctico de los educadores en terreno. Cada uno de estos títulos es fruto de investigación interdisciplinaria actualizada y de la puesta en práctica de las propuestas concretas que ellos ofrecen.

Este libro entrega una propuesta para la enseñanza y el aprendizaje de la Historia, basada en prácticas de lectura y escritura histórica. Es un texto pensado especialmente para profesoras y profesores de Historia, Geografía y Ciencias Sociales del sistema escolar, así como también para docentes de otras disciplinas interesados en el desarrollo del lenguaje académico a través del currículum.

El valor de las 10 secuencias de aprendizaje de 7º Básico a IVº Medio que forman parte de esta propuesta es que fueron implementadas en 10 cursos de un colegio de Santiago de Chile. Los autores y la autora de este libro han investigado y aplicado en la sala de clases sus ideas sobre el desarrollo del pensamiento histórico de estudiantes de Educación Básica y Media a través de actividades de lectura y escritura histórica. De este modo, ponen su experiencia y el conocimiento relevado a partir de ella al servicio de la comunidad de docentes interesados en esta área.

Esperamos que este libro sea usado por muchos profesores y profesoras de Historia, Geografía y Ciencias Sociales como un conjunto de herramientas teóricas y prácticas para ser modificadas y adecuadas al contexto en el que se utilice, de acuerdo con las decisiones pedagógicas que cada profesional de la Educación considere necesarias.

A través de esta colección, la UC realiza un nuevo aporte a la comunidad escolar, como parte de su compromiso público con la educación del país, que esperamos los docentes puedan aprovechar para potenciar estas temáticas y sus prácticas pedagógicas en las salas de clases.

Lorena Medina Morales, decana Facultad de Educación UC.

Índice

Introducción

El propósito de este libro es ofrecer una propuesta para la enseñanza y el aprendizaje de la Historia basada en prácticas de lectura y escritura histórica. Es un manual pensado principalmente para profesoras y profesores de aula de Historia y Ciencias Sociales, así como también para profesores de Lenguaje, Ciencias y para todos/as los/as interesados/as en el desarrollo del lenguaje académico a través del currículum.

Para ello presentamos 10 secuencias de aprendizaje de 7° Básico a IV° Medio que fueron implementadas en 10 cursos de Educación Básica y Media de un colegio particular subvencionado de Santiago de Chile. Desde el segundo semestre del año 2012 hemos venido implementando estas secuencias de aprendizaje (similares a una "guía de trabajo") como una manera de desarrollar la lectura y escritura histórica en los estudiantes. Partimos desde la base de que aprender una disciplina es aprender un tipo particular de lenguaje y pensamiento disciplinar. A ese lenguaje se le denomina "lenguaje académico" y su adquisición incide en las maneras de leer, hablar y escribir la Historia. En este caso nos focalizaremos en la escritura histórica. Desde que comenzamos a implementar esta experiencia en las clases de Historia con el modelo que aquí presentamos, hemos observado cómo los estudiantes han empezado a escribir textos más complejos, más extensos, con mejores explicaciones basadas en evidencia histórica.

Como se sabe, aprender una habilidad es un proceso que requiere tiempo, tanto para ensayar como para repetir, antes de que pueda ser evaluada. El pensamiento histórico no se aprende de un día para otro. Estudios que lo han explorado indican que su aprendizaje integra de forma interdependiente habilidades investigativas del pasado con habilidades para comunicar el conocimiento en la disciplina (Monte-Sano, 2010; Fogo, 2014; De La Paz et al., 2014). Así, la elaboración de argumentos históricos depende en buena medida de la habilidad para llevarlos a cabo a través de la escritura (Lee, 2005; Monte-Sano, 2010).

Pero también se sabe que el desarrollo de la escritura histórica se ve limitado por muchas razones. En términos contextuales, la gran cantidad de contenidos de los currículos incide en que el desarrollo de las habilidades de lectura y escritura, que generalmente requiere de mucho tiempo, se deje de lado para cubrir la lista de contenidos. Esto da escasas oportunidades para modelar y ejercitar el lenguaje académico en los estudiantes a través de la producción de textos (Reisman, 2012; Monte-Sano, 2010; Fogo, 2014). Al mismo tiempo, los alumnos deben adaptarse a una variedad de tareas, estructuras retóricas y estándares que varían de una disciplina a otra en el sistema escolar (Ackerman, 1991; Coffin, 2004; Moje, 2008; Shanahan & Shanahan, 2008; Stevens, Wineburg, Herrenkohl & Bell, 2005). Estudios que han evaluado la alfabetización histórica de estudiantes de secundaria en EE. UU. (De La Paz, 2005; De La Paz & Felton, 2010; Monte-Sano, 2010) muestran resultados poco esperanzadores. Y los resultados en lectura y escritura histórica expuestos por *The National Assessment of Educational Progress* (NAEP) del año 2012 señalan que en la actualidad los estudiantes estadounidenses escriben en Historia peor que los de la década de 1990 (Shanahan & Shanahan, 2008). Dichos resultados revelan que solo el 24% de los adolescentes de 12° grado escribe ensayos que superan un nivel competente (De La Paz & Felton, 2010; Monte-Sano, 2010). En lo relativo a lectura, solo un 5% de los estudiantes comprende puntos de vista expresados en un documento. Similares dificultades se observaron respecto de la capacidad de establecer relaciones entre múltiples textos o reconocer el propósito de los autores en los documentos. Estos resultados concuerdan con otros estudios que muestran que los ensayos históricos de los estudiantes de secundaria tienden a listar hechos más que a argumentar posturas (Rothschild, 2000; Young & Leinhardt, 1998), o bien, a dejar argumentos sin elaborar (Nystrand & Graff, 2001). ¿Cuáles son las razones para explicar esta tendencia?

Estudios que han explorado las dificultades del aprendizaje histórico coinciden en remarcar que son producto de ambientes de aprendizaje en que las tareas de lectura y escritura no son guiadas por un propósito de escritura modelado en clases (Schleppegrell & De Oliveira, 2006; Monte-Sano, 2010). El motivo: los estudiantes carecen del conocimiento estratégico de la disciplina para sopesar la calidad de las evidencias o decidir qué causa es más verosímil para elaborar un argumento escrito (VanSledright & Limón, 2006). Otra razón reportada en la literatura son las dificultades para trabajar periódicamente prácticas de lectura y escritura disciplinar y la falta de políticas curriculares con enfoques pedagógicos que ofrezcan oportunidades a los profesores para el desarrollo de la lectura y escritura histórica en las aulas (Moje, 2008; Monte-Sano, De La Paz & Felton, 2014).

Los problemas del aprendizaje histórico antes descritos no son extraños para la realidad nacional. Investigaciones recientes identifican dificultades similares en estudiantes chilenos de educación secundaria y terciaria para elaborar argumentos históricos a partir de evidencias. Básicamente, estos problemas refieren a la dificultad para utilizar los argumentos de la evidencia como garantía para elaborar un nuevo argumento en un texto escrito (Henríquez & Ruiz, 2014; Henríquez & Canelo, 2014; Oteíza, Dalla Porta & Garrido, 2014). Estos resultados han permitido determinar qué actividades son oportunidades para el desarrollo del pensamiento histórico. En un estudio realizado con estudiantes de 8° Básico (Henríquez, Carmona & Quinteros, 2018) se mostró que la calidad de las argumentaciones históricas de los alumnos está directamente relacionada con la capacidad de comprender la información de la evidencia y con la utilización de recursos gramaticales para su incorporación en un texto escrito. Estas características aparecen también en educación terciaria: los estudios sobre alfabetización histórica en estudiantes universitarios de Historia (Henríquez & Canelo, 2014; Oteíza et al., 2014) señalan que la construcción de explicaciones históricas de los estudiantes se presenta con mayor o menor peso argumentativo y con mayor abstracción dependiendo de los tipos de recursos gramaticales utilizados para incluir información de la evidencia en los textos escritos por los estudiantes y así elaborar la significación histórica. En todos los estudios mencionados se concluye que la escasez de prácticas de lectura y escritura histórica incide en los problemas de aprendizaje en los niveles más complejos de cada una de las disciplinas escolares. Este es el punto de partida de nuestra propuesta y delimita el objetivo del manual: identificar las prácticas de aula de lectura, razonamiento y escritura histórica que ofrecen mejores oportunidades para el desarrollo de las habilidades más complejas del pensamiento histórico y, al mismo tiempo, de los objetivos curriculares de cada uno de los cursos de 7° Básico a IV° Medio del sector Historia y Ciencias Sociales.

Esperamos que estas secuencias puedan ser utilizadas, re-utilizadas, modificadas y adecuadas cuanto sea necesario por profesoras y profesores de Historia. Ojalá sirvan de modelo para nuevas experiencias que tengan como propósito el aprendizaje de la Historia a través de la lectura y escritura. Las secuencias que a continuación presentamos han sido implementadas en un contexto muy especial y por eso queremos agradecer a muchas personas que han hecho esto posible. A Teresa Oteíza por habernos enseñado generosa y rigurosamente Lingüística Sistémico Funcional y sus posibilidades en la enseñanza y el aprendizaje de la Historia. Al Colectivo Urdimbre de La Universidad del Norte de Barranquilla: Guillian Moss, Diana Chamorro, Jorge Mizuno y Norma Barleta, por enseñarnos el vínculo entre teoría y práctica. A Ediciones UC por la visión de publicar esta colección y a Lorena Medina, decana de la Facultad de Educación UC, por haber impulsado y creído en este proyecto. Agradecemos también a Tiarella Moreira, correctora de estilo, y a Francisca Galilea, diseñadora, por su acucioso y creativo trabajo. Al Instituto de Historia UC por el Fondo Inserción que fue fundamental para el levantamiento de datos y su análisis. Agradecemos el detallado trabajo de transcripción y análisis lingüístico de Valentina Canelo, muy relevante para la sistematización de la información recolectada. También queremos agradecer a la comunidad del Instituto La Salle de la comuna de La Florida, Santiago, por permitirnos desarrollar estas secuencias: profesores/as, padres, madres, equipo directivo y al rector, Sergio Quevedo, quien siempre nos abrió las puertas y nos apoyó decididamente. Gracias por estar dispuestos a participar en esta experiencia. Nada de esto hubiese sido posible sin las ganas y el compromiso de los estudiantes del instituto, de 7° a IV° Medio, que escribieron los textos de este libro, que está dedicado a ustedes, ¡gracias!

CAPÍTULO 1

Conceptos de alfabetización histórica

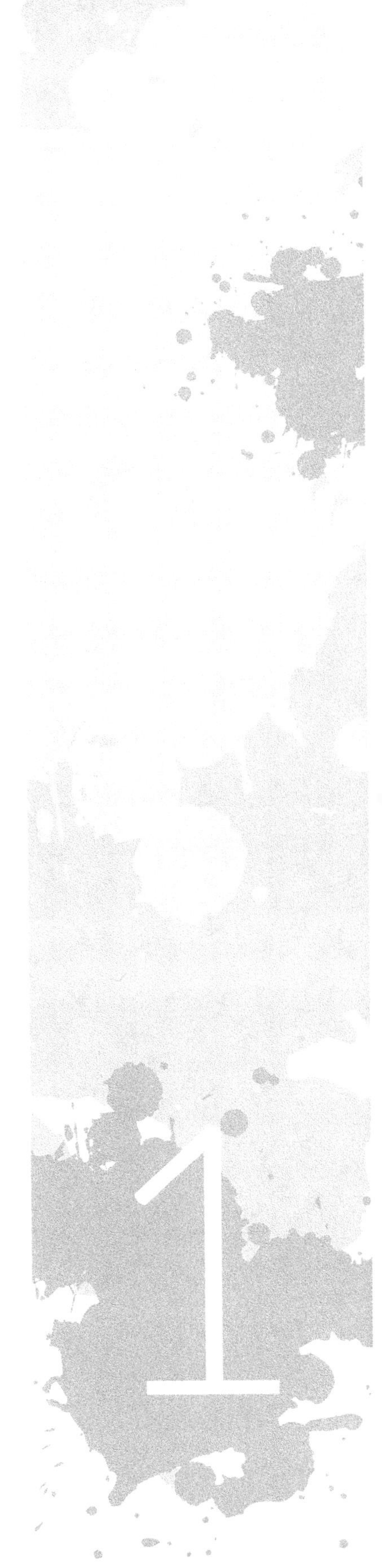

APRENDER HISTORIA

Aprender una disciplina es insertarse en una comunidad científica con métodos específicos para abordar sus objetivos y problemas de estudio. Es, al mismo tiempo, aprender formas consensuadas acerca de cómo se construye el conocimiento. Estas comunidades elaboran modos retóricos propios para organizar discursivamente su espacio epistémico (Hyland, 2004). Por ejemplo, las nociones de "explicar" o "citar" son diferentes en cada comunidad. Las ciencias experimentales y la Historia utilizan modos retóricos diferentes para organizar y exponer sus hallazgos (Halliday & Martin, 1993). Pero aunque tengan modos diferentes, hay una relación de interdependencia entre conocer y escribir en la disciplina. Como señala el lingüista Federico Navarro:

> Existen estrechas relaciones entre, por un lado, escribir y leer en una disciplina (Historia, Letras, Filosofía, Educación, etcétera) y, por otro, pensar, aprender y producir conocimiento –sobre todo, de forma escrita– en esas carreras. Es decir, "escribir historia" es "saber historia", y "saber historia" es poder "escribir historia". Esto se denomina *escribir en las disciplinas*: la escritura no es una habilidad única y generalizable, que se aprende de una vez y para siempre, sino que será necesario tomar en cuenta las convenciones propias de cada disciplina para poder incorporarse a ella, esto es, ser un participante activo de los géneros que en ella circulan (Navarro & Alzari, 2014, p. 66).

El aprendizaje histórico es entonces una actividad que se da en el lenguaje. Dicho aprendizaje ha sido definido como la adquisición de un conjunto de habilidades que permiten dar sentido al pasado humano. La expresión de estas habilidades es a través del discurso hablado y escrito en un registro denominado por la investigación reciente como "lenguaje académico". Snow y Uccelli (2008) lo definen como un "dominio léxico gramatical, discursivo y disciplinario que permite 'empaquetar' ideas complejas y abstractas al escribir, tanto como comprender los textos de la escuela y de las comunidades académicas" (Concha et al., 2010, p. 91). Estudios sobre lenguaje académico disciplinar en Historia (Schleppegrell & De Oliveira, 2006) muestran cómo las formas lingüísticas de acceso a la lectura y escritura son inseparables de la producción de conocimiento. Así, para llegar a dominar una disciplina, lectores y escritores inexpertos deben construir sus argumentos y opiniones en forma discursiva en un texto, usando los recursos del lenguaje académico (Coffin, 2006). Sin embargo, este es un proceso muy complejo para quien no tiene las herramientas para comprender lo que dice un texto. Así, resultará muy difícil la comprensión del texto del ejemplo 1 sobre la revolución industrial, extraído de un libro de texto de Historia de 6° grado de educación primaria de Colombia:

EJEMPLO 1

Las difíciles condiciones sociales creadas por la industrialización llevaron a algunos intelectuales y obreros a criticar el nuevo modelo de organización económica y social.

Moss et al., 2013, p. 92

¿Qué habilidades tiene que usar un lector para comprender este fragmento?

1. En primer lugar, debe identificar qué son las "condiciones sociales". Es decir, reconocer un concepto utilizado para nombrar cuestiones como la calidad de vida de un grupo de personas, índices de pobreza, acceso a la educación, a la salud, al agua potable, bajos salarios, experiencias de pobreza, entre otras cosas. Todo lo anterior queda encapsulado en el concepto "condiciones sociales".

2. Luego, el lector debe reconocer que las "condiciones sociales" son "creadas por la industrialización", gracias al efecto que genera el verbo "crear". La industrialización es un concepto que abarca una cadena de significados de tiempo, espacio, economía, capitalismo y un largo etcétera.

3. Finalmente, el lector tiene que identificar que las consecuencias sociales creadas por la industrialización motivaron la acción política de algunos intelectuales y obreros y la posterior crítica al "nuevo modelo de organización económica y social" (ejemplo 1).

Un lector no familiarizado con el período de la Revolución industrial tendría que identificar cada uno de los conceptos presentes, reconocer luego cuáles son causas y cuáles son efectos, y después dar un sentido global al texto. Eso con solo ¡dos líneas! Imaginemos lo que sucede día a día cuando lectores inexpertos deben leer textos de Historia y utilizarlos luego para tareas de escritura, como responder pruebas y escribir respuestas escritas a diferentes tipos de preguntas. Y no solamente textos de Historia, de Economía, Cultura, Arte, Ciencias, leer el diario o entender un debate político o económico actual. Comprender lo que se lee en las disciplinas tiene profundas implicancias para el aprendizaje. Por lo tanto, leer y comprender la disciplina no es solo decodificar las palabras de un texto de Historia. Comprender un texto es "tomar control" de las palabras que transmiten significados disciplinares. El ejemplo 1 es una buena muestra de lo que sucede con los libros de texto: pueden ser, al mismo tiempo, una barrera de aprendizaje y una gran oportunidad.

A partir del ejemplo anterior avanzaremos en la primera idea sobre el aprendizaje histórico: la Historia se aprende en y a través del lenguaje y no fuera de él. La segunda idea es que hay una relación entre el lenguaje y el pensamiento. Dicha relación, relevada por el psicólogo ruso Lev Vygotski, establece una interdependencia entre ambas dimensiones, en que la una y la otra se necesitan. Así, aprender Historia es aprender el lenguaje que en ella se utiliza para la construcción del conocimiento y, a su vez, aprender una forma de pensamiento, en este caso, el pensamiento histórico. Con esto avanzamos en la tercera idea sobre el aprendizaje histórico: aprender Historia es aprender un lenguaje y una forma de pensamiento disciplinar.

No nacemos sabiendo Historia, la aprendemos. Como señala el investigador estadounidense Sam Wineburg (2001), la Historia no es un "acto natural" sino un acto cultural deliberado que proporciona habilidades de pensamiento histórico a las personas. Sin el desarrollo de habilidades de pensamiento histórico será muy difícil aprender Historia. Estudios recientes sobre el pensamiento histórico señalan que una de las actividades que más lo fomentan para alcanzar metas educativas es la escritura de textos históricamente argumentados (Wineburg, 2001; Coffin, 2004, 2006; Monte-Sano, 2010). Para llevar a cabo dichas metas curriculares, como por ejemplo establecer interrelaciones entre causas y consecuencias de un hecho o proceso histórico (Mineduc, 2012), se hace indispensable utilizar mecanismos discursivos para lograr ese propósito. La elaboración de relaciones entre causas y consecuencias es una de las finalidades curriculares más extendidas en la enseñanza de la Historia a escala internacional. Con ello se busca desarrollar la comprensión y la construcción del sentido histórico (Peck & Seixas, 2008; Coffin, 2004).

En este capítulo sintetizaremos los supuestos teóricos con los que trabajamos las secuencias de aprendizaje en torno a: el pensamiento histórico, el papel de las preguntas en Historia, los tipos de fuentes históricas, las explicaciones causales y la teoría de los géneros históricos.

PENSAMIENTO HISTÓRICO

Es una actividad cognitiva que permite dar sentido al tiempo social. La literatura especializada también utiliza la expresión "razonamiento histórico" (Van Drie & Van Voxtel, 2008). El pensamiento histórico es una forma de razonamiento particular que orienta y significa la temporalidad a partir de la comprensión de las evidencias del pasado (Wineburg, 2001).

Enseñar a pensar históricamente es un propósito educativo presente en diferentes documentos curriculares. El pensamiento histórico aporta una habilidad clave para comprender y vivir en una sociedad compleja: la perspectiva temporal del presente. Vale decir, "pensar el tiempo" y utilizarlo para la comprensión y análisis del presente.

Las habilidades del pensamiento histórico han sido identificadas y reportadas por la investigación. A través del análisis de las prácticas de lectura de historiadores/as, Wineburg (1991) identificó tres habilidades "heurísticas". Es decir, actividades metacognitivas que realizan los historiadores cuando se enfrentan a su materia prima: fuentes, documentos y textos desde donde se aproximan al pasado. Son habilidades para identificar muchas variables presentes en una fuente histórica: de origen, de contextualización y de corroboración. Estas heurísticas permiten conectar información de muchas partes en un todo coherente (es decir, en una interpretación). En otras palabras, relacionar hechos particulares con procesos históricos generales mediante el uso de estructuras conceptuales (Wineburg, 1991).

Estas tres heurísticas (ver tabla 1) ocurren en el proceso de lectura histórica, con las que el lector va identificando el origen de los textos, su contexto de producción y su comparabilidad con otros documentos. Permiten relacionar la información particular contenida en un texto con un proceso histórico más general. La lectura de un documento histórico va mucho más allá de la decodificación de las palabras ahí contenidas: leer y comprender una fuente histórica requiere que un lector pueda identificar la totalidad de significados presentes en ella. Esta información puede ser muy compleja porque podría ser contradictoria, presentar sesgos o ser falsa. Es por ello que las preguntas generadas en torno a los textos resultan esenciales, pues son una de las actividades que "gatillan" el pensamiento histórico.

TABLA 1: Las tres heurísticas del pensamiento histórico según Wineburg (1991)

Heurística	Preguntas
Indagación del origen de la fuente: averiguar sobre los autores de los textos y sus tendencias	• ¿Quién produjo el documento? • ¿Qué sesgos o predisposiciones tuvo el autor/a? • ¿Cómo estos prejuicios pueden haber afectado el contenido del documento? • ¿Qué otras voces se incluyen?
Contextualización: ubicar los documentos en el tiempo y lugar de su creación	• ¿Cuándo y dónde fue producido el documento? • ¿Qué estaba ocurriendo en el tiempo y lugar en que fue producido? • ¿Cómo el contexto puede haber afectado el documento?
Corroboración: comparar los documentos	• ¿Qué información es similar a las que ofrecen otros documentos? • ¿Qué información se contradice con otro documento? • ¿Cómo la fuente o el contexto explican las contradicciones? • ¿Qué no dice el documento?

EL PAPEL DE LAS PREGUNTAS EN HISTORIA

Las preguntas en esta disciplina son fundamentales porque cumplen dos funciones en el desarrollo del pensamiento histórico. La primera es la de echar a andar el pensamiento histórico, un verdadero motor en el decir de Van Drie y Van Voxtel (2008), dado que activan una respuesta. La segunda función es la de enlace entre pregunta y respuesta a través del discurso y su organización. Es decir, si formulamos una pregunta explicativa del tipo "¿por qué?", la respuesta deberá tener una estructura y un contenido específico que permitan dar una respuesta. Las autoras distinguen cuatro tipos de preguntas históricas:

TABLA 2: Tipos de preguntas históricas según Van Drie y Van Voxtel (2008)

Tipos de preguntas	Ejemplo (adaptado)
Descriptivas	• ¿Cuáles fueron las características políticas de la coalición llamada "Frente Popular" en Chile entre 1938 y 1941?
Comparativas	• ¿Qué aspectos tuvieron en común el Frente Popular chileno, español y francés?
Causales	• ¿Por qué si los comunistas apoyaron a Gabriel González Videla en 1946, este propuso luego la Ley Maldita que los proscribió?
Evaluativas	• ¿Cuál fue el factor más determinante en el triunfo de Carlos Ibáñez del Campo en 1952?

Las preguntas históricas también pueden clasificarse según el propósito educativo, como plantean Stahl y Shanahan (2004). El objetivo de estas preguntas es que los estudiantes reconozcan que detrás de cada fuente o documento hay un autor, no la verdad histórica.

TABLA 3: Preguntas orientadas a identificar la perspectiva del autor según Stahl y Shanahan (2004)

Propósito	Preguntas
Inicio de la discusión	• ¿Qué está tratando de decir el autor? • ¿Cuál es el mensaje del autor? • ¿De qué está hablando el autor?
Ayudar a los estudiantes a focalizarse en el mensaje del autor	• Esto es lo que dice el autor, pero ¿qué significa?
Ayudar a los estudiantes a relacionar la información	• ¿Cómo se conecta lo que dices con lo que el autor ya nos ha dicho? • ¿Qué información ha agregado el autor que se conecta con o se ajusta a .... ?
Identificar las dificultades de la forma en que el autor ha presentado la información y/o ideas	• ¿Tiene sentido lo que dice el autor? • ¿Está claro lo que dice el autor? • ¿Qué necesitamos averiguar para completar lo que dice el autor?
Animar a los estudiantes a referirse al texto, aunque lo hayan malinterpretado o para ayudarlos a reconocer que han hecho una inferencia	• ¿El autor dijo eso? • ¿El autor nos dio la respuesta a eso?

PREGUNTAS COMPLEJAS PARA CONSTRUIR SIGNIFICADO HISTÓRICO

Las preguntas históricas más complejas exponen a los estudiantes a situaciones inestables o de contradicción verosímil. Tanto para quien las formula como para quien las responde, estas preguntas son una herramienta de trabajo. Y como tal, requieren que trabajemos con ellas con cierta perspectiva, dado que la enunciación plantea algo que no existe en la realidad fáctica de la Historia, sino en su interpretación. Si preguntamos ¿Por qué si EE. UU. y URSS fueron aliados durante la Segunda Guerra Mundial, luego, durante la Guerra Fría, fueron enemigos?, la expresión "Guerra Fría" es una idea abstracta que abarca conceptos de tiempo, política internacional, hechos y procesos en diferentes espacios en un período específico del siglo XX. Este tipo de problemas plantea generalmente una contradicción entre dos agentes históricos (EE. UU. y URSS), entre un estado (aliados) y otro (enemigos).

La comunidad historiográfica le ha dado un papel muy relevante a las preguntas históricas porque propician explicaciones históricas. Estas explicaciones son para Martin y Rose (2008) un tipo de género histórico que se caracteriza por utilizar conceptos que enlazan secuencias de hechos otorgándoles sentido histórico. Dicho sentido se consigue conectando múltiples factores explicativos presentes en las perspectivas de fuentes primarias y secundarias. Las explicaciones no solo dan cuenta de "lo que pasó" sino que deben informar "por qué pasó" un fenómeno histórico. Una pregunta como ¿Por qué ocurrió la Guerra Fría? es válida pero muy amplia, lo que puede impactar en el desarrollo de la respuesta de un estudiante. Muchos podrían ser los factores que la expliquen y no hay una "guía" que oriente la respuesta. El problema es que con una interrogante así es muy difícil evaluar la pertinencia y la verosimilitud de la respuesta, y la calidad de integración de la evidencia. Una pregunta más focalizada, como ¿Por qué si EE. UU. y URSS fueron aliados durante la Segunda Guerra Mundial, luego, durante la Guerra Fría, fueron enemigos?, permite "guiar" la lectura de las evidencias y la resolución de un problema a través de la escritura.

Es así como un buen problema hace posible orientar todos los procesos de alfabetización histórica:

1. La lectura de las evidencias para buscar en ellas las pistas que ayuden a resolver el problema.

2. El razonamiento histórico a partir de la transformación de la evidencia en prueba y de la jerarquización de las razones que explican el problema.

3. La escritura y respuesta del problema histórico.

Un buen problema histórico inaugura un conflicto y permite identificar con claridad los propósitos del género explicativo de la Historia. La pregunta ¿Por qué si EE. UU. y URSS fueron aliados durante la Segunda Guerra Mundial, luego, durante la Guerra Fría, fueron enemigos? plantea una contradicción que servirá de guía para la lectura de las evidencias, así como para evaluar la información que contiene una fuente y si esta puede responder la pregunta de forma parcial o total. La diferencia con la pregunta ¿Por qué ocurrió la Guerra Fría? es que esta última no plantea una contradicción y la cantidad de información para responder al "porqué" puede ser mucha. Al mismo tiempo, un buen problema histórico permite clarificar el propósito de la tarea –a profesores y estudiantes– que, en este caso, se trata de explicar las razones del cambio en el comportamiento de las dos superpotencias. Para ello hay que establecer vínculos de causalidad entre las motivaciones de los actores, las condiciones, los hechos y las consecuencias presentes en las fuentes, y luego dar una respuesta verosímil. Por eso las evidencias tienen que contar con los contenidos que favorezcan la respuesta de la pregunta. Esos contenidos deberían indicar las motivaciones de los actores (individuales y colectivas) entregando no solo sus posiciones sino las razones de su actuar. Y, por último, los hechos que como antecedentes o consecuentes expresan el cambio y la continuidad de la Historia.

TIPOS DE FUENTES

Es reconocido que la historiografía utiliza fuentes históricas para realizar su trabajo. Son conocidas las clasificaciones dadas a los diferentes tipos de fuentes (primarias, secundarias, visuales, sonoras). Sin embargo, ya que nuestra disciplina trabaja extrayendo significados de ellas, debemos ser cuidadosos en lo que podemos decir y no decir desde la fuente y sobre ella. ¿Qué significa esto? Que las fuentes tienen significados que pueden estar explícitos e implícitos, por lo que su interpretación debe ser cuidadosamente mediada para no extraer significados errados o inexistentes. Para ello proponemos un criterio de selección de las fuentes basado en su naturaleza argumentativa. Así, hay algunas que solo indican una posición sin argumento y otras que entregan razones evaluables. A las primeras las llamamos inferenciales y las segundas, analíticas.

TABLA 4: Tipos de fuentes históricas

Tipo de fuente	Características
Inferenciales	Indican una postura frente a un tema, o bien, señalan un hecho o una manifestación del problema a explicar. Generalmente se encuentran en fuentes primarias, como discursos, imágenes, mapas, propaganda, entre otras. No entregan argumentos o razones explícitas, ya que sus significados dependen mucho de la capacidad deductiva o inductiva del lector y de sus referencias previas.
Analíticas	Presentan posiciones fundamentadas de el o los enunciadores de modo que permiten sopesar el valor epistémico de su planteamiento. Generalmente corresponden a fuentes secundarias que, junto con expresar su perspectiva, desarrollan argumentos que pueden ser evaluados por el lector, de acuerdo con su potencial para sustentar consistentemente la postura, así como su pertinencia para responder a la pregunta formulada.

FUENTES INFERENCIALES

EJEMPLO 2. Discurso de Winston Churchill, Westminster College, Missouri, 5 marzo 1946

Desde Stettin, en el Báltico, a Trieste, en el Adriático, ha caído sobre el continente un telón de hierro. Tras él se encuentran todas las capitales de los antiguos Estados de Europa central y oriental. Varsovia, Berlín, Praga, Viena, Budapest, Belgrado, Bucarest y Sofía, todas estas famosas ciudades y sus poblaciones y los países en torno a ellas se encuentran en lo que debo llamar la esfera soviética, y todos están sometidos, de una manera u otra, no sólo a la influencia soviética, sino a una altísima y, en muchos casos, creciente medida de control por parte de Moscú, muy fuertes, y en algunos casos, cada vez más estrictas.

¿Qué dice esta fuente? El fragmento nos indica solo lo que Winston Churchill ve en la Europa de posguerra. Aunque la expresión "telón de hierro" fue muy significativa en la compresión del proceso "Guerra Fría", no se entregan argumentos que puedan ser evaluables; solamente hechos que no quedan cubiertos por una explicación. En ese sentido, la expresión "control por parte de Moscú" no está argumentada (indicar qué significa que un país tome el control de otro y con qué mecanismo que pueda ser evaluado). Por tanto, a este fragmento de fuente solo podemos preguntarle la posición de Churchill, no argumentos.

FUENTES ANALÍTICAS

EJEMPLO 3. Fragmento de texto histórico "Precios fijos y raciones: la Anaconda Copper Company en Chile entre 1932 y 1958" (Vergara, 2012, pp. 135-143)

La explotación de cobre a gran escala comenzó en Chile con la llegada de dos empresas norteamericanas, Anaconda Copper Company y Kennecott Copper Corporation, en las primeras décadas del siglo XX. Mientras Anaconda adquirió 2 yacimientos ubicados en el norte del país –Potrerillos (Andes Copper Company) en 1917 y Chuquicamata (Chile Exploration Company) en 1923–, Kennecott, por su lado, explotó el mineral de El Teniente ubicado en Rancagua, al sur de la ciudad de Santiago. Hacia finales de la década de 1920 estos 3 yacimientos producían cerca de 419.000 toneladas de cobre fino al año, convirtiéndose en los principales productores de cobre del país (Mamalakis y Reynolds, 1965). En las próximas décadas el cobre se consolidó como el principal producto de exportación, creando una compleja dependencia hacia el mercado externo y el capital extranjero, relaciones que dominaron el debate político y económico chileno hasta la nacionalización del cobre en 1971. En 1960, por ejemplo, la Gran Minería del Cobre producía el 90% del cobre chileno, generaba cerca del 80% de las divisas del país y el 20% de los ingresos del Estado (Meller, 1996, pp. 32-36).

¿Qué dice esta fuente? Hace una afirmación: "el cobre se consolidó como el principal producto de exportación", basada en cifras y citas de autoridad para avalar los datos y dicha afirmación. Las cifras entregadas pueden ser efectivamente evaluadas por un lector, quien podrá certificar si la afirmación "principal producto de exportación" es válida o no. Con esta fuente se puede elaborar un argumento, dado que explicita una razón con garantías. Pero si incluimos una fuente en un texto, ¿cómo podemos certificar que un argumento está basado en evidencia? Este es uno de los problemas más complejos en la enseñanza de la Historia: cómo se identifica la inclusión de la evidencia histórica en los textos de los estudiantes. Este proceso se ha denominado "evidencialidad". Incluir la evidencia en un texto es incluir una voz y, en este caso, es el mecanismo para incluir variados argumentos en un texto. El concepto evidencialidad lo tomamos prestado de la Lingüística, que lo define como un sistema semántico en el cual los autores se comprometen con otras voces y con el lector buscando empatizar o distanciarse. A esto se le denomina "sistema de compromiso" y así lo explica la lingüista chilena Teresa Oteíza: "El sistema de compromiso, entendido como una manera de expresar la intertextualidad, debe incluir necesariamente la dimensión de evidencialidad si abordamos el análisis de un discurso histórico. Esta evidencialidad puede construirse a través de la elaboración de la información contenida en fuentes primarias, siguiendo una orientación más o menos heteroglósica en su inserción en el discurso" (Oteíza et al., 2014, p. 118).

Abrir el texto a más voces requiere un andamiaje que se inicia con la identificación de las voces presentes. Los textos tienen básicamente dos grandes maneras de expresar sus voces presentes: hay textos con una sola voz, que se denominan monoglósicos, y otros que tienen muchas voces, llamados heteroglósicos. Los textos monoglósicos no tienen o no reconocen voces o posiciones alternativas. Por tal razón, el efecto que generan es la presencia de un autor "invisible" u omnipresente. No es posible evaluar la perspectiva del autor pues "habla" desde una posición de supuesta objetividad ante lo narrado. Generalmente para elaborar la causa se ocupa el pronombre reflexivo "se", que incide en ocultar la agencia (el quién de la acción). El texto del ejemplo 4 tiene una orientación monoglósica:

EJEMPLO 4

De este modo, entre 1920 y 1924, se produjo una esterilidad legislativa que redundó en la ausencia de reformas reales y en una sensación de estancamiento de la institucionalidad política. Al mismo tiempo, se levantó una creciente polémica sobre cuál era el régimen político que debía existir en Chile, a la que fueron invitados a participar los distintos actores sociales y políticos del país. En esta polémica, Arturo Alessandri se irguió como el defensor del presidencialismo, mientras una importante mayoría de dirigentes políticos se presentaron como defensores del parlamentarismo.

Historia, Geografía y Ciencias Sociales (2013). Editorial Zig-Zag, p. 14

En el texto anterior no es posible saber la causa de por qué "se produjo", "se levantó", "se irguió" y "se presentaron" las acciones que se describen. No hay inclusión de otras voces, o de perspectivas similares o contrarias que permitan deducirlas. Por lo tanto, no podemos garantizar esas afirmaciones. En los textos monoglósicos es recurrente la elaboración de las causas mediante procesos relacionales (es, fueron, son), existenciales (ocurrió, sucedió, presentó) y materiales (hacer cosas que pueden ser concretas y/o abstractas, "se levantó"). La orientación monoglósica es común en los manuales de Historia, así como en los libros de texto de Historia y Ciencias Sociales del sistema escolar. Su función es "empaquetar" en poco espacio mucha información (Oteíza, 2009) mediante conceptos abstractos que, por una parte, pueden sintetizar el texto, pero, por otra, complejizar la comprensión de un concepto. Esto trae como consecuencia la abstracción del lenguaje histórico dificultando que el estudiante entienda su significado. Sumado a eso, y dado que los textos monoglósicos no incorporan voces alternativas, solo indican la posición del autor. Esta voz queda implícita, dando el "efecto" de una "verdad absoluta" y no de una posición. Como precisa Oteíza (2009):

> La monoglosia puede definirse, de acuerdo con White (2000) y Martin y Rose (2003), como la orientación en el discurso en la que no se reconocen posiciones alternativas en relación a evaluaciones determinadas. Uno de los recursos más utilizados es el empleo de cláusulas declarativas, las cuales se asocian comúnmente con un conocimiento consensual o, dicho de otro modo, con la naturalización de las posiciones. Estas son las típicas afirmaciones concebidas como no problemáticas y como "conocidas" o "aceptadas" por todos, y en las que se asume que no existe riesgo o duda de una posición diferente (p. 226).

Los textos heteroglósicos, en cambio, incorporan voces alternativas que pueden variar desde la voz del propio autor hasta la inclusión de otras voces mediante la inserción del parafraseo o citas textuales que indican que se reconoce la presencia de otros/as autores/as que ayudan a elaborar un argumento. A través de la heteroglosia se puede identificar la inclusión de la evidencia en el texto. Aprender a identificar esas voces en el texto ayuda a comprender cómo se garantiza un argumento válido en Historia. A grandes rasgos, la orientación heteroglósica se clasifica en dos grupos:

1. Heteroglosia por intravocalización

2. Heteroglosia por extravocalización

La heteroglosia por intravocalización se refiere a cómo el autor va dialogando consigo mismo o con el lector, abriendo un espacio para tomar distancia del texto, con expresiones que matizan: "aunque", "si bien", "naturalmente", por supuesto", "es probable que". Esta orientación permite dar perspectiva al discurso y cohesionarlo para la expresión de ideas abstractas. En cambio, a través de la extravocalización, se incorporan voces al texto porque este se expande y hace posible la entrada de ellas; de ahí su nombre "expansión dialógica".

La heteroglosia por extravocalización abre el texto a otras voces mediante el uso de la asimilación a través de parafraseos como: "como señala Julio Pinto (2009) en...", o mediante la inserción o uso de citas, o notas a pie de página. El aprendizaje de esta orientación en el texto nos permite reconocer cómo dialogan voces en un escrito y cómo permiten elaborar buenos argumentos.

EJEMPLO 5. Texto heteroglósico

En este artículo nos concentraremos en una dimensión clave de esa doble instalación de Estado y mercado (Pinto Rodríguez, 2002), para analizar las sobreposiciones entre autoridades económicas y políticas en el establecimiento efectivo de fuerzas armadas estatales o agentes del orden. Si consideramos, con Max Weber, que el Estado-nación se define por reclamar "exitosamente el monopolio del uso de la fuerza física dentro de un territorio" (1946, p. 4), en el caso de la colonización de Patagonia no cabría si no comprender su "incorporación" a cada Estado como un proceso bastante más tardío de lo que la historia diplomática ha planteado.

Harambour (2016), p. 3

En el ejemplo 5 hay inclusiones de voces mediante el uso de citas "(Pinto Rodríguez, 2002)" y "Si consideramos, con Max Weber". A través de dicho uso, el historiador Alberto Harambour propone una afirmación al finalizar el párrafo que puede ser evaluable, considerada como argumento o refutada. Hay otras voces como "Nos concentraremos...", "Si consideramos" que son de orientación heteroglósica y permiten la inclusión de las citas que dan garantías al argumento del autor.

Algunos estudios (Oteíza, Henríquez & Pinuer, 2015; Henríquez & Canelo, 2014) han sugerido que el sentido histórico más complejo se logra en aquellos textos que utilizan orientaciones monoglósicas y heteroglósicas en un modo ondulante en un mismo texto.

En las secuencias de aprendizaje de este libro mostraremos textos escritos por estudiantes y los recursos históricos y discursivos que utilizaron. En la figura 1, los recuadros indican las marcas monoglósicas y heteroglósicas del texto:

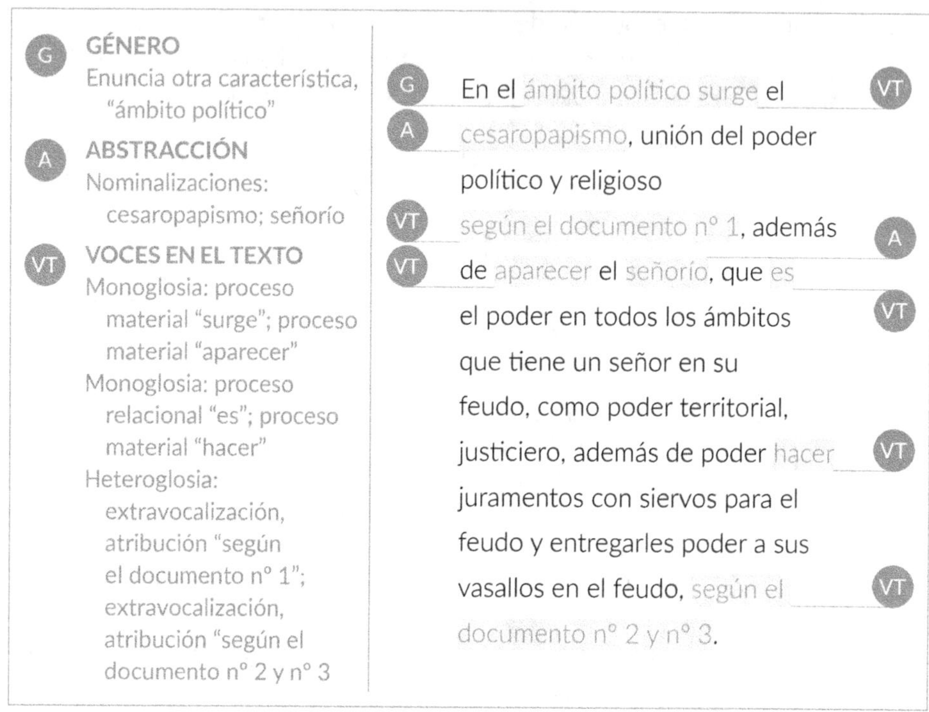

FIGURA 1: Análisis de respuesta estudiante de 7° año

En los recuadros alrededor del texto aparecen los conceptos de "género" y "abstracción", que serán abordados unas líneas más adelante. En el recuadro "voces en el texto" se muestra la orientación del texto: heteroglósica o monoglósica. En el recuadro de la izquierda se indica la huella heteroglósica del texto cuando incluye las voces de los documentos 1, 2 y 3. Esto ocurre con mucha frecuencia en la escritura histórica y es un requisito para elaborar explicaciones causales.

La inclusión de la evidencia en un texto no asegura que esta avale los argumentos ahí señalados. A veces, las citas textuales son insertadas para dar un efecto argumentativo. Para ello utilizamos las definiciones elaboradas por Oteíza et al. (2014), para determinar la calidad de la inclusión de la evidencia en tres niveles:

1. Incorporación estratégica y/o errónea: el estudiante retoma elementos de la pregunta y/o conceptos abordados por el autor sin explicarlos o reformula sus ideas de manera incompleta. No hay una elaboración de los elementos tratados en la evidencia, por lo tanto, la exposición es simple y carece de abstracción. También puede darse una inclusión del tipo "cortar y pegar".

2. Reformulación sin juicio: se mantienen las ideas centrales de la evidencia sin la incorporación del punto de vista del estudiante.

3. Reformulación con inferencia, sentido histórico y/o juicio: el estudiante incorpora planteamientos de la evidencia y los integra en su escritura a través de un proceso deductivo que le permite construir sentido histórico.

Con ello complementamos el criterio lingüístico mediante la evaluación de la calidad de la inclusión de voces en la elaboración de un texto escrito.

EXPLICACIONES CAUSALES HISTÓRICAS

Una de las habilidades más complejas en Historia es elaborar explicaciones causales. Esta es una de las finalidades curriculares más extendidas en la enseñanza de la disciplina. Al enseñarla se busca desarrollar la comprensión y la construcción del sentido histórico (Peck & Seixas, 2008; Coffin, 2004). La construcción del sentido histórico tiene una aplicación práctica para la vida cotidiana, puesto que permite comprender las acciones humanas que ocurren en el tiempo. Estas acciones tienen causas que en principio pueden ser descubiertas (Carr, 1984), de modo que pueden ser conocidas y enseñadas. A diferencia de las Ciencias Naturales, en Historia las causas son elaboradas con criterios cualitativos, en los que la plausibilidad determina la evaluación y selección de un conjunto de factores que operan como causas para explicar los efectos. La caracterización de los mecanismos de conexión causal y los agentes que ahí participan permitirán visibilizarlos en la enseñanza y en el aprendizaje de la Historia.

Las causas no solamente indican lo sucedido previamente, sino que muestran las condiciones necesarias y suficientes que permiten enlazar una causa a una consecuencia (Lago, 2008). En Historia, la caracterización de los efectos o consecuencias generalmente se realiza a través y en torno a los problemas históricos. Estos permiten integrar las evidencias de acuerdo con el propósito de la explicación y así proponer un sentido a un conjunto de motivaciones, condiciones, consecuencias y hechos del pasado (Henríquez & Ruiz, 2014). De este modo, la respuesta a un problema histórico requiere la organización de diferentes elementos del discurso, tales como la agentividad, la construcción de la cadena causal y la perspectiva sobre la evidencia. La integración de estos aspectos permite otorgar sentido histórico a un problema o pregunta sobre el pasado.

Hay un concepto clave en la elaboración de la causalidad: la "nominalización". Se trata de sustantivos abstractos que hacen posible la elaboración de las causas más complejas porque permiten decir en una palabra muchas cosas. Según Halliday (2004), es el recurso más poderoso para elaborar una abstracción. Las nominalizaciones cumplen varias funciones:

TABLA 5: Funciones y ejemplos de las nominalizaciones en Historia

Pasos	Ejemplo
1. Nominalizar acciones: convertir procesos en cosas	La industrialización en Chile como proceso
2. Dar existencia a las cosas	La industrialización como proceso comenzó en Chile durante el siglo XIX
3. Hacer que las cosas actúen	La industrialización chilena del siglo XIX generó...
4. Organizar temporalmente las cosas	La industrialización en Chile tuvo varias etapas entre 1850 y 1950

Estos sustantivos muchas veces provienen de un verbo. En el ejemplo 6, la acción "producir" está como verbo, y en el ejemplo 7, como sustantivo.

EJEMPLO 6

Juan produce vino.

EJEMPLO 7

La producción de vino de Juan.

En el ejemplo 6 se utiliza el verbo "produce" y en el ejemplo 7 se nominaliza en "producción", mucho más abstracto. Una vez nominalizado el verbo "produce" se puede profundizar en esa experiencia. Por ejemplo: "la producción de vino de Juan aumentó gracias a la introducción de nuevas tecnologías". El uso de nominalizaciones es muy extendido en el lenguaje científico y permite "empaquetar la información y lograr la abstracción" (Halliday & Martin, 1993). Esto es propio del lenguaje académico de las disciplinas.

Hay dos formas del lenguaje para enlazar causas con consecuencias: congruentes e incongruentes. Las formas congruentes expresan la causalidad a través de conjunciones como, por ejemplo, "porque", "a causa de", "con motivo de", "ya que", "dado que", "debido a que", "puesto que", "como". Estas formas permiten enlazar procesos materiales: generalmente son acciones identificadas por un verbo. Por su parte, las formas incongruentes se realizan mediante verbos que ayudan a enlazar conceptos más abstractos, como las nominalizaciones.

Veamos dos ejemplos:

EJEMPLO 8

Forma congruente

Causa		Consecuencia
Aparecieron las máquinas	Y por consiguiente	Se rompieron las tradicionales formas de producir textiles
Proceso material	Conjunción causal	Proceso material

EJEMPLO 9

Forma incongruente

Causa		Consecuencia
La aparición de las máquinas	Significó	Una gran ruptura con las tradicionales formas de producción
Nominalización	Verbo causal	Nominalización

Ejemplos tomados de Moss et al., 2013

En el ejemplo 8, el enlace entre dos procesos materiales ("aparecieron" y "se rompieron") son respectivamente causa y consecuencia y son enlazados con una conjunción. En el ejemplo 9, tanto la causa como la consecuencia, son nominalizaciones (aparecieron → aparición y rompieron → ruptura) unidas por un verbo causal "significó". El ejemplo 9 es más abstracto que el ejemplo 8.

Los verbos son fundamentales para elaborar la causalidad histórica, pues ayudan a establecer la relación entre causa y efecto y la fuerza que tienen para elaborar el sentido histórico. La lingüista Caroline Coffin ha estudiado el papel que tienen los verbos en las explicaciones históricas de estudiantes de secundaria, y distingue entre verbos que permiten (permitir, influenciar, ayudar, contribuir, promover, afectar) y verbos que determinan (resultar en, crear, llevar a, causar, determinar, es atribuido a, significar que, producir, depender, forzar, hacer) (2004).

Los resultados de los análisis han contribuido a obtener información sobre las formas discursivas más recurrentes en la elaboración de la causalidad histórica (Martin, 2002). La elaboración de la causa es una operación muy abstracta y los sustantivos causales cumplen un rol muy relevante en su organización. Algunos ejemplos son:

- Las principales causas de...

- Los factores que...

- Las razones que...

- Como resultado...

- La consecuencia de...

Estos sustantivos causales generan mayor abstracción del tiempo mediante la eliminación de elementos secuenciales temporales para unir los eventos (Coffin, 2004). Otro elemento de la elaboración de la causalidad histórica es la determinación del tipo de agencia y del mecanismo de conexión, que vincula un antecedente (causa) con un consecuente (efecto). El tipo de agencia corresponde a "quién" realiza la acción en la historia. El mecanismo corresponde al vínculo entre el agente histórico y las consecuencias. En la tabla 6 se indican los tipos de agencia y los mecanismos más utilizados en la escritura histórica escolar (Ruiz & Henríquez, en revisión). Igual situación ocurre con el mecanismo de conexión:

TABLA 6: Tipos de agencia y mecanismo (Ruiz & Henríquez, en revisión)

Tipos de agencia	Descripción
Concepto histórico	Corresponde a procesos o eventos históricos
Concepto no histórico	Son grupos humanos, instituciones, procesos que provienen de la experiencia cotidiana
Actor histórico	Personaje(s) histórico(s)
Actor no histórico	Sujeto o persona que proviene de la experiencia cotidiana

(cont.)

TABLA 6: Tipos de agencia y mecanismo (Ruiz & Henríquez, en revisión) (cont.)

Tipos de agencia	Descripción
Entidad político-social	Entidad político-social de orden administrativa, como Estado, gobierno, organismos internacionales, y grupos sociales tales como proletarios, comunistas, monárquicos
Ausencia	No existe presencia del agente

Mecanismo de conexión causal	Descripción
Propiedades de la agencia	La agencia (concepto, proceso o evento histórico) tiene propiedades (atributos, funciones, contexto espacial, comparación, ejemplos) y/o capacidad (hacer, valorar) intrínsecas a través de las cuales se pueden generar los eventos históricos. En el consecuente corresponde a propiedades (atributos, funciones, contexto espacial, comparación, ejemplos) derivadas de la acción de la agencia.
Finalidad	En el antecedente y fundamentación, la agencia presenta causas, motivaciones, intereses personales que están orientados hacia una meta. En el consecuente corresponde al producto o proceso derivado de la acción de la agencia y que está orientado a una meta que se proyecta hacia el futuro.
Temporalidad	En el antecedente y en la fundamentación, la conexión se establece desde **la sucesión o ubicación temporal** de los conceptos históricos. Esta sucesión puede corresponder a conceptos situados cronológicamente o en el tiempo histórico. También puede corresponder al inicio o término de un proceso que enfatiza su desarrollo temporal. En el consecuente corresponde al cierre de un proceso histórico desde su desarrollo temporal.
Sentido común	La conexión se establece empleando conceptos **no históricos**, es decir, provenientes del dominio de la experiencia cotidiana, así como atribución de emociones o dichos a personajes históricos, y el establecimiento de eventos sin aceptabilidad histórica.
Ausencia	La conexión histórica no existe.

LOS APORTES DE LA TEORÍA DE LOS GÉNEROS DISCIPLINARES

En este libro trabajamos con la noción de "género histórico". Dicho concepto elaborado por lingüistas que han estudiado la escritura histórica de niños y jóvenes se refiere a un proceso social orientado a fines que presenta cierta estructura organizativa (Coffin, 2006; Martin & Rose, 2008; Martin, 2009). Estudios recientes que han investigado cómo escriben en Historia los estudiantes chilenos identifican las características discursivas del aprendizaje histórico y algunos de sus problemas. Estos últimos se refieren a la dificultad para utilizar argumentos apoyados con la evidencia como garantía para elaborar un nuevo argumento en un texto escrito (Henríquez & Canelo, 2014; Oteíza et al., 2014). Esta dificultad también es frecuente en estudiantes universitarios de Historia (Henríquez & Canelo, 2014; Oteíza et al., 2014). En estos estudios se evidencia que las explicaciones históricas se presentan con mayor o menor peso argumentativo y con mayor abstracción dependiendo de los tipos de recursos lingüísticos utilizados para incluir la perspectiva de las evidencias en la escritura y así elaborar la significación histórica. Otras investigaciones han usado la noción de "recuento histórico" para analizar interacciones de clases de Historia (Manghi, 2013; Manghi, Badillo & Villacura, 2014).

Los géneros históricos escolares han sido caracterizados en un primer momento a partir de investigaciones realizadas en Australia (Coffin, 2006; Martin & Rose, 2008). Recientemente se ha utilizado la noción de "género histórico" en el contexto chileno, como son los estudios sobre libros de texto de Historia (Oteíza, 2009, 2011; Altamirano, Godoy, Manghi & Soto, 2014) e interacciones de clases (Manghi, 2013; Manghi et al., 2014).

La noción de "género histórico" (proceso social orientado a fines que presenta cierta estructura organizativa) se refiere en términos pedagógicos a los recursos históricos y discursivos que se utilizan para llevar a cabo un propósito escolar. Por ejemplo, si le pedimos a un estudiante que debe "explicar las causas de la Segunda Guerra Mundial", él debe movilizar y organizar una serie de recursos para dar cuenta del propósito. Los géneros son procesos sociales y están fuertemente asociados a lo que cada disciplina entiende por "explicar", "describir", que son definidos por el contexto cultural. A grandes rasgos, Coffin (2006) clasifica los géneros históricos en:

a)   géneros narrativos

b)   géneros explicativos

c)   géneros argumentativos

La característica de los géneros narrativos es que relaciona eventos concretos y particulares inscritos en una temporalidad lineal. En los géneros narrativos no hay aparato interpretativo ni estructuras conceptuales que organicen, conecten y orienten a un conjunto de hechos; más bien hay una sucesión temporal, que es el eje que los articula. En este grupo de géneros se reconoce el "relato autobiográfico" y el "biográfico", el "recuento histórico" y el "informe histórico". Según Coffin (2006), esta familia de géneros es la más recurrente en las aulas australianas de Historia donde la autora realizó su estudio.

Las características de los géneros "explicativos" son que su propósito es la explicación de eventos del pasado a través de la examinación de causas y consecuencias integrando una multiplicidad de factores de largo y corto plazo. Componen esta familia los géneros de "explicación factorial" y "explicación consecuencial".

Por su parte, las características de los géneros argumentativos son que su propósito es utilizar los puntos de vista de la Historia para la construcción de una narración con significado histórico. Los géneros que componen esta familia son la "exposición", "discusión" y "desafío".

Los géneros funcionan en contextos específicos, en especial dentro de la sala de clases. Su diferenciación ayuda así a entregar herramientas útiles para el proceso de enseñanza y aprendizaje de la Historia, y sobre todo para comprender qué significa pensar y escribir históricamente.

Diferentes estudios internacionales y nacionales han señalado que los géneros históricos más utilizados en las aulas son "recuento histórico" y "explicación histórica" (Coffin, 2006; Oteíza, 2006; Henríquez, Carmona & Quinteros, 2018). Es probable que su mayor uso se deba a que desarrollan las habilidades más requeridas por los propósitos curriculares para "describir", "caracterizar", "identificar" (en el caso del recuento) y "explicar", "comprender", "argumentar" (en el caso de la explicación). De la lista de géneros históricos propuesta por Coffin (2006) y reformulada por Oteíza (2006) comentaremos brevemente los de "recuento histórico" y "explicación histórica".

Recuento histórico: su objetivo es dar cuenta de una sucesión de eventos de un hecho histórico estableciendo una línea de tiempo de una "gran narrativa". Es decir, el pasado es reconstruido como una versión objetiva, factual y lógica en la que el texto pareciera dejar que los eventos "hablen por sí solos". Se trata de un género que al secuenciar hechos y eventos antes y después en una narrativa pareciera que tendiese a explicar y elaborar un sentido histórico aunque no lo haga del todo (Coffin, 2006). Para Coffin (2004), el recuento histórico posee tres etapas funcionales: a) orientación, la cual provee un resumen de los eventos históricos previos que son significativos para el texto; b) registro de eventos, que proporciona una descripción de los principales eventos históricos, y c) deducción, que proporciona la significancia histórica de los acontecimientos que se han registrado.

En este género se privilegia el uso de las generalizaciones al no centrarse tanto en individuos sino en grupos de personas (participantes genéricos), además de procesos y desarrollos (sean militares, políticos, económicos, etc.). Por lo tanto, se aprecian mayores grados de nominalización y de uso del reflexivo "se" ("se produjo"), que invisibiliza la agencia. Esto se utiliza recurrentemente en libros de texto.

EJEMPLO 10. Recuento histórico en un libro de texto de III° Medio

De este modo, entre 1920 y 1924, se produjo [reflexivo "se", ¿quién o quiénes lo producen?] una esterilidad legislativa que redundó en la ausencia de reformas reales y en una sensación de estancamiento de la institucionalidad política [orientación y deducción: entrega un resumen de hechos]. Al mismo tiempo, se levantó [reflexivo "se"] una creciente polémica sobre cuál era el régimen político que debía existir en Chile, a la que fueron invitados a participar los distintos actores sociales y políticos del país [participantes genéricos]. En esta polémica, Arturo Alessandri se irguió como el defensor del presidencialismo [deducción], mientras una importante mayoría de dirigentes políticos se presentaron [participantes genéricos, "se" presentaron] como defensores del parlamentarismo.

Latorre y Henríquez (2013), p. 14

Explicación histórica: su objetivo es relatar por qué pasaron las cosas de una determinada manera. Este género incorpora una multiplicidad de factores causales de forma organizada así como integra causas de largo plazo con aquellas de más directo e inmediato impacto (Coffin, 2006). A diferencia del género recuento histórico, que hace un relato lineal causa y efecto, las explicaciones establecen relaciones más abstractas entre las causas y consecuencias. Coffin establece dos tipos de explicaciones: factoriales y consecuenciales. Las primeras se caracterizan por explicar las múltiples razones o factores que contribuyeron a un evento particular. Las segundas se focalizan en integrar las consecuencias o efectos de un evento particular. En ambos casos (factorial y consecuencial), organizar las razones requiere de un uso más abstracto del lenguaje; asimismo, en ambos casos, el género posee tres etapas funcionales: a) *input*, que identifica una causa o la consecuencia histórica, b) presentación de factores/consecuencias, en la que se organizan y jerarquizan causas y efectos, y c) deducción y valorización, en la que se extrae la significación de la explicación y se valoran las causas o efectos presentados.

EJEMPLO 11. Explicación histórica factorial. Texto escrito por un estudiante de I° Medio

¿Por qué había tanta oposición a la conscripción en la Primera Guerra Mundial?

Durante la Primera Guerra Mundial había una considerable oposición a la conscripción debido a las siguientes razones: oposición a la guerra entre distintos grupos, temor al aumento del poder del gobierno y factores económicos [se identifican los factores principales del fenómeno]. Una razón para tanta oposición a la guerra eran los variados grupos de personas preocupadas [presentación de factor 1]. Por ejemplo, a muchas personas a quienes les gustaba el socialismo revolucionario, pensaban que la guerra era injusta porque los capitalistas estaban beneficiándose a expensas de los trabajadores. Esto era porque los precios estaban aumentando y los salarios estaban decreciendo. Las personas también sentían que nadie tenía el derecho de mandar a otros a asesinar o ser asesinados. Ya había habido muchas bajas y una mayor cantidad de pérdidas humanas era resistida. En adición, la conscripción era rechazada por aquellos que tenían familia y problemas personales, tales como una responsabilidad en un cargo. Otra oposición venía de la población irlandesa-australiana que apoyaba la Rebelión de Pascua, que había sido aplastada por los británicos. Una segunda razón era el miedo al aumento del poder del gobierno [factor 2]. Un área de preocupación era el Acta de Precaución de Guerra, que limitaba la libertad de discurso, prensa y asociación e introducía la censura. Otra área de preocupación era el miedo que sentían los miembros de sindicatos de que el gobierno pudiera usar la conscripción para aplicar el poder contra los huelguistas. Finalmente estaban los factores económicos detrás de la oposición a la conscripción [factor 3]. Por ejemplo, a muchos les preocupaba que las mujeres y las personas de color tomaran los puestos de los hombres trabajadores conscriptos. También estaban asustados de que si se introducía la conscripción, la agricultura se vería afectada por la falta de trabajadores. Además de estas, existía la creencia de que los aliados necesitaban suministros de alimentos y no hombres. Otro factor es el que quienes apoyaban a los trabajadores sentían que la conscripción era injusta ya que introduciría una carga en los trabajadores que sufrían por los precios más altos y la reducción de sus ingresos. Si los que se ganaban el pan en la familia estaban conscriptos, las familias estaban en desventaja. En conclusión [conclusión: reforzamiento de los factores], la oposición a la conscripción venía de múltiples grupos y por una variedad de razones. La razón principal era el rechazo, de muchas personas, a la guerra en sí misma. Otras razones importantes eran la oposición al poder del Estado y el impacto de la conscripción en la economía de las personas.

Transcripción de un estudiante de I° Medio, Historia y Geografía, Instituto La Salle, 2015

GÉNEROS HISTÓRICOS CONTEXTUALIZADOS AL AULA CHILENA

En la tabla 7 hicimos una adecuación de los géneros históricos al contexto chileno y se presenta la función, la definición y los pasos para el logro de dichos géneros.

TABLA 7: Adecuación de géneros históricos

FUNCIÓN	TEXTO	DEFINICIÓN	ESTRATEGIA PARA EL ALUMNO (PASOS)
	RECUENTO BIOGRÁFICO	Contar la vida de uno o más personajes de un momento histórico determinado, destacando su importancia.	1. Localiza al personaje en tiempo y espacio. 2. Secuencia cronológicamente los eventos en la vida del personaje incluyendo citas según: primeros años, carrera, legado. 3. Explicita el significado histórico del personaje para el período estudiado.
DOCUMENTAR	RECUENTO O RELATO HISTÓRICO	Resumir y ordenar los principales acontecimientos de un proceso histórico.	1. Delimita el objetivo del texto que debes construir. 2. Registra cronológicamente los acontecimientos del proceso estudiado y explicita un marco geográfico del proceso. 3. Describe los acontecimientos que antes ordenaste y ubicaste centrándote en la generalidad. 4. Plantea el significado histórico de los acontecimientos para el proceso que estás estudiando.
	INFORME HISTÓRICO	Dar cuenta de los principales hechos de un proceso histórico estableciendo sus causas.	1. Define explícitamente el objetivo del texto que debes construir. 2. Ordena y describe los hechos dentro de un marco cronológico y geográfico. 3. Establece las causas (directas e indirectas) que producen el proceso histórico construyendo cadenas causales (hechos, condición, motivación) entre los acontecimientos.

(cont.)

TABLA 7: Adecuación de géneros históricos (cont.)

FUNCIÓN	TEXTO	DEFINICIÓN	ESTRATEGIA PARA EL ALUMNO (PASOS)
EXPLICAR	EXPLICACIÓN FACTORIAL	Explicar las razones o factores que contribuyeron a que se produjera un proceso o resultado.	1. Establece el objetivo del texto que debes construir. 2. Elabora las causas que originan el proceso histórico. 3. Ordena las causas o factores (motivaciones, condiciones y hechos) que sean los más importantes para el proceso en relación a tiempo (estructuras, coyunturas) y sujetos históricos de acuerdo a las fuentes trabajadas.
	EXPLICACIÓN CONSECUENCIAL	Explicar las consecuencias o efectos de un hecho o proceso histórico.	1. Establece el objetivo del texto que debes construir. 2. Identifica el o los fenómenos que conducen a cambios. 3. Identifica los efectos del hecho o proceso histórico. 4. Ordena las consecuencias de acuerdo a su importancia en relación a tiempo (mediatas, inmediatas), estructuras (política, económica, social, etc.) y sujetos históricos respecto de las fuentes trabajadas.
ARGUMENTAR	EXPOSICIÓN	Argumentar en relación a una interpretación determinada con la finalidad de comprobar la validez de la interpretación.	1. Establece el objetivo del texto que debes construir. 2. Identifica el contexto histórico (estructura, coyuntura, simultaneidad) y las diversas posiciones respecto de un tema. 3. Presenta tu argumento principal o tesis respecto del tema. 4. Elabora las evidencias que sustentan la tesis. 5. Concluye reforzando la tesis.
	DISCUSIÓN	Considerar diferentes interpretaciones antes de tomar una posición.	1. Establece el objetivo del texto que debes construir. 2. Identifica el contexto histórico y las diversas posiciones respecto de un tema. 3. Explicita las evidencias que sustentan las diversas posiciones. 4. Establece una posición respecto de las tesis propuestas.
	DESAFÍO	Argumentar en contra de una postura o interpretación particular.	1. Establece el objetivo del texto que debes construir. 2. Identifica los elementos que conforman la interpretación dada. 3. Construye las evidencias que te permitan contrarrestar la posición refutando. 4. Desarrolla una interpretación diferente del período o proceso estudiado refiriéndote a elementos de continuidad, cambio, estructura, coyuntura, causas, consecuencias.

LAS SECUENCIAS DE ENSEÑANZA Y APRENDIZAJE

Las secuencias de aprendizaje de este libro fueron implementadas en el Instituto La Salle de La Florida (Santiago de Chile, región Metropolitana) durante los años 2015 y 2016. En ellas diseñamos, implementamos y evaluamos un conjunto de ideas y prácticas para el desarrollo del pensamiento histórico, incorporando elementos de la teoría sobre alfabetización histórica y de los géneros históricos. En cada secuencia curricular se presenta:

- El objetivo curricular, los objetivos didácticos y los contenidos.

- El género histórico asociado al objetivo.

- Las mediaciones de aula que se realizaron.

- La guía de fuentes, la pregunta orientadora y las preguntas a cada una de las fuentes.

- La rúbrica de evaluación.

- Dos respuestas de estudiantes en que se indican los recursos históricos discursivos utilizados (figuras 2 a 72).

- Una evaluación global de ambas respuestas.

Los objetivos curriculares y los contenidos son los definidos por el Mineduc en los diferentes documentos oficiales de 7° a IV° Medio. La selección de los objetivos didácticos o más específicos están alineados con los objetivos curriculares del ministerio.

¿POR QUÉ DECIDIMOS DISEÑAR, HACER Y EVALUAR NUESTRAS CLASES ASÍ?

Porque a través del modelo de géneros históricos podíamos explicitar, practicar y evaluar la complejidad del pensamiento histórico y dar una retroalimentación efectiva a los estudiantes. Usamos el término "alineamiento constructivo" del académico australiano John Biggs porque nos ayudó a establecer criterios de coherencia entre los objetivos propuestos, las prácticas de enseñanza y los desempeños de los estudiantes en diferentes evaluaciones. El alineamiento constructivo es un modelo teórico para diseñar, implementar y evaluar la calidad de la coherencia entre el propósito y los resultados de aprendizaje. El diseño de las secuencias didácticas tomó en cuenta las orientaciones de Biggs y Tang (2011), basadas en cuatro pasos:

1. Describir los resultados de aprendizaje/objetivos usando verbos concretos y comprensibles.

2. Crear un medioambiente de aprendizaje en el que se generen los resultados de aprendizajes intencionados (contenidos, actividades, etc.).

3. Diseñar evaluaciones que permitan un juicio apropiado sobre qué tan bien lograron los estudiantes los resultados esperados.

4. Desarrollar criterios de evaluación para juzgar la calidad de los resultados de los estudiantes.

LA INCLUSIÓN DE LA NOCIÓN DE "GÉNERO"

La noción de género (proceso social orientado a fines que presenta cierta estructura organizativa) nos permitió identificar cómo a través de diferentes tareas de escritura, los estudiantes respondían a una pregunta alineada con el objetivo curricular. Estos objetivos pueden variar de un contexto a otro, de una disciplina a otra e incluso de un profesor/a a otro. Dado que los géneros históricos, según los autores más arriba citados, son un producto cultural, las decisiones semánticas pueden variar de una comunidad a otra y se pueden adecuar a los contextos siempre que los objetivos y los recursos históricos y discursivos sean coherentes. Por esta razón hemos adecuado las etapas y fases de los géneros históricos propuestos por Coffin (2006) y las hemos adaptado al contexto en el que implementamos las secuencias. Esto nos permitió desarrollar el primer paso (describir los objetivos de aprendizaje) de Biggs y Tang (2011). Asimismo, la noción de género nos permitió definir qué necesitábamos como "ambiente de aprendizaje" y las actividades para llevar a cabo el objetivo. Decidimos que las secuencias tuvieran dos aspectos centrales: 1. prácticas de lectura, y 2. prácticas de escritura. Las secuencias tienen una estructura muy simple:

1. Presentación del objetivo de aprendizaje y género histórico.

2. Planteamiento de pregunta orientadora.

3. Exposición de la rúbrica de evaluación con los pasos del género.

4. Fuentes históricas.

5. Preguntas a cada fuente.

6. Volver a plantear la pregunta del inicio.

Las fuentes históricas "inferenciales" y "analíticas" primarias y secundarias fueron leídas como parte de la clase junto a los estudiantes. Aunque requiera tiempo, acompañar la lectura y la escritura son procesos fundamentales para la comprensión profunda. Los pasos para acompañar la lectura de una fuente son:

- Identificar los conceptos de la fuente y "desempaquetarlos" junto a los estudiantes.

- Identificar cómo en las fuentes está la presencia de "agentes" y "mecanismos causales", resaltándolos en el texto y reconociendo la forma gramatical con que se expresan.

- Relacionar el contenido de las fuentes con los recursos del género con el que trabajarán los estudiantes.

- Solicitarles que elaboren por escrito respuestas de aspectos parciales de las fuentes y luego la respuesta final.

Los textos de los estudiantes que seleccionamos en este libro fueron escogidos intentado incluir diferentes desempeños de calidad (muy buenos, buenos, suficientes e insuficientes) con dos casos (caso 1 y caso 2) por nivel para dar cuenta de diferentes grados de adhesión al género histórico trabajado. En los ejemplos que muestran los textos de los alumnos se presentan breves evaluaciones que tienen los siguientes aspectos: género (G), causalidad (C), abstracción (A) y voces en el texto (VT), cuya finalidad es comprender el trabajo desarrollado por los estudiantes y establecer la calidad de su desempeño, tal como aparece en la figura 2:

1. Género. Sus etapas y fases. Para ello se indican en cada párrafo los recursos léxicos (generalmente sustantivos causales) utilizados por los estudiantes para acercarse al género.

2. Causalidad. Se indicarán al costado del texto cuadros que muestran la presencia de recursos para la elaboración de la causalidad (sustantivo causal, agente, mecanismo causal y causalidad congruente o incongruente).

3. Abstracción a través de conceptos y nominalizaciones.

4. Voces en el texto. Orientaciones monoglósicas elaboradas mediante procesos materiales. Orientaciones heteroglósicas por intravocalización o por extravocalización. Se indica el nivel de calidad de la inclusión de la evidencia con tres niveles (incorporación estratégica, reformulación sin juicio, reformulación con sentido histórico).

Esperamos que sean ejemplos útiles y que profesoras y profesores puedan modificar y adaptar las ideas de estas secuencias de aprendizaje a sus contextos y puedan desarrollar la lectura de textos complejos y la escritura en diferentes géneros históricos.

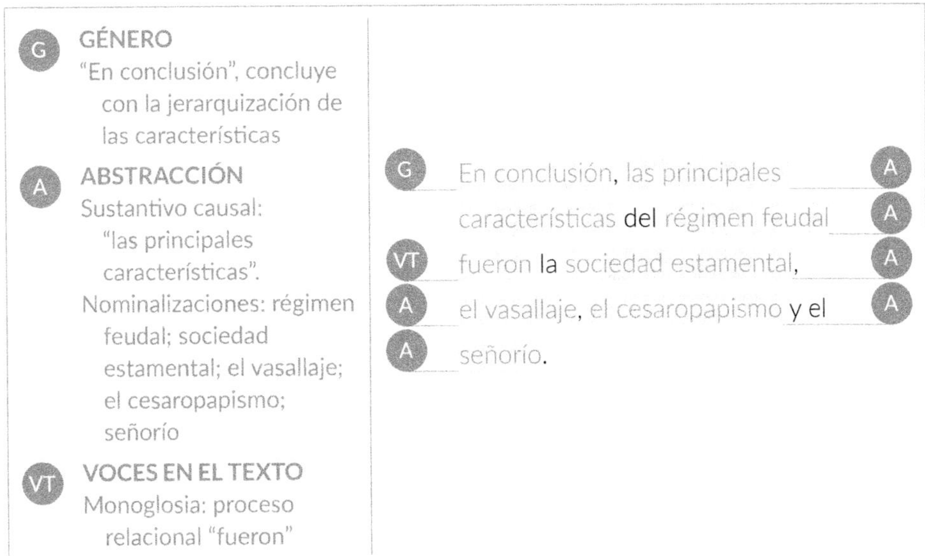

FIGURA 2: Análisis de respuesta estudiante de 7° año

CAPÍTULO 2

Género recuento histórico

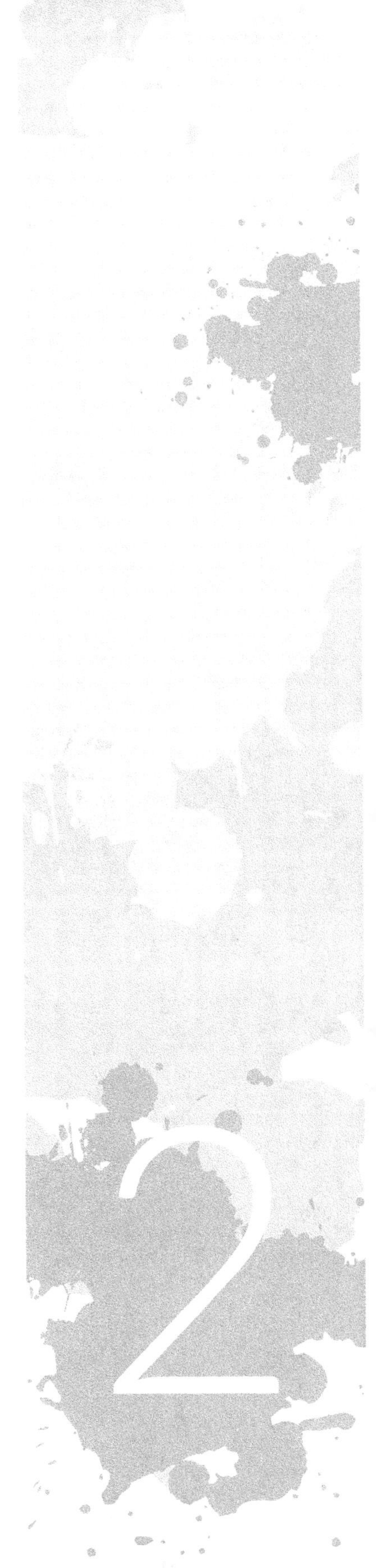

El recuento histórico es uno de los géneros más utilizados en la educación histórica escolar porque permite empaquetar mucha información (fechas, datos, conceptos, personajes históricos y visiones del pasado) en torno a una "gran narrativa" (Coffin, 2006).

El propósito del recuento histórico es resumir y organizar un conjunto de acontecimientos de un proceso histórico con el fin de armar una gran narrativa. El efecto es que la historia se transforma en una cadena de hechos conectados por la temporalidad, dando la impresión de un relato objetivo gracias al uso de formas impersonales y pasivas con "se" ("se produjo"). Asimismo, se establecen causas y consecuencias mediante la utilización de verbos y nominalizaciones que logran dar abstracción al texto y enlazar hechos de larga duración. Coffin (2006) ha indicado que posee tres etapas:

a)   Resumir eventos históricos previos que hacen más significativos los eventos en los que se centra el cuerpo del texto.

b)   Registrar y elaborar una secuencia de eventos históricos.

c)   Producir una deducción con sentido histórico.

En este capítulo se exponen cuatro secuencias para el desarrollo del género recuento histórico, dos de 7° Básico y dos de 8°. Dado que los géneros históricos se realizan desde un propósito, se incluyen en la tabla 8 los propósitos curriculares, su adecuación mediante objetivos didácticos y la pregunta de la secuencia que permite el desarrollo del género.

TABLA 8: Objetivos curriculares, objetivos didácticos y preguntas de las secuencias de aprendizaje

Objetivo curricular	Objetivo didáctico	Pregunta
7° Básico		
AE 05 Caracterizar el mar Mediterráneo como ecúmene y como espacio de circulación e intercambio e inferir cómo sus características geográficas influyeron en el desarrollo de la ciudad Estado griega y de la República romana (Mineduc, 2016).	• Identificar las características del espacio geográfico de la zona del mar Mediterráneo. • Relacionar las características geográficas con el desarrollo de civilizaciones.	Contenido: "La formación del mundo mediterráneo" ¿Cuáles son las características de la zona del Mediterráneo que influyen en el desarrollo de los pueblos que habitaron esos territorios?
AE 10 Caracterizar algunos rasgos distintivos de la sociedad medieval, como la visión cristiana del mundo, el orden estamental, las relaciones de fidelidad, los roles de género, la vida rural y el declive de la vida urbana (Mineduc, 2016).	• Reconocer los rasgos distintivos de la organización del poder político durante la Edad Media, incluyendo imperio, papado y monarquía. • Caracterizar los rasgos distintivos del régimen feudal en la Alta Edad Media.	Contenido: "Sociedad medieval" La organización política y social de la Edad Media se basaba en las relaciones de confianza y reciprocidad entre los diferentes actores de la época. Teniendo en cuenta lo anterior, ¿cuáles son las principales características del régimen feudal?

(cont.)

TABLA 8: Objetivos curriculares, objetivos didácticos y preguntas de las secuencias de aprendizaje (cont.)

Objetivo curricular	Objetivo didáctico	Pregunta
8° Básico		
AE 01 Dimensionar geográficamente la expansión de la influencia europea hacia otros continentes a través de procesos de exploración y conquista durante la Época Moderna incluyendo antecedentes de la expansión europea: rivalidades económicas y políticas, desarrollo económico y tecnológico, principales rutas de exploración y conquista, principales actores, tales como Cristóbal Colón, Magallanes y Elcano, Américo Vespucio, Díaz de Solís y Caboto, entre otros (Mineduc, 2009).	• Identificar las causas de los grandes viajes de expansión europea del siglo XV. • Reconocer en diferentes momentos la expansión europea en el mundo y sus consecuencias.	Contenido: "Expansión europea" ¿Cómo la evolución del conocimiento geográfico representado en estos documentos refleja la expansión del mundo europeo?
AE 02 Reconocer la relación dinámica entre las revoluciones demográfica, agrícola y tecnológica del siglo XVIII y la Revolución industrial, considerando sus siguientes características: mecanización de los procesos productivos, producción a gran escala, nuevas condiciones laborales, transformaciones urbanas, contaminación ambiental" (Mineduc, 2011).	• Reconocer la relación dinámica entre las revoluciones francesa e industrial. • Explicar cómo la Revolución industrial y la Revolución francesa se relacionan con las principales transformaciones sociales y económicas del siglo XIX. • Describir las principales transformaciones sociales, culturales y geográficas del período.	Contenido: "Revolución industrial y Revolución francesa" ¿Por qué es posible afirmar que la doble revolución es, en el fondo, una sola Gran Revolución?

Para llevar a cabo el propósito del género recuento histórico se desarrollaron con los estudiantes los pasos que debían seguir al momento de elaborar sus textos:

1. Delimita el objetivo del texto que debes construir.

2. Registra cronológicamente los acontecimientos y/o características del proceso estudiado y explicita su marco geográfico.

3. Describe los acontecimientos y/o características que antes ordenaste y ubicaste.

4. Plantea el significado histórico de los acontecimientos para el proceso que estás estudiando.

Como veremos en las secuencias de 7° sobre la Edad Media y el mundo mediterráneo, las preguntas tienen el propósito de que los estudiantes caractericen atributos geográficos, políticos y sociales. En los cuatro casos presentados observaremos las diferencias en el modo de abordar el propósito de la pregunta. En los cuatro casos de 7°, los estudiantes son capaces de explicitar el propósito del texto y de identificar las características del tema. En la siguiente etapa del género, "registrar y elaborar una secuencia de eventos históricos" se puede apreciar cómo la mayor dificultad consistió en incluir la evidencia proporcionada en la respuesta. Es decir, la información de la evidencia fue incluida de forma distorsionada o errónea. Sin embargo, asimismo, hubo un uso destacado de nominalizaciones presentes en la evidencia, aunque con desigual calidad, que va desde los conceptos correctamente utilizados hasta el uso de conceptos generales.

En las secuencias de 8° se verán formas de adherir al propósito. Una más adherida, es decir, que explicita lo que se va a hacer en función del género, y la otra que no. Modelar y acompañar el proceso de definir el propósito se ha visto como una gran herramienta para organizar el texto y hacerlo complejo. Se observa que los casos buenos y suficientes incorporan correctamente la evidencia, pero se diferencian en cómo utilizan los conceptos para dar respuesta a la pregunta. En la etapa "Produce una deducción con sentido histórico", el caso "muy bueno" se adhiere al propósito, y establece la causalidad congruente utilizando la evidencia presente en una de las fuentes para responder a la pregunta de la secuencia, en cambio el caso "suficiente" ofrece una interpretación cuyo desarrollo confunde el orden lógico del proceso. Vale decir, antecedente: expansión geográfica y consecuente: conocimiento geográfico.

SECUENCIA 7° BÁSICO, LA FORMACIÓN DEL MUNDO MEDITERRÁNEO

ESTRUCTURA CURRICULAR

La secuencia que presentamos a continuación corresponde a la Unidad 2 "Civilizaciones que confluyen en la conformación de la cultura americana: la Antigüedad y el canon cultural clásico" del Programa de Estudios de Historia, Geografía y Ciencias Sociales de 7° Básico, vigente desde el año 2016. Corresponde, principalmente, al Objetivo de Aprendizaje 05 "Caracterizar el mar Mediterráneo como ecúmene y como espacio de circulación e intercambio, e inferir cómo sus características geográficas influyeron en el desarrollo de la ciudad Estado griega y de la República romana" (Mineduc, 2016). La secuencia de aprendizaje fue aplicada durante el primer semestre del año 2016 y está basada en las indicaciones que el mismo programa presenta, a las que se suma el marco conceptual trabajado por Fernand Braudel en su texto "El mediterráneo: el espacio y la historia" (1989). El foco del trabajo se centra en las habilidades del pensamiento histórico relacionadas con la utilización de diversas fuentes para generar una interpretación que apunte a describir el Mediterráneo como un territorio de comunicación e intercambio entre diferentes pueblos.

También fueron considerados en su elaboración otros propósitos curriculares, como la comprensión de la relación entre el espacio geográfico y el desarrollo de las sociedades, tal como se establece en el OA 21 de la Unidad 1: "Reconocer procesos de adaptación y transformación que se derivan de la relación entre el ser humano y el medio, e identificar factores que inciden en el asentamiento de las sociedades humanas", centrándose en las habilidades de pensamiento temporal y espacial, análisis y trabajo con fuentes históricas, y la comunicación de conocimiento histórico (Mineduc, 2016).

OBJETIVO DIDÁCTICO

El objetivo trabajado es una interpretación del OA 5 de la Unidad 2: "Caracterizar el mar Mediterráneo como ecúmene y como espacio de circulación e intercambio, e inferir cómo sus características geográficas influyeron en el desarrollo de las civilizaciones que se ubicaron en sus costas".

CONTENIDOS

Los contenidos son los relacionados con el marco histórico y geográfico del surgimiento de las civilizaciones griega y romana, y los correspondientes a los que se derivan de la relación entre las sociedades y el espacio geográfico. Los conceptos relacionados con este aprendizaje fueron: ecúmene, desarrollo, carretera líquida, comercio/intercambio, rutas comerciales, recursos naturales, relación tierra-mar, polis.

PREGUNTA ORIENTADORA

La pregunta que se presentó a los estudiantes fue: ¿Cuáles son las características de la zona del Mediterráneo que influyen en el desarrollo de los pueblos que habitaron esos territorios? e incluye tres elementos fundamentales. Parte de la premisa de que en la zona del Mediterráneo existieron diversos pueblos, y que ciertas características geográficas de esa zona afectaron su desarrollo. Esto implica que el estudiante debía conocer de antemano el concepto "desarrollo" como elemento de transformación de las sociedades, incluyendo la síntesis de la idea de "desarrollo cultural", contenidos tratados previamente. A partir de estos elementos, el propósito de la pregunta se enfoca en que el estudiante describa la relación entre el espacio geográfico del Mediterráneo y las características de las sociedades que en él habitaron.

FUENTES

Para lograr el objetivo, la fuente 1 es un extracto del libro de Braudel: "El Mediterráneo y el mundo mediterráneo en la época de Felipe II" (1987). Ahí se hace referencia al vínculo existente entre el mar y la tierra, y los pueblos que la habitaron. Presenta algunas nominalizaciones como "intrincados litorales", y algunos conceptos hacen referencia más bien a elementos geográficos, como "islas", "penínsulas" y "complejo de mares".

La fuente 2 corresponde también a Braudel (1989) y establece una descripción general del espacio geográfico, destacando la relación entre las montañas y el mar. En ella se aprecian nominalizaciones como "región mediterránea". Se pueden identificar además algunos conceptos relacionados también con la geografía, como "llanura" y "montaña". Al mismo tiempo, aparecen numerosas toponimias relacionadas con los cordones montañosos que rodean al mar Mediterráneo, las que sirven como delimitación geográfica del espacio en cuestión.

La fuente 3 corresponde a una parte del libro de Gustav Glotz "La ciudad griega" (1964) y establece la relación entre el espacio geográfico y los asentamientos humanos del Mediterráneo. Presenta nominalizaciones como "ciudad griega", "ciudad-Estado", "condiciones geográficas", "receptáculo natural" y "relieve montañoso". Los conceptos que aparecen corresponden a "polis", "política", y en lo geográfico, "depresiones".

La fuente 4 corresponde a un extracto de la "Historia de España" de Ramón Menéndez-Pinal (1982) y hace referencia al Mediterráneo como espacio de circulación económica y cultural. En él aparecen nominalizaciones como "comercio marítimo exterior", "tráfico fluvial" y "productos manufacturados". También aparecen conceptos como "productos de primera necesidad" e "imperio", haciendo referencia al Imperio Romano. El documento presenta conceptos vinculados al comercio y la prosperidad en relación de causalidad.

DISEÑO DE CLASES

En el diseño de la clase se desarrolló en un total de 8 horas pedagógicas, divididas en tres fases. La primera consideró la presentación de los contenidos conceptuales de la relación entre el espacio geográfico y los grupos humanos mediante estrategia de clase expositiva y trabajo con el Texto del Estudiante. En la segunda sesión, la actividad se centró en la lectura de las fuentes con los alumnos, identificando cuáles eran los elementos clave para responder la pregunta final que entregaba cada documento. La siguiente sesión estuvo destinada al trabajo colaborativo por parte de los estudiantes. Las últimas dos horas de trabajo se enfocaron en la elaboración de la respuesta final en formato de recuento histórico.

Primera sesión: se centra en la presentación de los contenidos conceptuales referentes a la relación entre el hombre y el espacio geográfico. Mediante la utilización de diapositivas, se analizan imágenes relacionadas con la geografía del Mediterráneo, centrándose en las características físicas y sus consecuencias para el desarrollo de los pueblos que habitaron la zona. Se releva con los estudiantes la relación de dependencia que existe entre el mar y la tierra a partir de elementos del clima, los recursos naturales, las actividades económicas y el intercambio comercial. Las principales dificultades detectadas en el desarrollo de la lectura del documento fueron por el desconocimiento del vocabulario, lo que les impide acceder plenamente al significado del texto, lo que muestra que el vocabulario presentado en la guía era insuficiente.

Segunda sesión: se presentó a los estudiantes el objetivo de la actividad. Se analizó cuál es la habilidad que involucra la pregunta y los elementos que incluye. También se realizó el modelamiento de la lectura de las fuentes y se leyeron los documentos con los estudiantes, utilizando diversas preguntas para la mediación e interviniendo físicamente los textos en la pizarra y la guía, dejando marcas de evidencia de lectura. En términos generales, para las cuatro primeras fuentes se usaron preguntas como las que se presentan a continuación:

- ¿Cuál es la idea central del documento?

- ¿El documento tiene información relevante para responder la pregunta?

- ¿Por qué se habla de una relación entre el mar y la tierra en el texto?

- ¿Qué parte de la fuente te sirve para poder respaldar lo que estás pensando?

A continuación se solicitó a los estudiantes que explicitaran cuál es la característica del Mediterráneo que se menciona en la fuente, y que la registraran en el espacio asignado. En cambio, para la fuente 5, fue necesario establecer mediaciones particulares, debido a que se trataba de un mapa.

Tercera sesión: se destinó al trabajo en grupos de no más de cuatro personas. Los estudiantes podían releer los documentos y compartir apreciaciones con sus compañeros, discutiendo acerca de las características del Mediterráneo que presentaban. Además se les solicitó que identificaran una cita o una descripción del mapa para ser utilizada como evidencia en la construcción del documento. Las preguntas realizadas a los alumnos fueron:

- ¿Qué elementos geográficos puedes reconocer en el mapa?

- ¿Qué es lo que el mapa quiere representar?

- ¿Qué observaste en el mapa que te permitió concluir lo que has dicho?

- ¿Contiene el mapa información relevante para responder la pregunta?

- ¿Qué elementos observados en el mapa te permitieron llegar a esa conclusión?

Se solicitó a los estudiantes que las conclusiones y las respuestas a las preguntas de mediación fueran registradas en el espacio asignado en la guía.

Cuarta sesión: estuvo destinada a la construcción de un escrito de tipo recuento histórico. La mediación del proceso de escritura se inició con la explicitación de la estructura de un texto de este tipo, y continuó con un ejercicio de coescritura con los estudiantes, en el que se construyó una respuesta tipo a partir de las intervenciones y sugerencias de los alumnos, modelando la fase de inicio/introducción y la descripción de una de las características. Posteriormente se plantearon algunas preguntas para realizar un ejercicio breve de coevaluación en el que los estudiantes debían verificar que el texto de su compañero cumpliera con la siguiente lista de chequeo:

- ¿Es posible reconocer un marco histórico (tiempo-espacio) en el texto?

- ¿El documento reconoce al menos 4 características del Mediterráneo que afecten al desarrollo de las civilizaciones?

- Las características mencionadas, ¿tienen citas o paráfrasis que las respalden?

- ¿La conclusión del texto responde a la pregunta?

Según las respuestas a cada pregunta, realizaron sugerencias a sus compañeros y corrigieron sus propios textos.

RÚBRICA DE EVALUACIÓN

Para la evaluación de los alumnos se utilizó la siguiente rúbrica:

RÚBRICA RECUENTO HISTÓRICO: MEDITERRÁNEO			
Puntaje / Ámbito	6 a 7	3 a 5	1 a 2
Describir	Describe la relación entre el espacio geográfico y el desarrollo de las civilizaciones, utilizando las fuentes como evidencia.	Describe la relación entre el desarrollo de las civilizaciones y el espacio geográfico, pero no logra vincularlos con las fuentes.	Describe las características que presentan las fuentes, pero no las relaciona con el desarrollo de las civilizaciones.
Dar cuenta	Relata de acuerdo al objetivo que se plantea en un contexto temporal y espacial destacando la importancia del espacio geográfico para el desarrollo de las civilizaciones, haciendo referencia a las fuentes que se le proporcionan.	Relata según el objetivo que se plantea en un contexto temporal y espacial, pero no logra demostrar por medio de la evidencia la importancia del espacio geográfico para el desarrollo de las civilizaciones.	Se plantea un objetivo que no concuerda con el problema planteado, además no tiene establecido un marco espacio-temporal acorde con las fuentes entregadas y no logra evidenciar la importancia histórica del espacio geográfico para el desarrollo de las civilizaciones.

7° BÁSICO

GUÍA RECUENTO HISTÓRICO: LA FORMACIÓN DEL MUNDO MEDITERRÁNEO

NOMBRE: .... CURSO: .... FECHA: ....

Unidad 2: Civilizaciones que confluyen en la conformación de la cultura americana: la Antigüedad y el canon cultural clásico.

OA 5: Caracterizar el mar Mediterráneo como ecúmene y como espacio de circulación e intercambio, e inferir cómo sus características geográficas (por ejemplo, clima, relieve, recursos naturales, entre otros) influyeron en el desarrollo de la ciudad Estado griega y de la república romana.

INSTRUCCIONES:

1. Lee históricamente cada uno de los documentos que se presentan en esta guía de trabajo.

2. Identifica cada una de las características del mar Mediterráneo según lo que aparece en cada documento. Recuerda anotar la evidencia que respalda tu respuesta registrando una cita literal o una paráfrasis de las fuentes.

3. Utilizando la información que recopilaste en los pasos anteriores, responde la siguiente pregunta:

   ¿Cuáles son las características de la zona del mediterráneo que influyen en el desarrollo de los pueblos que habitaron esos territorios?

ANÁLISIS DE FUENTES: lee los documentos que te presentamos y completa el cuadro con la información que se solicita. Recuerda anotar la evidencia que respaldará tu respuesta final.

Fuente 1: El Mediterráneo: entre el mar y la tierra firme

El Mediterráneo no es ni siquiera un solo mar, es un complejo de mares; y estos mares están partidos por islas, interrumpidos por penínsulas, envueltos por intrincados litorales. Su vida está ligada a la tierra, su poesía es más bien rural, puede que sus marinos se vuelvan campesinos según las estaciones; es tanto el mar de olivos y de viñas como el mar de las galeras de remos largos y el de las rutas de los mercaderes. La historia de este mar no puede separarse de la tierra, de la misma forma en que la arcilla no puede separarse de las manos del artesano que le dan su forma. 'Lauso la mare e tente'n terro'. 'Honra el mar y mantente en la tierra' dice un proverbio del sur de Francia (Braudel, F. [1987]. *El Mediterráneo y el mundo mediterráneo en la época de Felipe II*. México: Fondo de Cultura Económica).

Vocabulario   Intrincado: enredado, complicado.

Galera: barco de remos y velas utilizado desde la época de los romanos hasta la Edad Media.

Fuente 2: Montañas casi por todas partes alrededor del mar

La geología explica la gran abundancia de montañas existentes a través del espacio del Mediterráneo. Montañas recientes, altas, de formas accidentadas y que, como un esqueleto de piedra, perforan la piel de la región mediterránea: los Alpes, los Apeninos, los Balcanes, el Atlas, los Pirineos, ¡qué compañía! Cimas abruptas, cubiertas de nieve durante meses, erguidas por encima del mar y de las cálidas llanuras; ásperas pendientes que caen a menudo directamente sobre el agua (...). La montaña corta la circulación, se come abusivamente el espacio, limita las llanuras y los campos, reduciéndolos a menudo a franjas. Más allá empiezan los senderos escarpados, duros para los pies de los hombres y las patas de las bestias... (Braudel, F. [1989]. *El mediterráneo: el espacio y la historia*. México: Fondo de Cultura Económica).

Vocabulario   Geología: ciencia que estudia el origen, formación y evolución de la Tierra.

Accidentada: que tiene desniveles o irregularidades.

Abrupta: se aplica al terreno que es difícil de atravesar.

Erguida: levantada, derecha, erecta.

Escarpado: que tiene escarpa o gran pendiente.

Fuente 3: El relieve del Mediterráneo y las polis griegas

La característica más sobresaliente de la Grecia antigua es que estaba dividida en una infinidad de ciudades-Estado independientes (polis). (...) En realidad, las condiciones geográficas contribuyeron mucho a darle a Grecia su aspecto histórico, en especial el relieve montañoso. Desgarrada, tallada y rugosa por el continuo encuentro del mar y los montes, presenta en todas partes angostas depresiones encerradas por alturas y que solo tienen salida fácil hacia la costa. De esta manera, forma innumerables pequeños territorios, cada uno receptáculo natural de una pequeña sociedad. La división física determina, o facilita, la política (Glotz, G. [1964]. *La ciudad griega*. México: UTEHA).

Vocabulario Polis: ciudad-Estado griega que se desarrollaba de manera independiente a las otras, con su propio gobierno y leyes.

Receptáculo: envase o contenedor de cualquier sustancia.

Fuente 4: El Mediterráneo como centro de intercambio

La fuente principal de la prosperidad del Imperio en época romana era el comercio, y muy especialmente el comercio marítimo exterior e interprovincial. Las ciudades más ricas del Imperio eran las que más intenso comercio poseían, estaban situadas cerca del mar, junto a las grandes vías de comercio, o constituían el centro de un animado tráfico fluvial, como la Bética. El tramo mercantil más importante no era el comercio de objetos de lujo, sino el intercambio de productos de primera necesidad: trigo, pescado, aceite, vino, lino, lana, madera de construcción, metales y productos manufacturados (Menéndez-Pinal, R. [1982]. *Historia de España*. Madrid: Espasa-Calpe).

Vocabulario Prosperidad: desarrollo favorable de algún aspecto de la vida.

Bética: sur de España, actual zona de Córdoba.

Mercantil: de los mercaderes, del comercio.

Fuente 5: Situación geográfica del Mediterráneo (los fenicios 1500-100 a. C.)

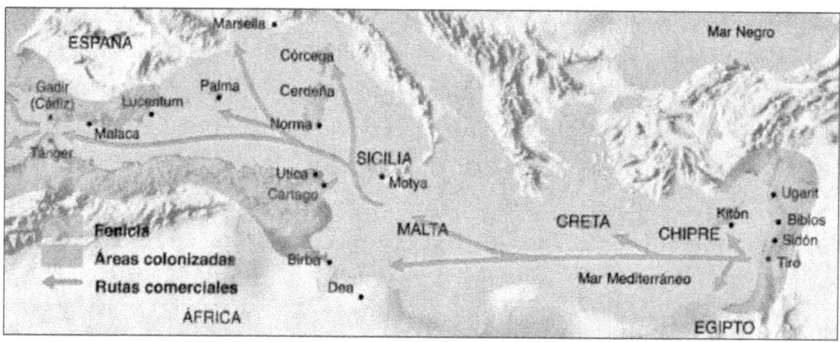

(Recuperado de http://www.enciclopediahistoria.com/2014/03/los-fenicios-1500-100-ac.html)

Responde la siguiente pregunta utilizando la evidencia que aparece en las fuentes: ¿Cuáles son las características de la zona del mediterráneo que influyen en el desarrollo de los pueblos que habitaron esos territorios?

ANÁLISIS RESPUESTAS DE ESTUDIANTES

CASO 1. MUY BUENO

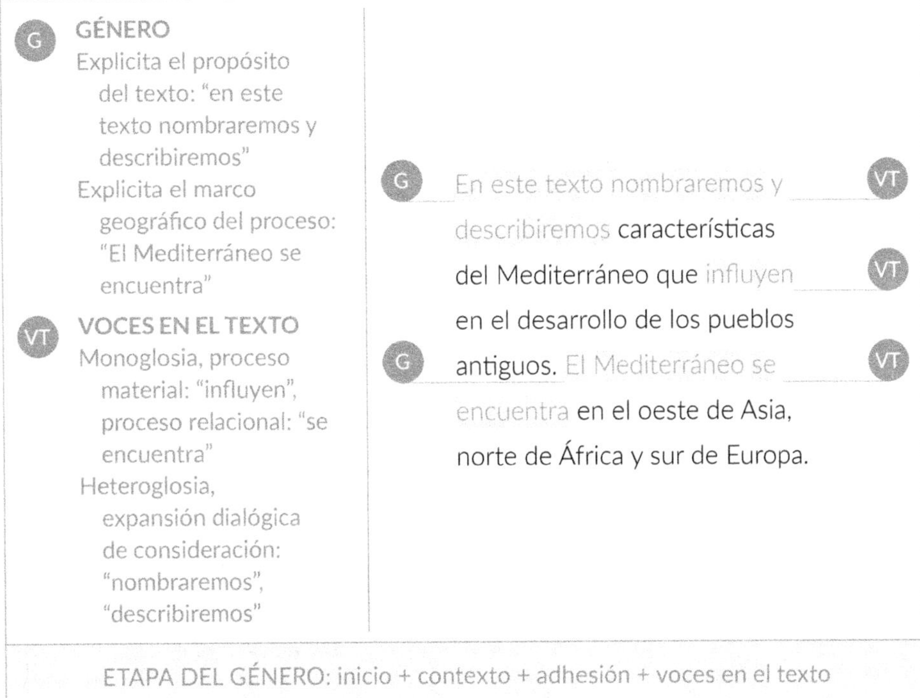

FIGURA 3: Análisis de respuesta estudiante de 7° año

G GÉNERO
Explicíta y describe las
características del
proceso, nombrando
las características
geográficas y
comerciales

C CAUSALIDAD
Incongruente:
"contribuyeron",
"generó", "favoreció"
Congruente: "ya que"

A ABSTRACCIÓN
Pueblos antiguos:
imprecisión en el
concepto, no identifica
a qué pueblos hace
referencia
Nominalización: "la
relación de dependencia"

VT VOCES EN EL TEXTO
Monoglosia, procesos
materiales: "influyeron",
"contribuyeron"
Heteroglosia, expansión
dialógica: "puede que
algunas personas"
Heteroglosia, expansión
dialógica de atribución,
cita fuentes: "doc. 3",
"doc. 5"
Calidad de la inclusión:
Reformulación sin juicio
(doc. 3)
Reformulación con juicio
(doc. 5)

G Algunas características que
VT influyeron en el desarrollo de los
A pueblos antiguos son: el relieve
montañoso del Mediterráneo
y sus condiciones geográficas
C contribuyeron a darle un aspecto
VT histórico (doc. 3) a distintas
localidades a causa de montañas,
montes, mares, etc. El comercio a
través del Mediterráneo favoreció C
mucho a las sociedades, ya que C
este mar dio paso a que se pueda
exportar productos desde todos
y entre todos los continentes que
tiene a su alrededor y entre todo
VT el mundo (doc. 5). La relación de A
dependencia entre el mar y la
tierra facilitó algunas cosas, por
ejemplo, en términos de clima y
VT estaciones, puede que algunas
personas que trabajan con el
comercio marítimo se vuelvan
campesinas según las estaciones.
En términos geográficos, el Mar
de los Olivos y viñas facilitaron
la agricultura, y dio paso a que
los agricultores obtengan más
productos (doc. 1).

ETAPA DEL GÉNERO: descripción de características + adhesión a la etapa
+ voces en el texto + calidad inclusión + abstracción

FIGURA 4: Análisis de respuesta estudiante de 7° año

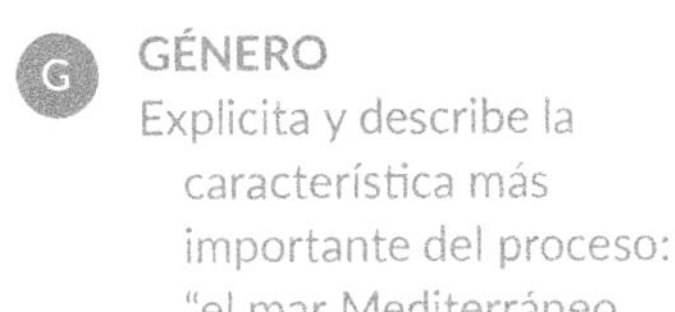

G GÉNERO
Explicita y describe la característica más importante del proceso: "el mar Mediterráneo facilitó mucho las rutas comerciales"

C CAUSALIDAD
Agencia: mar Mediterráneo
Mecanismo: finalidad "facilitó mucho las rutas comerciales"
Incongruente: "generó"

VT VOCES EN EL TEXTO
Heteroglosia, expansión dialógica de consideración: "podemos decir"

En conclusión, podemos decir que **VT** la característica más importante **G** fue que el mar Mediterráneo facilitó mucho las rutas **C** comerciales y eso generó una gran **C** economía en las sociedades que habitaron esos territorios.

ETAPA DEL GÉNERO: deducir el significado histórico en relación con el efecto + adhesión a la etapa del género + sentido histórico + abstracción

FIGURA 5: Análisis de respuesta estudiante de 7° año

CASO 2. DESEMPEÑO SUFICIENTE

 **GÉNERO**
Explicita el propósito del texto: "en este texto se va a caracterizar"
Explicita el marco geográfico del proceso: "se ubica al sureste de España y al noreste de Egipto"

 **VOCES EN EL TEXTO**
Monoglosia, uso de impersonal: "se va a caracterizar", "se ubica"
Proceso mental/cognitivo: "saber"

ETAPA DEL GÉNERO: inicio + contexto + adhesión

FIGURA 6: Análisis de respuesta estudiante de 7° año

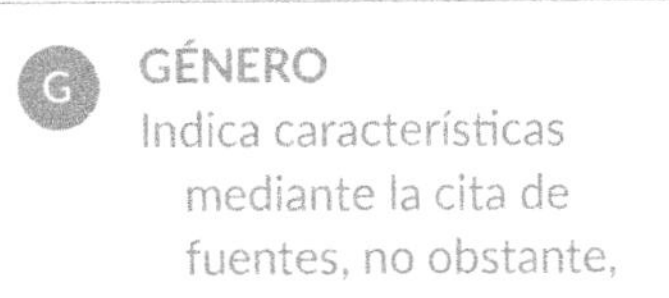

GÉNERO
Indica características mediante la cita de fuentes, no obstante, está ausente el ordenamiento y la descripción de ellas

VOCES EN EL TEXTO
Heteroglosia, expansión dialógica de atribución, cita fuentes: "doc. 4", "doc. 3" "doc. 2", "doc. 1"
Calidad de la inclusión: Incorporación estratégica sin reformulación y conexión de la evidencia

"La fuente de la prosperidad del imperio en la época romana era el comercio y también el comercio a través del mar" (doc. 4). 

 "Las características más sobresalientes de la antigua Grecia estaban divididas en ciudades y estados independientes. Estos ayudaron mucho al desarrollo histórico de Grecia" (doc. 3). "La geología que las montañas altas bloqueaban el paso por ejemplo les costaba salir para hacer comercio, cosas así" (doc. 2).

 "El Mediterráneo no es un mar, es un complejo de mares donde todos hacen comercio" (doc. 1).

ETAPA DEL GÉNERO: descripción de características – adhesión al propósito – causalidad + voces en el texto – calidad inclusión (estratégica)

FIGURA 7: Análisis de respuesta estudiante de 7° año

GÉNERO
Concluye relevando al mar Mediterráneo

ABSTRACCIÓN Y CAUSALIDAD
Pueblos antiguos: imprecisión en el concepto, no identifica a qué pueblos hace referencia
Causalidad incongruente: "influyó"

VOCES EN EL TEXTO
Monoglosia, proceso material: "hacer", "ir"

En conclusión, el Mediterráneo influyó mucho en el desarrollo de las civilizaciones o los pueblos antiguos, por ejemplo: hacer comercio, ir a diferentes partes y al traslado para ponerse o ubicarse en diferentes territorios, intercambio cultural.

ETAPA DEL GÉNERO: deducir el significado histórico en relación con el efecto + adhesión a la etapa del género + sentido histórico – abstracción

FIGURA 8: Análisis de respuesta estudiante de 7° año

EVALUACIÓN

OBJETIVO: caracterizar el mar Mediterráneo como ecúmene y como espacio de circulación e intercambio, e inferir cómo sus características geográficas influyeron en el desarrollo de las civilizaciones que se ubicaron en sus costas.

Para llevar a cabo el propósito de la pregunta, el texto debía, por una parte, describir la relación entre el espacio geográfico y el desarrollo de las civilizaciones, utilizando las fuentes como evidencia y, por otra, relatar de acuerdo al objetivo la importancia del espacio geográfico para el desarrollo de las civilizaciones, haciendo referencia a las fuentes que se le proporcionan.

CASO 1

El inicio presenta la identificación de la tarea, pues menciona el objetivo de su escrito y delimita el espacio geográfico en el que se desarrollan las civilizaciones, requisitos indispensables de este tipo de textos. La habilidad implicada corresponde a orientación espacial y contextualización de procesos históricos.

La siguiente etapa cumple con la "relación entre el espacio geográfico y el desarrollo de las civilizaciones, utilizando las fuentes como evidencia" (ver rúbrica); para esto utiliza evidencia presente en los documentos 3, 5 y 1 y dando énfasis a las actividades económicas y su vinculación con el Mediterráneo, integrando diferentes elementos presentes en las fuentes y reconociendo la complejidad de este proceso. Con respecto a la calidad de la inclusión de la evidencia, cuando hace referencia al documento 3 reformula sin realizar un juicio histórico, no obstante, cuando incorpora el documento 5 (mapa), hace un juicio al afirmar que "el comercio a través del Mediterráneo favoreció mucho a las sociedades". Se aprecia una nominalización imprecisa "pueblos antiguos", que requiere una corrección puntual por "polis", "ciudades griegas", "ciudades romanas". Este género necesita mencionar marcas de temporalidad cronológica que están ausentes. En la etapa de deducción del significado histórico se aprecia una ponderación de las características privilegiando una: "el mar Mediterráneo y sus efectos".

En el cierre no hay presencia de conceptos políticos de las fuentes relacionados con la pregunta que se plantea. Sin embargo, en términos generales, el texto logra ajustarse a los objetivos didácticos, la rúbrica y el género, pues describe y da cuenta ajustándose a la pregunta orientadora que se debe responder.

CASO 2

En el inicio, el alumno, si bien establece un propósito, este no se vincula al género de recuento histórico. En la segunda etapa del género, "descripción de características", estas se mencionan, pero no están organizadas. Además se observa que la calidad de la inclusión de la evidencia es estratégica, ya que aunque hace referencia a las evidencias utilizadas, estas no son reformuladas ni integradas en el texto (cortar y pegar) y no logra dar cuenta de la relación del espacio geográfico y el surgimiento de las civilizaciones.

En la etapa de deducción del significado histórico se concluye con mayor adhesión al género. Con la utilización del verbo "influyó", la respuesta se vuelve más abstracta, pero a partir de la inclusión del concepto "pueblos antiguos", el texto se torna lineal y menos abstracto.

SECUENCIA 7° BÁSICO, SOCIEDAD MEDIEVAL

ESTRUCTURA CURRICULAR

La siguiente guía corresponde a la Unidad 3 de 7° Básico, "Civilizaciones que confluyen en la conformación de la cultura americana: la Edad Media y el nacimiento de la civilización europea" y fue aplicada durante el segundo semestre del año 2016. Permitió dar cuenta del Objetivo de Aprendizaje 10, "Caracterizar algunos rasgos distintivos de la sociedad medieval, como la visión cristiana del mundo, el orden estamental, las relaciones de fidelidad, los roles de género, la vida rural y el declive de la vida urbana".

OBJETIVOS DIDÁCTICOS

- Reconocer los rasgos distintivos de la organización del poder político durante la Edad Media incluyendo imperio, papado y monarquía.

- Caracterizar los rasgos distintivos del régimen feudal en la Alta Edad Media.

CONTENIDOS

La visión cristiana del mundo, la existencia de un orden estamental, las relaciones de fidelidad, la vida rural y el declive de la vida urbana. Los conceptos involucrados son "cesaropapismo", "relaciones señoriales", "feudalismo".

PREGUNTA ORIENTADORA

¿Cuáles son las principales características del régimen feudal, considerando los elementos sociales y políticos?

FUENTES

La guía consta de tres fuentes históricas, dos de ellas de carácter primario y una secundaria. Todas corresponden al tipo inferencial. La pregunta presenta como elemento central la premisa de que las relaciones sociales y políticas del período se basan en los principios de reciprocidad y confianza, y que a partir de ellos se teje el entramado que es nominalizado como "régimen feudal".

La fuente 1 contiene los vínculos entre papado e imperio e incluye algunas características de la sociedad medieval, centradas en la alianza entre el poder político y religioso. La fuente 2 presenta elementos que permiten caracterizar las relaciones sociales de dependencia por medio de la servidumbre. La fuente 3 expone las características del vasallaje, sintetizado en las relaciones de dependencia y reciprocidad. Existe un alineamiento entre la guía propuesta y las demandas del currículum, no solo en cuanto a los Objetivos de Aprendizaje, sino también con las habilidades de análisis y trabajo con fuentes de información, ya que los estudiantes deberán analizar información de fuentes diversas, y utilizarla como evidencia para responder preguntas. Esto permite, a su vez, alinear la propuesta con las habilidades de pensamiento crítico (Mineduc, 2016).

DISEÑO DE CLASES

Para el diseño de la clase se consideraron 8 horas pedagógicas, divididas en 3 fases. En las primeras dos horas se entregaron los elementos conceptuales referentes a las características del período feudal, utilizando para ello una estrategia de clase expositiva, con presentaciones en formato ppt., además del trabajo con el Texto del Estudiante.

En la segunda clase se presentó la guía comentando su estructura general con los estudiantes, y poniendo el acento en el análisis del objetivo que se pretendía lograr, especialmente en la habilidad que implica desarrollar, aclarando qué otras habilidades involucra y cuál es el procedimiento que se ha de realizar. En esta sesión se desarrolló la lectura de fuentes con los alumnos, identificando ideas centrales y resolviendo problemas de comprensión lectora, para luego identificar qué característica del feudalismo aparecía en el texto.

La lectura de las fuentes fue guiada por el profesor a partir de diferentes preguntas. En primer lugar, se realizó la contextualización de cada una de ellas mediante una primera fase de lectura literal. Además, para la fuente 1 se hicieron preguntas destinadas al desempaquetamiento de algunas nominalizaciones, como "Iglesia Romana" y "Santa Sede", y para la segunda, "hombre libre". Para la fuente 3 se desempaqueta el concepto de "Auxilio y Consejo". Luego se realizan las siguientes preguntas, relacionadas con la heurística de la fuente y la comprensión general de los documentos:

- ¿Qué tipo de fuente es?

- ¿Cuál es la idea central del documento?

- ¿Quiénes son los personajes que aparecen en el documento?

- ¿Cuál es la relación que se establece entre ellos?

- ¿Qué elementos del documento nos sirven para responder la pregunta?

- ¿Qué elementos relacionados con el período estudiado están presentes en el documento?

- ¿Qué parte de la fuente usarías como evidencia para respaldar tus ideas?

La tercera clase fue destinada al trabajo en pequeños grupos de no más de tres o cuatro estudiantes, para resolver las preguntas auxiliares de cada fuente, discutiendo cuáles eran los principales elementos que podrían utilizar para construir la respuesta a la pregunta final. Además, se les solicitó que verifiquen si sus ideas tienen sustento en las fuentes, para así respaldarlas con evidencia. La cuarta clase estuvo destinada a la construcción de un escrito de tipo recuento histórico. La mediación del proceso de escritura se inició con la explicitación de la estructura de este tipo de texto y continuó con un ejercicio de coescritura entre los estudiantes, realizando un modelamiento de la fase de inicio/introducción a partir de las respuestas de los estudiantes y la descripción de una de las características de la sociedad medieval.

Las mediaciones para la escritura más frecuentes se centraron en la dificultad que tenían los estudiantes para nominalizar las ideas relativas al régimen feudal, que aparecían en las fuentes. Para solucionarlas se utilizaron las siguientes preguntas, entre otras:

- ¿Cuál es la idea del documento que quieres ocupar?

- ¿Puedes relacionarla con alguno de los conceptos que hemos visto en clase?

- ¿Puedes reemplazar esa idea por alguno de los conceptos que hemos revisado?

Posteriormente se plantearon algunas preguntas para realizar un ejercicio breve de coevaluación, en el que los estudiantes debían verificar que el texto de su compañero cumpliera con la siguiente lista de chequeo:

- ¿Tiene el texto un objetivo que incluya la habilidad de la pregunta?

- ¿Es posible reconocer un marco histórico (tiempo-espacio) en el texto?

- ¿El documento reconoce al menos 2 características políticas o sociales que reflejen el régimen feudal?

- Las características mencionadas, ¿tienen citas o paráfrasis que las respalden?

- ¿La conclusión del texto responde a la pregunta?

RÚBRICA DE EVALUACIÓN

RÚBRICA RECUENTO HISTÓRICO			
Puntaje / Ámbito	6 a 7	3 a 5	1 a 2
Dar cuenta	Relata de acuerdo al objetivo que se plantea en un contexto temporal y espacial destacando la importancia de los conceptos de feudalismo, derechos señoriales y cesaropapismo, haciendo referencia a la evidencia histórica.	Relata según el objetivo que se plantea en un contexto temporal y espacial, pero no logra demostrar por medio de la evidencia la importancia de los conceptos clave, haciendo referencia a la evidencia.	Relata sin considerar un criterio temporal y espacial, sin establecer relación entre los conceptos y la evidencia, perdiendo de vista el objetivo del documento.
Describir	Describe las características del régimen feudal en lo social y político, vinculándolas directamente con las fuentes.	Describe las características del régimen feudal, pero no logra vincularlo con las fuentes de manera directa.	No describe las características del régimen feudal, limitándose a resumir las fuentes o describir características que no aparecen en ellas.

7° BÁSICO | GUÍA RECUENTO HISTÓRICO: SOCIEDAD MEDIEVAL

NOMBRE: .... CURSO: .... FECHA: ....

OBJETIVO:

- Comprender que se configura el mundo europeo durante la Edad Media.

- Reconocer los rasgos distintivos de la organización del poder político durante la Edad Media, incluyendo imperio, papado y monarquía.

- Caracterizar los rasgos distintivos del régimen feudal en la Alta Edad Media.

INSTRUCCIONES: Lee el siguiente documento y realiza las actividades que se plantean a continuación. Ellas te ayudarán a contestar esta pregunta final:

> La organización política y social de la Edad Media se basaba en las relaciones de confianza y reciprocidad entre los diferentes actores de la época. Teniendo en cuenta lo anterior, ¿cuáles son las principales características del régimen feudal?

Resuelve las siguientes actividades basándote en la información que te entrega la fuente:

A) Lee cada uno de los documentos y subraya las ideas que te ayuden a responder la pregunta final.

B) Responde cada una de las preguntas de los documentos. Recuerda que ellas te ayudarán a recopilar la información para responder la pregunta final.

C) Completa el cuadro que te ayudará a organizar las ideas para responder la pregunta final.

FUENTE 1: Carta de Carlomagno al Papa León III, 796 d. C.

❝… Así como tuve con vuestro predecesor un vínculo sagrado de paternidad y protección, así deseo establecer con Su Santidad un vínculo inviolable de fe y caridad; a fin de que con la Gracia de Dios y por las oraciones de los santos, goce siempre de los efectos de la bendición apostólica, y pueda siempre defender la Santa Sede de la Iglesia Romana. Puesto que es a mí, con la ayuda de la divina Piedad, a quien pertenece, fuera de las fronteras de la Iglesia de Jesucristo, defenderla contra los ataques de los paganos y las devastaciones de los infieles; a mí corresponde fortificarla en su interior, haciendo reconocer a todos la fe católica. Y a ti, muy Santo Padre, ayudar a los esfuerzos de nuestros ejércitos, elevando las manos hacia Dios, como Moisés; a fin de que por vuestra intercesión y por la gracia de Dios, el pueblo cristiano obtenga siempre la victoria sobre los enemigos de su santo nombre, y que el nombre de Nuestro Señor Jesucristo sea glorificado en todo el universo. Que vuestra prudencia se ajuste a seguir las normas y reglas; que los ejemplos de santidad resplandezcan en vuestra conducta, que las llamadas sagradas salgan de vuestra boca. Así vuestra luz brillará delante de los hombres de tal suerte que, viendo vuestras buenas obras, glorificarán al Padre que está en los cielos, y seguirán de buena fe a quienes así se les presenten…❞.

(Tessier, G. [1967]. Charlemagne. Karolus Rex Francorum, Epistola ad Leonem III Papam 796 d. C. París: Albin Michel, p. 385, adaptación).

1. ¿Cuáles son los dos poderes que aparecen mencionados en el documento?

2. ¿Qué características de la estructura social y política puedes ver reflejadas en el documento?

FUENTE 2: Juramento de Tours, fechado a mediados del siglo VIII

Dicho por quien se encomienda al poder de otro:

"Al magnífico señor, Don Clodoveo; yo, Sigifredo de Tours. Teniendo en cuenta que es perfectamente conocido de todos que yo no tengo con qué alimentarme ni vestirme, he decidido solicitar de vuestra compasión poder entregarme o encomendarme a vuestro poder y favor; lo cual he venido a solicitar: a saber, en la forma que deberéis ayudarme y sostenerme tanto en lo que corresponde a la vida como al vestido y en la medida en que yo pueda serviros y merecer de vos. Y mientras viva deberé siempre serviros y respetaros como pueda hacerlo un hombre libre, y en todo el tiempo que viva no tendré la facultad de alejarme de vuestro poder o autoridad, sino que, por el contrario, deberé permanecer todos los días de mi vida sometido a vuestro poder y protección. Como consecuencia de tales hechos, ha sido acordado que, si uno de nosotros quisiera sustraerse a estos convenios, estará obligado a pagar a su contratante con cien monedas de oro, y el convenio en sí continuará en vigor. Por todo lo cual ha parecido bien que las partes hicieran redactar y confirmar dos actas con el mismo contenido, lo cual hicieron...".

(Ganshof, F. L. [1982, 1957]. El feudalismo, "Formulae Turonensis, 43 [s. VIII]. Barcelona: Ariel, pp. 27-29, adaptación).

1. ¿A qué tipo de relaciones sociales de la Edad Media se refiere el documento? Justifica con una cita tu respuesta.

2. ¿Cuáles son las principales responsabilidades de cada una de las partes, según el documento?

FUENTE 3: Las características de un buen vasallo

❝Quien jure fidelidad a su Señor debe tener siempre presente las seis palabras siguientes: Sano, Seguro, Honesto, Útil, Simple, Posible. Sano, para que no cause daño alguno al cuerpo de su señor. Seguro, para que no perjudique a su señor revelando sus secretos o entregando las plazas fuertes o castillos que garantizan su seguridad. Honesto, para que no atente contra los derechos de su señor o bien a otros beneficios que se refieren a su honor. Útil, para que no dañe sus posesiones y sirva de manera adecuada a su Señor. Simple y posible, para que no haga difícil a su señor el bien que podría hacer fácilmente, y a fin de que no haga imposible lo que su señor pudiera hacer. Es justo que el vasallo se abstenga de este modo de perjudicar a su señor. Pero con sólo esto no se hace digno de su feudo, pues no basta con abstenerse de hacer el mal, sino que es necesario hacer el bien. Importa, pues, que en los seis aspectos indicados proporcione fielmente a su señor Consejo y Auxilio, si quiere aparecer como digno de su beneficio y probar la fidelidad que ha jurado. También el señor debe, en todos sus dominios, pagar con la misma moneda al que le juró fidelidad. Si no lo hiciere, sería considerado de mala fe con pleno derecho, al igual que el vasallo que fuese sorprendido faltando a sus deberes, por acción o por omisión, sería culpable de perfidia y perjurio...".

(Ganshof [1982, 1957], p. 131).

1. ¿Qué tipo de relación social y política se describe en el documento? Justifica tu respuesta utilizando una cita.

2. ¿Cuáles son los aspectos más importantes del período feudal a los que se refiere el documento?

Completa el siguiente cuadro utilizando la información presente en el documento:

Estructura	Característica	Fuente
Social		
Política		

Responde la pregunta final utilizando la información de las preguntas iniciales y el cuadro de síntesis. Utiliza la estructura de recuento histórico. Se evaluará uso de fuentes, estructura, uso de conceptos.

La organización política y social de la Edad Media se basaba en las relaciones de confianza y reciprocidad entre los diferentes actores de la época. Teniendo en cuenta lo anterior, ¿cuáles son las principales características del régimen feudal, considerando los elementos sociales y políticos?

ANÁLISIS RESPUESTAS DE ESTUDIANTES

CASO 1. MUY BUENO

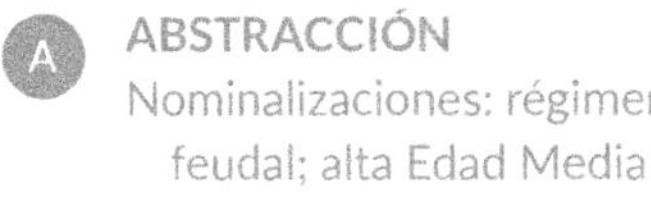
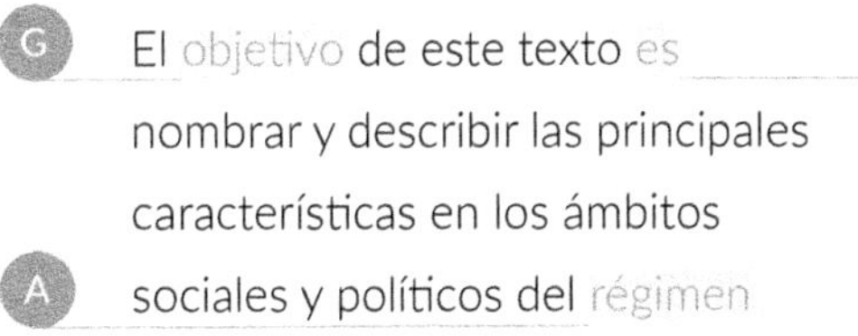

G GÉNERO
Explicita el objetivo

A ABSTRACCIÓN
Nominalizaciones: régimen
feudal; alta Edad Media

VT VOCES EN EL TEXTO
Monoglosia, proceso
relacional "es"

G El objetivo de este texto es **VT**
nombrar y describir las principales
características en los ámbitos
A sociales y políticos del régimen
feudal en la alta Edad Media, del
siglo V-X, en Europa.

ETAPA DEL GÉNERO: inicio + contexto (adhesión al propósito)
+ adhesión al propósito + abstracción

FIGURA 9: Análisis de respuesta estudiante de 7° año

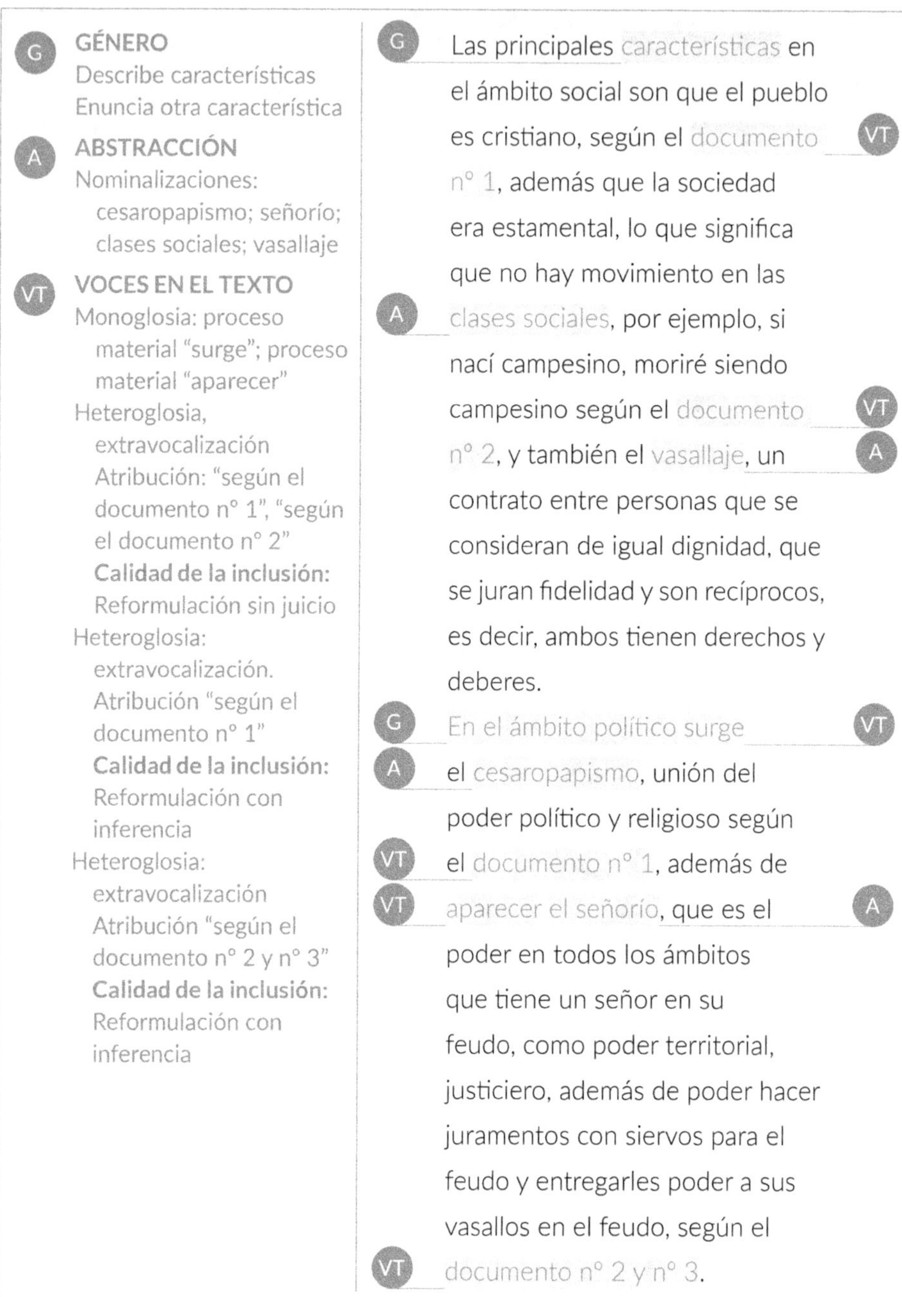

FIGURA 10: Análisis de respuesta estudiante de 7° año

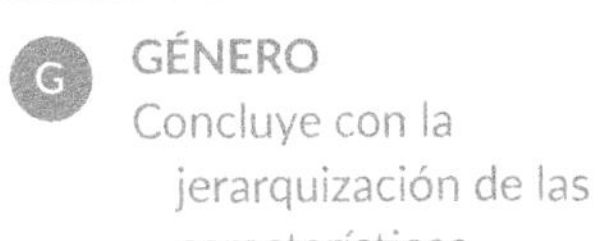

GÉNERO
Concluye con la
  jerarquización de las
  características

**ABSTRACCIÓN Y
CAUSALIDAD**
Sustantivo causal:
  "las principales
  características"
Conceptos: régimen feudal;
  sociedad estamental;
  el vasallaje; el
  cesaropapismo; señorío

VOCES EN EL TEXTO
Monoglosia. Proceso
  relacional "fueron"

En conclusión, las principales características del régimen feudal fueron la sociedad estamental, el vasallaje, el cesaropapismo y el señorío.

ETAPA DEL GÉNERO: determinación de sentido histórico + adhesión
+ voces en el texto + abstracción

FIGURA 11: Análisis de respuesta estudiante de 7° año

CASO 2. INSUFICIENTE

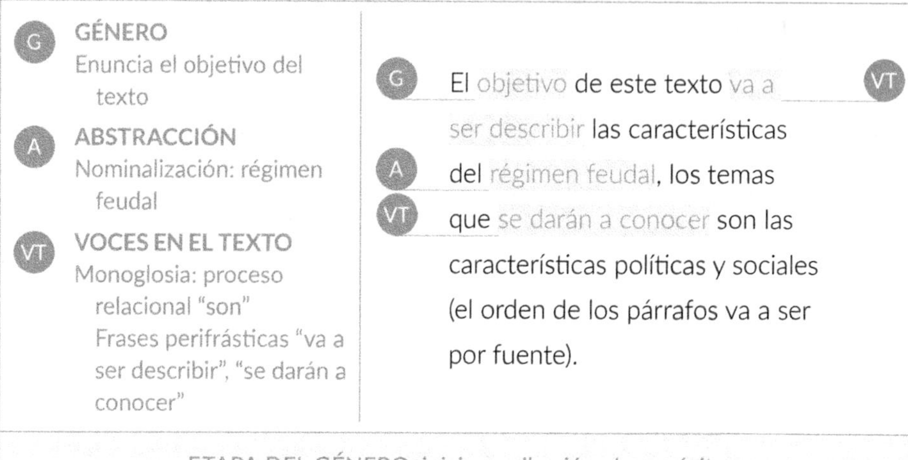

FIGURA 12: Análisis de respuesta estudiante de 7° año

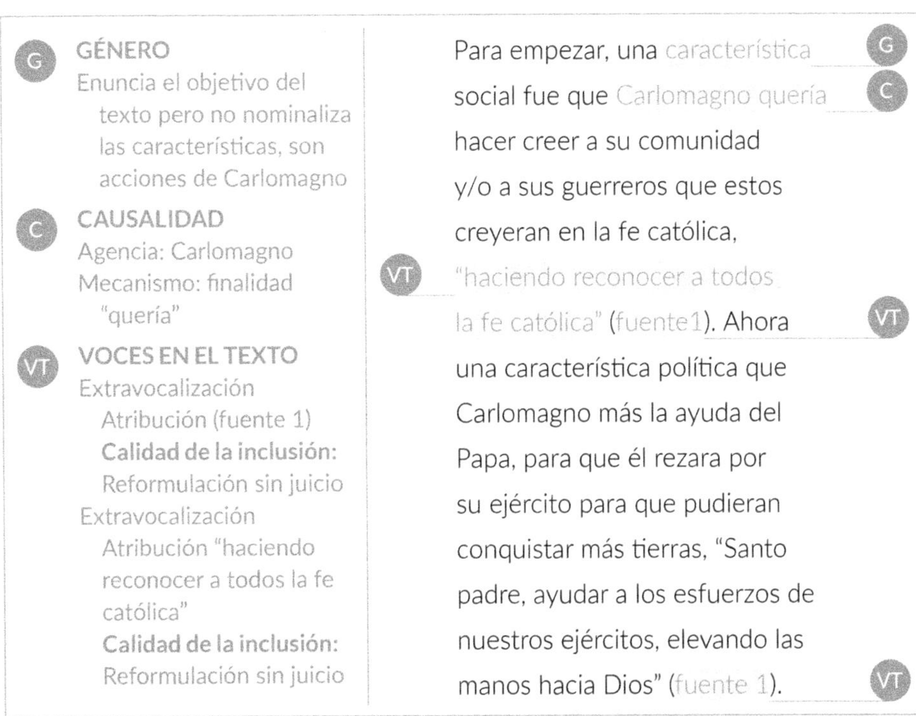

FIGURA 13: Análisis de respuesta estudiante de 7° año

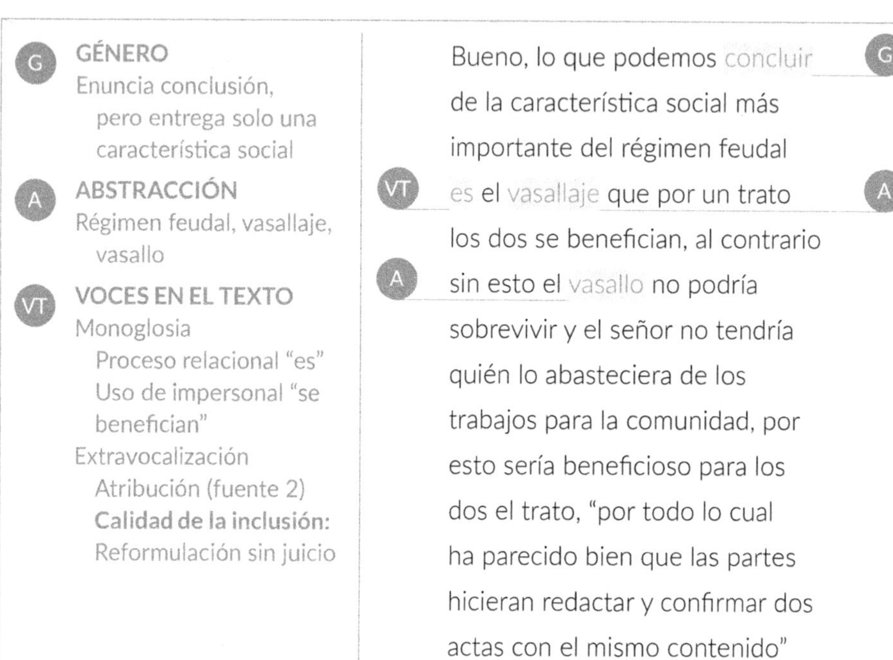

FIGURA 14: Análisis de respuesta estudiante de 7° año

EVALUACIÓN

OBJETIVOS

- Reconocer los rasgos distintivos de la organización del poder político durante la Edad Media, incluyendo imperio, papado y monarquía.

- Caracterizar los rasgos distintivos del régimen feudal en la Alta Edad Media.

Para llevar a cabo el propósito de la pregunta, el texto debía, por una parte, caracterizar los conceptos de feudalismo, derechos señoriales y cesaropapismo, presentes en la evidencia histórica y describir las características del régimen feudal en lo social y político, vinculándolas directamente con las fuentes.

CASO 1

En la etapa "inicio", el texto se adhiere al género porque explicita el propósito solicitado en la pregunta y relevado en la rúbrica: "Relata de acuerdo con el objetivo que se plantea en un contexto temporal y espacial" (ver rúbrica desempeño excelente 6 a 7). El texto es capaz de contextualizar el proceso y comprender las fases que se deben usar para realizar este tipo de escrito.

En la siguiente etapa "descripción de características", el texto se adhiere a la etapa, describiendo las características (sociales y políticas) utilizando información nuclear de las fuentes 1, 2 y 3. Tal como se plantea en la rúbrica, se "describen las características del régimen feudal en lo social y político, vinculándolas directamente con las fuentes". Destaca que la inclusión de la evidencia es de mayor calidad, pues se reformula con inferencia. Es decir, el estudiante incorpora planteamientos de la evidencia y los integra en su escritura a través de un proceso deductivo que le permite construir sentido histórico.

En la etapa "determinación de sentido histórico", el texto sintetiza utilizando nominalizaciones que hacen referencia al ámbito social y político.

CASO 2

En la etapa "inicio", el texto se adhiere al género porque explicita el propósito solicitado en la pregunta, aunque lo haga de forma estratégica, pues repite la pregunta sin reelaborarla.

En la siguiente etapa "descripción de características", centraliza el ámbito en la agencia del personaje histórico (Carlomagno) sin utilizar los conceptos. Aunque usa la evidencia para ilustrar las acciones de Carlomagno, su incorporación es de menor calidad, pues se mantienen las ideas centrales de la evidencia sin la incorporación del punto de vista del estudiante. Además, confunde el término "social" con elementos de carácter religioso o de las creencias, lo que implica un bajo dominio de conceptos históricos. Lo mismo ocurre con lo político. En este sentido, según la rúbrica, se encuentra en el nivel insuficiente, pues "No describe las características del régimen feudal, limitándose a resumir las fuentes o describir características que no aparecen en ellas" (ver rúbrica 1 a 2 puntos). Además, en el "dar cuenta", "Relata sin considerar un criterio temporal y espacial, sin establecer relación entre los conceptos y la evidencia, perdiendo de vista el objetivo del documento" (ver rúbrica 1 a 2 puntos).

En la etapa "determinación de sentido histórico" se menciona el ámbito social con más abstracción. Esto debió haberse realizado en la etapa anterior.

SECUENCIA 8° BÁSICO, EXPANSIÓN EUROPEA

ESTRUCTURA CURRICULAR

En relación con este nivel se trabajó con el programa del Mineduc, específicamente la Unidad 2 "La expansión europea y su expresión geográfica (siglos XV-XVI)" y con el objetivo 01. Dimensionar geográficamente la expansión de la influencia europea hacia otros continentes a través de procesos de exploración y conquista, durante la Época Moderna, incluyendo:

- Antecedentes de la expansión europea: rivalidades económicas y políticas, desarrollo económico y tecnológico.

- Principales rutas de exploración y conquista.

- Principales actores, tales como Cristóbal Colón, Magallanes y Elcano, Américo Vespucio, Díaz de Solís y Caboto.

(Historia, Geografía y Ciencias Sociales, Programa de Estudio para Octavo Año Básico, Unidad de Currículum y Evaluación, primera edición, Mineduc, 2011).

OBJETIVO DIDÁCTICO O CURRICULAR

Para desarrollar el trabajo con fuentes, el objetivo didáctico consideró los elementos planteados por el aprendizaje esperado:

- Identificar las causas de los grandes viajes de expansión europea del siglo XV.

- Reconocer diferentes momentos de la expansión europea en el mundo y sus consecuencias.

CONTENIDOS

El tratamiento de contenidos conceptuales se realizó utilizando una guía que trataba los siguientes elementos:

- Antecedentes de la expansión europea: rivalidades económicas y políticas, desarrollo económico y tecnológico.

- Principales rutas de exploración y conquista.

- Principales actores, tales como Cristóbal Colón, Magallanes, Elcano y Américo Vespucio.

Junto a esta guía se generó un ppt. que presentaba los principales procesos históricos, así como imágenes que servían para ejemplificar conceptos clave, además de tratar los contenidos procedimentales de lectura de fuentes para preparar a los alumnos en relación al trabajo con mapas históricos.

PREGUNTA ORIENTADORA

¿Cómo la evolución del conocimiento geográfico representado en estos documentos refleja la expansión del mundo europeo?

FUENTES

Las fuentes son tres mapas históricos que presentan el mundo conocido por los europeos en tres momentos históricos del siglo XI, XVI y XVIII. Para cada mapa se realizaron dos preguntas que los alumnos debieron responder utilizando evidencia. Esta tenía como intención rescatar los elementos centrales de cada fuente que aportaban para resolver la pregunta o problema histórico a través de un recuento histórico. A continuación presentamos una pequeña descripción de cada uno:

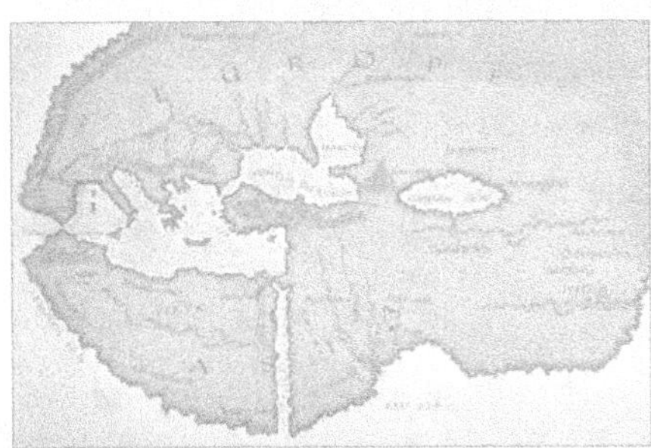

En la fuente 1 aparece la visión de Heródoto (ca. 450 a. C.) en el mapa *Orbis Terrarum* que sin duda será la imagen mental más influyente de las tierras habitadas. Está llena de simbolismos, por ejemplo, presenta Tierra Santa (Jerusalem) como centro del mundo en medio de Asia, África y Europa, que están unidos por el mediterráneo, lo que demuestra una visión que mezcla elementos culturales griegos, romanos y medievales; esta forma de ver el mundo se mantendrá hasta mediados del siglo XVIII (esta fuente existe solo como una reconstrucción moderna). El mundo conocido antes de los grandes viajes de expansión, junto con presentar elementos que permiten describir aspectos físicos y de la ecúmene.

(Recuperado de http://www.henry-davis.com/Maps/carto.html)

En la fuente 2 aparecen los descubrimientos portugueses hasta el siglo XV, mapa conocido como Planisferio de Cantino, cuyo origen es incierto. Se sabe que se llevó a Italia en 1502 por Alberto Cantino, quien fue secretario particular del rey de Portugal Manuel I. Ofrece detalles de la costa americana, específicamente de las costas de Brasil y de las islas de las Antillas. Al ser de manufactura portuguesa, destaca la importancia del meridiano que representa el Tratado de Tordesillas. Contiene gran precisión en la representación de África, que sin duda se relaciona con la exploración y los viajes realizados por los lusitanos; aparecen también rosas de los vientos refiriéndose al norte magnético (uso de la técnica) y en él se conjugan el sistema de medición por rumbo y la medición de los mapas portulanos junto con la medición astronómica de las latitudes (señala, por ejemplo, el trópico de Cáncer), pero sin considerar la línea del ecuador, por tanto, representa una visión del mundo directamente relacionada con el motivo de los descubrimientos geográficos del siglo XVI: lo económico, las rutas comerciales que se asocian directamente con el conocimiento geográfico, y el avance en la cartografía.

(Recuperado de http://www.cervantesvirtual.com/portales/cristobal_colon/imagenes_mapas/imagen/imagenes_mapas_01-planisferio_de_cantino_de_1502/)

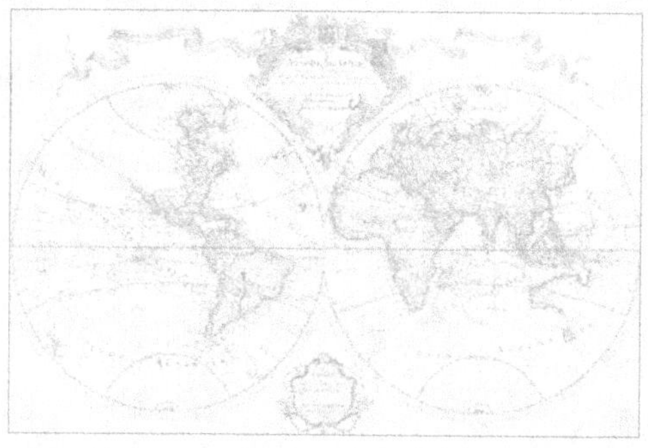

La fuente 3 corresponde al mapamundi de Deslile, Francia, 1700. A partir del desarrollo del conocimiento científico, este se perfecciona y se hace cada vez más riguroso, y el conocimiento geográfico es un fiel reflejo de cómo las ciencias se hacen más precisas, cuidando la calidad de lo que se informa. Por ejemplo, antiguamente, aquellas áreas de las que no había información disponible eran llenadas simplemente con la imaginación.

En cambio, en esta fuente es posible apreciar que las áreas que no son suficientemente conocidas se dejan en blanco, por ejemplo, en este mapa aparece América sin la costa oeste del norte del continente.

(Recuperado de https://es.wikipedia.org/wiki/Guillermo_Delisle)

Cada fuente (mapa), luego de ser leída, tenía incorporadas preguntas con la intención de que los alumnos de manera grupal reunieran suficiente evidencia para contestar la pregunta final. A continuación aparecen las preguntas de cada fuente:

Fuente 1

- ¿Qué características de este mapa reflejan el pensamiento teocéntrico de la Edad Media?

- Considerando que el mapa es elaborado en Inglaterra, ¿cuál es la visión que tienen los europeos del mundo en esa época? Utiliza toda la información de la que dispongas: contenidos, Texto de Estudio y guías de trabajo. No te refieras solo al mapa.

Fuente 2

- Según lo observado en el mapa más tus conocimientos, ¿cómo influyen los aspectos económicos en la exploración de nuevos espacios geográficos?

Fuente 3

- Con respecto a la información que presenta este documento, ¿qué características de esta fuente puedes asociar al avance del conocimiento científico en la geografía?

Cabe destacar la actividad grupal previa al escrito final, que consistía en un organizador gráfico cuyo propósito era comparar los mapas históricos de acuerdo a los siguientes criterios:

- Zonas geográficas representadas.

- Precisión del conocimiento geográfico que representa la fuente.

- Visión del mundo que refleja la fuente.

La intención era organizar la información necesaria para tener mayor claridad al responder la pregunta final; dicha práctica contribuye a una mejor comprensión por parte de los alumnos. De este modo, la lectura de fuentes, las respuestas a las preguntas de cada una y la comparación entre las fuentes, centrada en criterios, permite al estudiante generar las evidencias para rescribir la respuesta a la pregunta final mediante un recuento o relato histórico (Coffin, 2006).

El problema histórico a resolver es: ¿Cómo la evolución del conocimiento geográfico representado en estos documentos refleja la expansión del mundo europeo?

Con esta pregunta se pretende dar cuenta del aprendizaje esperado a desarrollar, así como también, está alineada con el tipo de escrito solicitado a los alumnos, que en esta ocasión corresponde a un recuento histórico (Coffin, 2006).

DISEÑO DE CLASES

La planificación del aprendizaje esperado significó un reto, pues había que generar un material que permitiera a los alumnos "dimensionar el proceso de expansión europea". Para ello se estableció un calendario de trabajo de 10 horas pedagógicas, cuyo desglose es el siguiente:

Primera sesión: clase expositiva destinada al tratamiento de contenidos utilizando una guía con los conceptos y procesos claves y actividades, un ppt. para la exposición de los docentes que permitiera además la interacción con material concreto, especialmente en la lectura de mapas históricos.

Segunda sesión: las actividades presentadas buscaron desarrollar la práctica de la lectura de fuentes con el docente. En relación con los conceptos se destacaron los factores económicos, político-religiosos y técnicos que hicieron posibles los grandes viajes de descubrimiento. Se hizo especial mención al desarrollo del conocimiento científico tecnológico como indispensable para la ejecución del proceso histórico; se inició mostrando un planisferio para partir desde los conocimientos previos de los alumnos respecto del mundo y la distribución de continentes y países. Lo fundamental fue usar preguntas que permitan hacer pensar al alumno en relación con el conocimiento asociado a la imagen del mundo:

- ¿Qué reconoces de esta imagen?

- ¿Qué continentes identificas?

- ¿Qué países sabes que están en algunos de estos continentes?

- ¿Cómo logró la humanidad conocer el mundo?

Tercera sesión: se utilizó una guía que constaba de tres fuentes (3 mapas correspondientes a diferentes épocas en donde se grafica la expansión europea), cada una de ellas con dos preguntas. La lectura de fuentes con los alumnos y el trabajo grupal para responder las preguntas de las fuentes tomó 4 horas, y la confección del texto final tomó otras 2 horas en las que los alumnos respondían en relación a los pasos para confeccionar un recuento histórico.

La idea de realizar mediaciones es contribuir a una mejor compresión de la información presente en las fuentes y permitir que los alumnos determinen su propia visión de los hechos. Las herramientas fundamentales utilizadas para estos efectos constituyen preguntas como las siguientes:

Preguntas a la fuente 1:

- ¿Qué continentes se encuentran representados? ¿Qué puedes decir en relación a la calidad de dicha representación? ¿La realidad presentada se ajusta a lo que conocemos hoy de los continentes representados?

- ¿Cuál es la visión de mundo que presenta la fuente?

- ¿Qué evidencias puedes extraer respecto del conocimiento geográfico del mundo?

Preguntas a la fuente 2:

- ¿Cómo puedes describir lo presentado en la fuente?

- ¿Cómo vinculas los conocimientos vistos en clases con lo que aparece en la fuente?

- Explica ¿cómo se reflejan en la fuente la expansión europea y el conocimiento geográfico?

Preguntas a la fuente 3:

- ¿Qué se encuentra representado en la fuente?

- ¿Cómo se relaciona lo representado con la expansión y el conocimiento geográfico?

- ¿Qué evidencias te presenta la fuente para contestar la pregunta final de la guía?

RÚBRICA DE EVALUACIÓN

Puntaje / Ámbito	6 a 7	3 a 5	1 a 2
Dar cuenta	Relata de acuerdo al objetivo que se plantea en un contexto temporal y espacial destacando la importancia histórica del proceso que hace posible mejorar el conocimiento gracias a los avances científicos, haciendo referencia a la evidencia histórica.	Relata según el objetivo que se plantea en un contexto temporal y espacial, pero no logra demostrar por medio de la evidencia la importancia histórica del proceso que permite mejorar el conocimiento, separándolo de los avances científicos.	Se plantea un objetivo que no concuerda con el problema planteado, además no tiene establecido un marco espacio-temporal acorde con las fuentes entregadas y no logra evidenciar la importancia histórica de los avances científicos en la conformación del conocimiento.
Describir	Describe la relación entre el desarrollo del conocimiento geográfico y los viajes de descubrimiento, utilizando las fuentes cartográficas como representación de la expansión europea.	Describe la relación entre el desarrollo del conocimiento geográfico y los viajes de descubrimiento, pero no logra vincularlos con las fuentes cartográficas.	Describe una o más fuentes, pero no las relaciona con las exploraciones ni con la expansión europea, les da un uso como documentos separados y no las conecta con un proceso histórico.

8° BÁSICO

GUÍA RECUENTO HISTÓRICO: EXPANSIÓN EUROPEA

NOMBRE: .... CURSO: .... FECHA: ....

OBJETIVO: Dimensionar geográficamente la expansión de la influencia europea hacia otros continentes a través de los procesos de exploración y conquista durante la época moderna.

INTRODUCCIÓN

Uno de los elementos más importantes de los cambios que se producen a partir de los siglos XIV y XV corresponde a la transformación de la forma de ver y significar el mundo, especialmente en lo referido al conocimiento geográfico. La presente guía de trabajo tiene como finalidad que puedas apreciar esas transformaciones, que se dan a partir del período conocido como "humanismo".

INSTRUCCIONES

- Sigue atentamente las instrucciones de esta guía. Realiza todos los pasos que en ella se proponen; si te saltas alguno, es posible que tu trabajo final deje fuera elementos importantes.

- Trabajaremos con fuentes históricas, y la información que obtengamos de ellas, la organizaremos en un cuadro comparativo. Todo ese trabajo nos servirá para contestar la siguiente pregunta:

  ¿Cómo la evolución del conocimiento geográfico representado en estos documentos refleja la expansión del mundo europeo?

1. OBSERVA los mapas históricos que se presentan a continuación:

Fuente 1: El mundo desde la Antigüedad y su influencia en la Edad Media hasta el siglo XI. Este mapa es una reconstrucción inglesa que representa su concepción del mundo durante la etapa histórica anterior al proceso de expansión, es la visión del conocimiento geográfico de los europeos en la que, por ejemplo, Tierra Santa se presenta al centro del mundo conocido y aparecen también aspectos físicos (ríos y montañas) y regiones habitadas.

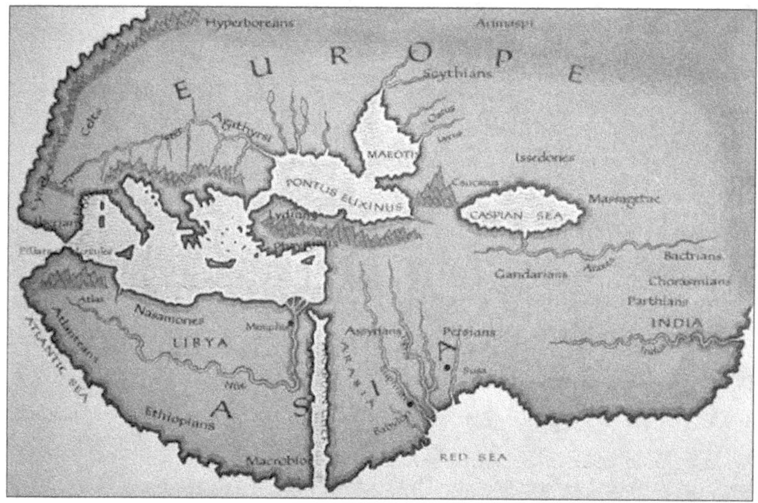

a) ¿Qué características de este mapa reflejan el pensamiento teocéntrico de la Edad Media?

b) Considerando que el mapa es elaborado en Inglaterra, ¿cuál es la visión que tienen los europeos del mundo en esa época? Utiliza toda la información de la que dispongas: contenidos, Texto de Estudio y guías de trabajo. No te refieras solo al mapa.

Fuente 2: Cantino, Portugal, 1502. Este mapa ofrece detalles de la costa americana y de las islas de las Antillas. Al ser de manufactura portuguesa, destaca la importancia del meridiano que representa el Tratado de Tordesillas. Además muestra una visión del mundo directamente relacionada con el motivo de los descubrimientos geográficos del siglo XVI: lo económico. Las rutas comerciales se asocian directamente con el conocimiento geográfico y el avance en la cartografía.

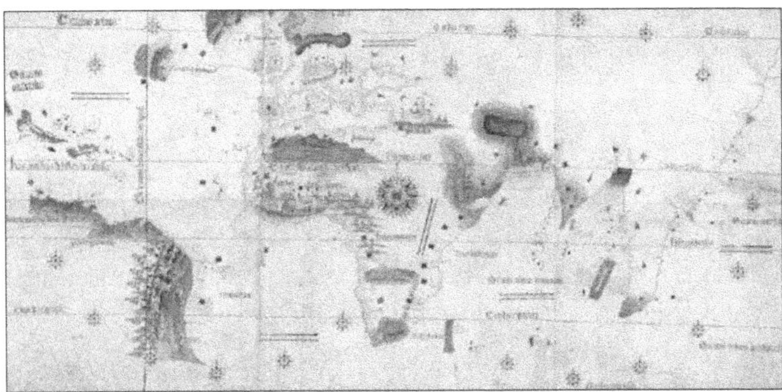

- Según lo observado en el mapa más tus conocimientos, ¿cómo influyen los aspectos económicos en la exploración de nuevos espacios geográficos?

Fuente 3: Mapamundi de Deslile, Francia, 1700. A partir del desarrollo del conocimiento científico, este se perfecciona y se hace cada vez más riguroso, y el conocimiento geográfico es un fiel reflejo de cómo las ciencias se hacen más precisas, cuidando la calidad de lo que se informa. Por ejemplo, antiguamente, aquellas áreas de las que no había información disponible eran llenadas simplemente con la imaginación. En cambio, en esta fuente es posible apreciar que las zonas que no son suficientemente conocidas se dejan en blanco.

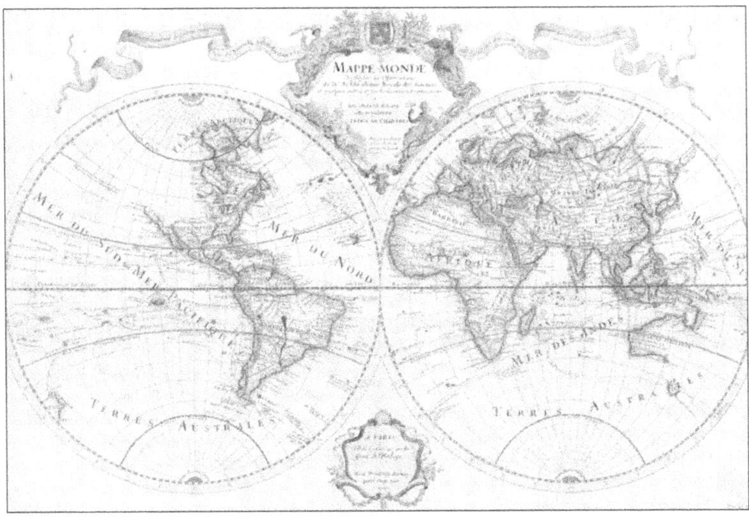

Con respecto a la información que presenta este documento, ¿qué características de dicha fuente puedes asociar al avance del conocimiento científico en la geografía?

2. COMPARACIÓN: A continuación, realiza una comparación entre las fuentes que revisaste. Considera los criterios que se establecen en la pregunta. Para ordenar las ideas que vayas desarrollando, utiliza el organizador que aparece más adelante.

Compara las diferentes fuentes que se presentan en esta guía y responde la pregunta que se plantea. No olvides seguir los pasos que se solicitan, ya que te ayudarán a organizar la información.

Estos son los pasos a seguir para llegar a contestar la pregunta:

a) Define cuál es el objetivo de comparar los tres mapamundis que se presentan en las fuentes.

b) Describe cuáles son las semejanzas entre las fuentes. No olvides ser claro y explícito al establecer en qué se parecen. No pierdas de vista referirte a los aspectos geográficos.

c) Describe las diferencias que existen entre las fuentes, según los criterios que se establecen en el organizador gráfico.

d) Construye un texto del tipo recuento histórico para dar cuenta de las conclusiones a las que llegaste a partir de la comparación de las fuentes y para dar respuesta a la pregunta planteada, incluyendo los siguientes pasos:

  • Plantea una pequeña introducción al tema general que trabajarás en tu escrito.

  • Delimita el objetivo del texto que debes construir, es decir, para qué estás escribiendo.

  • Establece las coordenadas históricas del proceso que estudias, es decir, localízalo geográfica y temporalmente.

  • Realiza una descripción de lo que has hecho a través del camino que recorriste en tu trabajo, en este caso, los pasos de tu comparación presentes en el ordenador gráfico.

- Redacta una respuesta explícita para la pregunta que se plantea, respuesta que servirá como conclusión de tu trabajo.

Cuando desarrolles las actividades, recuerda no perder de vista la pregunta final:

¿Cómo la evolución del conocimiento geográfico representado en estos documentos refleja la expansión del mundo europeo?

Organiza tu información e ideas en el siguiente esquema:

ORGANIZADOR GRÁFICO PARA LA COMPARACIÓN DE LOS DOCUMENTOS
Propósito u objetivo de la comparación
¿En qué se parecen las tres fuentes?

¿En qué se diferencian?

	Fuente 1	Fuente 2	Fuente 3
Zonas geográficas representadas			
Precisión del conocimiento geográfico que representa la fuente			
Visión del mundo que refleja la fuente			

Según la revisión realizada por el profesor (rúbrica) y teniendo en cuenta los pasos para escribir un recuento histórico, tienes ahora la oportunidad de reescribir para mejorar tu aprendizaje. Recuerda los pasos para el recuento histórico:

1. Delimita el objetivo del texto que debes construir.

2. Registra cronológicamente los acontecimientos del proceso estudiado y explicita un marco geográfico del proceso.

3. Describe los acontecimientos que antes ordenaste y ubicaste.

4. Plantea el significado histórico de los acontecimientos para el proceso que estás estudiando.

¿Cómo la evolución del conocimiento geográfico representado en estos documentos refleja la expansión del mundo europeo?

ANÁLISIS RESPUESTAS DE ESTUDIANTES

CASO 1. MUY BUENO

G GÉNERO
Más adhesión "En este texto se hablará…", "el objetivo de este texto"

A ABSTRACCIÓN
Conceptos: conocimiento geográfico; expansión del mundo europeo

VT VOCES EN EL TEXTO
Monoglosia: proceso relacional "se relacionan"
Monoglosia: proceso mental/cognitivo "se refleja o muestra"

G En este texto se hablará sobre dos temas centrales, evolución **A** del conocimiento geográfico y la expansión del mundo europeo y **VT** cómo se relacionan entre sí en estos documentos.

G El objetivo de este texto es mostrar cómo en estos documentos entregados se refleja **VT** o muestra la expansión europea a través de la evolución del conocimiento geográfico.

ETAPA DEL GÉNERO: inicio + adhesión al propósito

FIGURA 15: Análisis de respuesta estudiante de 8° año

G GÉNERO
Inclusión de tiempo y espacio

VT VOCES EN EL TEXTO
Heteroglosia, asimilación: "Estas fuentes…"
Calidad de la inclusión: Reformulación sin juicio

VT Estas fuentes fueron hechas entre **G** el siglo XI y el siglo XIII, la primera fuente fue hecha por europeos en **G** el siglo XI, la segunda fuente fue hecha por Portugal en el siglo XVI **G** y la tercera fuente fue hecha en **G** Francia en el siglo XVIII.

ETAPA DEL GÉNERO: contexto + tiempo + espacio

FIGURA 16: Análisis de respuesta estudiante de 8° año

(G) GÉNERO
Describe eventos "porque al principio…"

(C) CAUSALIDAD
Agente: concepto "El conocimiento geográfico"
Mecanismo: propiedades del concepto
Verbo relacional: "fue"
Agencia: los europeos
Mecanismo: propiedad "iban descrubriendo", "iban haciendo", "iban conociendo"
Agente: el conocimiento geográfico
Mecanismo: propiedad "evolucionando"
Verbo que permite, "ayudó"
Agente: los europeos
Mecanismo: propiedad "lo que descubrían lo pasaban a los mapas"

(A) ABSTRACCIÓN
Conocimiento geográfico, conocimiento científico

(VT) VOCES EN EL TEXTO
Heteroglosia: expansión dialógica, inserción "el primer mapa"
Calidad de la inclusión: Reformulación con sentido histórico

(C) El conocimiento geográfico se vio presentado en los mapas y el hombre pudo desarrollar más espacios geográficos y esto (C) fue fundamental en el comercio, aunque (G) no de un comienzo, porque al principio en (VT) el siglo XI el primer mapa no se hizo, no estaba todo desarrollado, no tenía definido más que una Europa y Asia entonces no les ayudaba mucho. Pero a medida del (C) tiempo el conocimiento geográfico fue evolucionando porque iban descubriendo (C) más continentes y los europeos iban haciendo más mapas, se iba expandiendo Europa porque iban conociendo más y lo traspasaban a los mapas al igual que los otros continentes, ya que en el otro lado ya estaban bien desarrollados los conocimientos geográficos de el hombre, ya que descubrió América y estaban definidos los continentes y océanos y fue (A) también evolucionando el conocimiento científico, como el origen de las (C) cartografías, esto ayudó a la navegación de (C) los europeos a descubrir más continentes y eso fue lo más importante porque (C) lo que descubrían lo pasaban a los mapas y a medida que se hacía eso se iba expandiendo Europa y el mundo.

ETAPA DEL GÉNERO: descripción de eventos + causalidad + abstracción + voces en el texto + calidad de la inclusión

FIGURA 17: Análisis de respuesta estudiante de 8° año

(G) GÉNERO
Cierre del texto "Y finalmente"

(C) CAUSALIDAD
Agente: los europeos (implícito)
Mecanismo: propiedad "su conocimiento aumentaba"; "podían representar"

(A) ABSTRACCIÓN
Agente y nominalización: conocimiento geográfico
Verbo que determina "influye" (causalidad incongruente) en la nominalización "expansión"

(VT) VOCES EN EL TEXTO
Heteroglosia: expansión dialógica, inserción, "Un ejemplo es la fuente n° 3"
Calidad de la inclusión: Reformulación con sentido histórico

(G) Y finalmente la evolución del conocimiento geográfico influye (A) directamente con la expansión, (A) ya que ellos al viajar y conocer nuevas tierras su conocimiento (C) aumentaba cada vez más y por (C) eso lo podían representar mejor. (VT) Un ejemplo es la fuente n° 3, ya que por sus viajes recopilaron información y la pudieron representar de mejor manera.

ETAPA DEL GÉNERO: determinación de sentido histórico + abstracción/nominalización + causalidad + voces en el texto + calidad de la inclusión

FIGURA 18: Análisis de respuesta estudiante de 8° año

CASO 2. BUENO

G GÉNERO Menos adhesión al propósito "nos ayuda a encajar"	**G** El texto nos ayuda a encajar la evolución del conocimiento europeo sobre la geografía y su expansión.

ETAPA DEL GÉNERO: inicio – adhesión al propósito

FIGURA 19: Análisis de respuesta estudiante de 8° año

G GÉNERO Se incluye solo la referencia temporal y no espacial **A** ABSTRACCIÓN Nominalización "Este proceso de evolución"	**A** Este proceso de evolución fue muy largo y comprendió los **G** siglos XI-XVIII.

ETAPA DEL GÉNERO: contexto + tiempo – espacio

FIGURA 20: Análisis de respuesta estudiante de 8° año

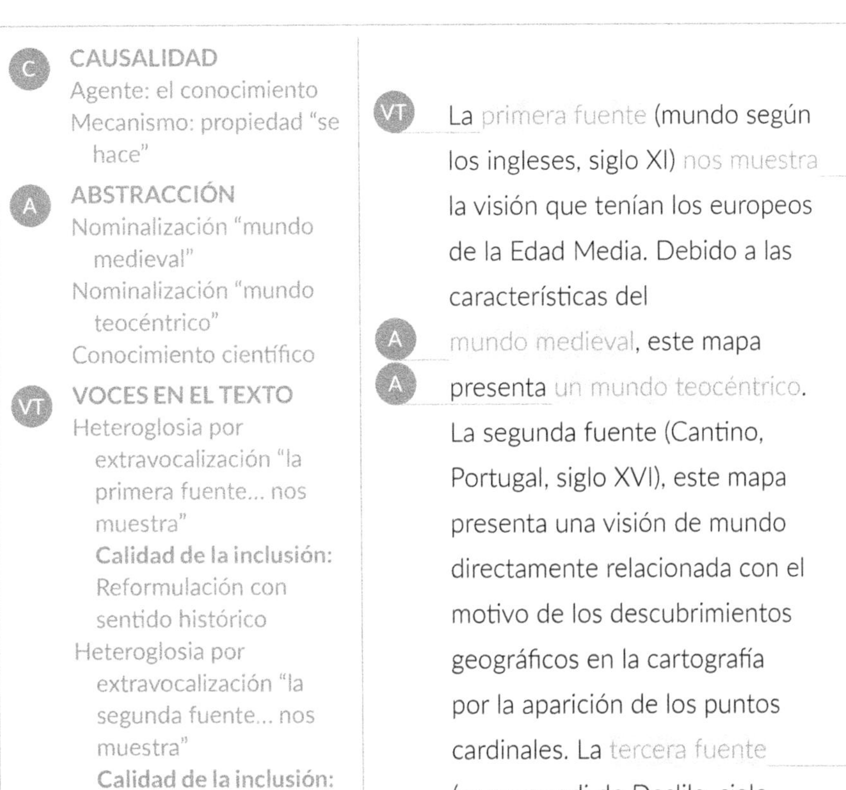

FIGURA 21: Análisis de respuesta estudiante de 8° año

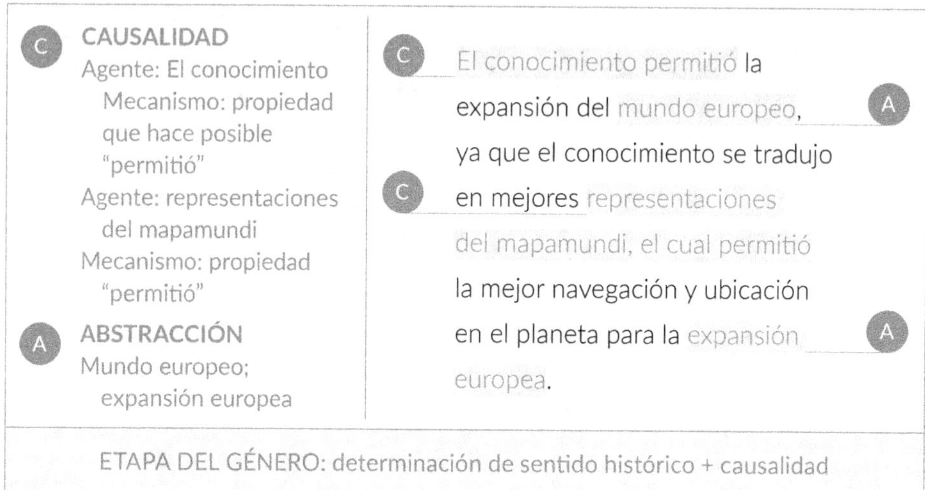

FIGURA 22: Análisis de respuesta estudiante de 8° año

EVALUACIÓN

OBJETIVOS

- Identificar las causas de los grandes viajes de expansión europea del siglo XV.

- Reconocer diferentes momentos de la expansión europea en el mundo y sus consecuencias.

Para llevar a cabo el propósito de la pregunta, el texto debía, por una parte, dar cuenta de la importancia histórica del proceso que hace posible mejorar el conocimiento gracias a los avances científicos, haciendo referencia a la evidencia histórica y, por otra, describir la relación entre el desarrollo del conocimiento geográfico y los viajes de descubrimiento, utilizando las fuentes cartográficas como representación de la expansión europea.

CASO 1

En la etapa de "inicio" hay una clara adhesión al objetivo explicitando el propósito junto a la utilización de conceptos. Logra establecer una relación entre el propósito del texto y la información presente en las fuentes, utilizándolas como apoyo para construir la cronología de su respuesta. Hay dos aspectos que favorecen la calidad histórica de esta respuesta: la construcción de una narración utilizando la evidencia y, al mismo tiempo, la perspectiva que el autor tiene sobre ella.

En la etapa "descripción de eventos" se identifica el agente y los mecanismos que lo producen. Se utilizan los conceptos clave para la pregunta que se debe responder. Las voces en el texto se exponen a través del uso de la evidencia presente en las fuentes y conectando los conceptos previos desarrollados en clases. Hay mayor calidad de la inclusión, ya que se reformulan las fuentes con sentido histórico: el estudiante incorpora planteamientos de la evidencia y los integra en su escritura a través de un proceso deductivo que le permite construir ese sentido histórico.

En la etapa de "determinación de sentido histórico", el texto se adhiere al propósito y establece la causalidad congruente utilizando la evidencia presente en una de las fuentes para responder a la pregunta de la secuencia.

CASO 2

En la etapa de "inicio" se aprecia la ausencia del propósito con menor adhesión. El texto se estructura linealmente y está orientado a consecuencias que no se relacionan con el propósito de lo solicitado en la pregunta de la secuencia. Asimismo, se incluyen solo elementos temporales de la evidencia. El texto no logra establecer la importancia de los descubrimientos geográficos y su relación con los avances técnicos, aunque utilizando las fuentes como respaldo. La principal dificultad que se aprecia es que no logra establecer una relación de causalidad que vincule los avances científicos con el conocimiento geográfico. Dado lo anterior, la respuesta del estudiante se acerca a los niveles iniciales.

En la etapa "descripción de eventos" se estructura linealmente la narración sin establecer la relación entre los conceptos "expansión" y "conocimiento geográfico". Uno de los aspectos destacados es la incorporación de la evidencia con sentido histórico. En el texto, la relación causal se invierte, estableciendo que es el conocimiento geográfico lo que permite la expansión territorial de los europeos. Esto acerca el desempeño de la respuesta al nivel inicial. En la etapa "determinación de sentido histórico", el texto ofrece una interpretación cuyo desarrollo confunde el orden lógico del proceso (antecedente: expansión geográfica, con consecuente: conocimiento geográfico).

SECUENCIA 8° BÁSICO, REVOLUCIÓN INDUSTRIAL Y REVOLUCIÓN FRANCESA

ESTRUCTURA CURRICULAR

La siguiente guía se enmarca dentro de la Unidad 4 de 8° Básico, "El siglo del liberalismo: Revolución Industrial y Burguesía (siglo XIX)" y aborda el AE 02: "Reconocer la relación dinámica entre las revoluciones demográfica, agrícola y tecnológica del siglo XVIII y la Revolución Industrial, considerando sus siguientes características: mecanización de los procesos productivos, producción a gran escala, nuevas condiciones laborales, transformaciones urbanas, contaminación ambiental" (Mineduc, 2011).

OBJETIVO DIDÁCTICO O CURRICULAR

* Reconocer la relación dinámica entre las revoluciones francesa e industrial.

* Explicar cómo la Revolución industrial y la Revolución francesa se relacionan con las principales transformaciones sociales y económicas del siglo XIX.

* Describir las principales transformaciones sociales, culturales y geográficas del período.

CONTENIDOS

Los contenidos involucrados descritos en el Programa de Estudio corresponden al desarrollo de la revolución agrícola, demográfica y tecnológica, y su vinculación con la Revolución industrial. Además incluye elementos conceptuales referentes a la Revolución francesa que, si bien no son abordados por el objetivo, están en directa relación con los elementos del liberalismo que imperaban en el período. A su vez, se optó por trabajar ambos procesos en función de la noción de simultaneidad histórica.

Las principales nominalizaciones involucradas en el proceso corresponden a "Revolución industrial", "Revolución francesa" y "Doble Revolución". Entre los conceptos que guían el trabajo se encuentran "liberalismo", "burguesía", "capitalismo" y, por supuesto, "revolución".

PREGUNTA ORIENTADORA

¿Por qué es posible afirmar que la Doble Revolución es, en el fondo, una sola Gran Revolución?

FUENTES

La guía presenta la siguiente estructura: se entregan tres fuentes de tipo secundarias, todas de carácter inferencial. La primera hace referencia a los principios que guiaron a la burguesía del período de las revoluciones, la segunda se centra en los agentes del proceso revolucionario y la tercera hace referencia a la configuración del concepto de "doble revolución". La pregunta orientadora de la guía es ¿Por qué es posible afirmar que la Doble Revolución es, en el fondo, una sola Gran Revolución? Parte de la premisa de que existe una "doble revolución". Además, implica que los estudiantes deban indagar en las fuentes los elementos que les permitan establecer por qué ambos procesos pueden ser considerados como uno solo.

Para dar cuenta de la pregunta, la fuente 1 presenta los conceptos "burguesía", "capitalismo", "idealismo" y "privilegios" entendidos como privilegios sociales. Las nominalizaciones que aparecen son "mercado nacional", "régimen señorial" y "propiedad eclesiástica". La fuente 2 presenta elementos económicos y sociales y, consecuentemente, los conceptos involucrados corresponden a "artesanos", "fabricantes", "empresarios", "aristocracia". Las nominalizaciones fundamentales que entrega son "capital industrial", "revolución burguesa", "pequeños y medianos productores", "alta burguesía", "campesinos independientes", "Estado absolutista". La fuente 3 es un fragmento del inicio del libro "Las revoluciones burguesas", de Eric Hobsbawm (1985), en el que se utilizan los conceptos "doble revolución", "Revolución industrial", "Revolución francesa", "desarrollo industrial británico", "sistema capitalista".

DISEÑO DE CLASES

En el diseño de la clase se consideraron 8 horas pedagógicas en tres fases. La primera fase, de 4 horas, consideró una presentación de los contenidos esenciales sobre Revolución francesa y Revolución industrial mediante clases expositivas y trabajo con el Texto del Ministerio de Educación. En la segunda sesión de trabajo se realizó la presentación de la estructura de la guía, se identificaron los objetivos didácticos poniendo énfasis en los conceptos involucrados y en las habilidades requeridas. Además se hizo una lectura modelada de las fuentes con los estudiantes. Para ello se desarrollaron las siguientes mediaciones:

- ¿A qué tipo de fuente corresponde?

- ¿Cuál es la idea central del párrafo?

- ¿Qué elementos de la fuente se relacionan con lo que hemos visto en clases?

- ¿Qué elementos de la fuente ayudarían a responder la pregunta final?

- ¿Qué parte del texto podrías utilizar como evidencia para respaldar lo que estás planteando?

Con respecto a las mediaciones específicas, para la fuente 1 se priorizaron preguntas que se enfocaran en la comprensión de por qué se habla de "idealismo" cuando se hace referencia a "justicia", por medio de preguntas como:

- ¿Por qué el documento hace referencia a la idea de justicia?

- ¿De qué tipo de justicia está hablando?

- ¿Por qué los burgueses asocian la idea de justicia al proceso revolucionario?

Para la fuente 2, las mediaciones específicas se centraron en diferenciar elementos sociales y políticos, y en transparentar la posición política del autor del texto, ya que eso determina la diferenciación social que construye a partir del lugar en el sistema productivo que ocupan los actores mencionados. Para la fuente 3, las mediaciones tuvieron como centro aclarar las ideas relacionadas con la simultaneidad de los procesos sociales, políticos y económicos que se mencionan.

La tercera clase fue destinada a un espacio de trabajo colaborativo en grupos de cuatro o cinco estudiantes. Se dedicaron a responder las preguntas sobre cada fuente y a identificar la evidencia que podrían utilizar para la construcción de su escrito final. Además, se solucionaron dudas respecto de la lectura de las fuentes y de su inclusión como citas textuales o paráfrasis.

Las dos últimas horas de clases estuvieron dedicadas a la elaboración de un escrito tipo informe histórico, considerando las tres fuentes y movilizados por la pregunta. A la hora de escribir, las consultas más frecuentes se relacionaron con la diferenciación de los elementos sociales y políticos. La principal dificultad detectada dice relación con la construcción de nominalizaciones. Para ello se guió la reflexión del estudiante a través de preguntas de mediación como las siguientes:

- ¿Qué es lo que quieres expresar?

- ¿Cómo se relaciona con la pregunta?

- ¿Puedes vincularlo con alguno de los conceptos que hemos trabajado en clases?

RÚBRICA DE EVALUACIÓN

Puntaje / Ámbito	6 a 7	3 a 5	1 a 2
Dar cuenta	Relata de acuerdo al objetivo que se plantea en un contexto temporal y espacial la relación existente entre la Revolución industrial y la Revolución francesa, destacando el rol de la burguesía y el liberalismo, vinculando los procesos con las fuentes.	Relata según el objetivo que se plantea en un contexto temporal y espacial, pero no logra vincular por medio de la evidencia la Revolución industrial y la Revolución francesa, o lo realiza sin vincularlas con el rol de la burguesía y el liberalismo.	Se plantea un objetivo que no concuerda con la pregunta, además no tiene establecido un marco espacio-temporal acorde con las fuentes entregadas y no logra establecer la relación entre Revolución industrial y Revolución francesa.
Describir	Describe la relación entre la Revolución industrial y la Revolución francesa utilizando las fuentes históricas para respaldar los vínculos existentes.	Describe la relación entre la Revolución industrial y la Revolución francesa, pero no logra utilizar las fuentes históricas como respaldo.	Describe una o más fuentes, pero no las relaciona con el liberalismo y la burguesía, utilizándolas como documentos separados y sin conectarlos con un proceso histórico.

8° BÁSICO | GUÍA RECUENTO HISTÓRICO: REVOLUCIÓN INDUSTRIAL Y REVOLUCIÓN FRANCESA

NOMBRE: .... CURSO: .... FECHA: ....

OBJETIVOS:

- Reconocer la relación dinámica entre las revoluciones francesa e industrial.

- Explicar cómo la Revolución industrial y la Revolución francesa se relacionan con las principales transformaciones sociales y económicas del siglo XIX.

- Describir las principales transformaciones sociales, culturales y geográficas del período.

- Evaluar, apoyándose en diversas fuentes, proyecciones de la Revolución industrial.

INSTRUCCIONES:

- Lee los siguientes documentos y responde las preguntas de cada uno de ellos.

- A continuación, responde la pregunta final, utilizando la evidencia presente en los documentos.

FUENTE 1:

❝La burguesía era casi unánime contra el privilegio. En la aurora del capitalismo se beneficiaba también con la libertad de investigación y de empresa, con la unificación del mercado nacional, la desaparición del régimen señorial y de la propiedad eclesiástica que inmovilizan la tierra y los hombres. No se hace, sin embargo justicia cuando se presentan al amor propio y al interés como las únicas guías. Por medio de la libertad e igualdad de derechos, quería llamar a todos los hombres para mejorar el destino terrestre de la especie: el idealismo no fue la fuerza menor de la Revolución" (Lefevbre, G. [1960]. *La revolución francesa y el imperio [1787-1815].* México: Fondo de Cultura Económica, p. 34).

a) Según el documento, ¿qué grupo social lidera los procesos de transformación?

b) Según el texto, ¿cuál es el principal motor de la Revolución?

FUENTE 2:

❮❮Priman factores económicos y sociales. El elemento motriz de la revolución burguesa estuvo en el desarrollo de los pequeños y medianos productores, artesanos y campesinos independientes, en una palabra, de la pequeña y mediana burguesía, y no en la alta burguesía, más o menos aliada al poder del estado absolutista financiero, grandes negociantes, fabricantes, empresarios... Históricamente este antagonismo se concretó en la oposición de jacobinos por una parte y por otra monárquicos, más tarde girondinos, inclinados todos siempre a un compromiso con la aristocracia. En este mismo eje se sitúan las posiciones de las categorías campesinas en la formación del capital industrial: la producción capitalista naciente, o en la manufactura rural" (Soboul, A. [1980]. *Estudios sobre la revolución francesa y el final del antiguo régimen.* Madrid: Akal Editores, pp. 104-105).

a) ¿Qué relación existe entre las clases sociales y las posiciones políticas, según el documento?

b) ¿En qué grupo social reside la agentividad del proceso según la fuente?

FUENTE 3:

❮❮Imaginar el mundo moderno sin esas palabras (es decir, sin las cosas y conceptos a las que dan nombre) es medir la profundidad de la revolución producida entre 1789 y 1848 que supuso la mayor transformación en la historia humana desde los remotos tiempos en que los hombres inventaron la agricultura y la metalurgia, la escritura, la ciudad y el Estado. Esta revolución transformó y sigue transformando al mundo entero. Pero al considerarla hemos de distinguir con cuidado sus resultados a la larga, que no pueden limitarse a cualquier armazón social, organización política o distribución de fuerzas y recursos internacionales, y su fase primera y decisiva, estrechamente ligada a una específica situación social e internacional. La gran revolución de 1789-1848 fue el triunfo no de la «industria» como tal, sino de la industria «capitalista»; no de la libertad y la igualdad en general, sino de la «clase media» o sociedad «bourgeoise» y liberal; no de la «economía moderna», sino de las economías y Estados en una región geográfica particular del mundo (parte de Europa y algunas regiones de Norteamérica), cuyo centro fueron los Estados rivales de Gran Bretaña y Francia. La transformación de 1789-1848 está constituida sobre todo por el trastorno gemelo iniciado en ambos países y propagado en seguida al mundo entero. Pero no es irrazonable considerar esta doble revolución –la francesa, más bien política, y la revolución industrial inglesa– no tanto como algo perteneciente a la historia de los dos países que fueron sus principales mensajeros y símbolos, sino como el doble cráter de un anchísimo volcán regional. Ahora bien, que las simultáneas erupciones ocurrieran en Francia e Inglaterra y tuvieran características ligeramente diferentes no es cosa accidental ni carente de interés. Pero desde el punto de vista del historiador, digamos, del año 3000, como desde el punto de vista del observador chino o africano, es más relevante notar que se produjeron una y otra en la Europa del Noroeste y en sus prolongaciones ultramarinas, y que no hubieran tenido probabilidad alguna de suceder en aquel tiempo en ninguna otra parte del mundo. También es digno de señalar que en aquella época hubieran sido casi inconcebibles en otra forma que no fuera el triunfo del capitalismo liberal y burgués" (Hobsbawm, E. [1985]. *Las revoluciones burguesas*. Barcelona: Labor, p. 15).

- Según la evidencia de la fuente, ¿qué puedes afirmar acerca del rol de la burguesía en las revoluciones?

  Responde utilizando la evidencia que aparece en los documentos: ¿Por qué es posible afirmar que la Doble Revolución es, en el fondo, una sola Gran Revolución?

ANÁLISIS RESPUESTAS DE ESTUDIANTES

CASO 1. MUY BUENO

G GÉNERO
Adhesión al propósito:
"El texto tiene como
objetivo explicar"

C CAUSALIDAD
El concepto tiene
capacidad intrínseca
para vincularlo con el
proceso histórico: "para
poder explicar este
fenómeno"

VT VOCES EN EL TEXTO
Monoglosia: proceso
mental restringe texto a
una sola voz: "se puede
denominar"

Este texto tiene como
G objetivo explicar si efectivamente
VT se puede denominar que la Doble
Revolución es una gran sola
revolución y por qué pudiese ser
así.
C Para poder explicar este
"fenómeno" hay que explicar
qué se entiende por "Doble
Revolución".

ETAPA DEL GÉNERO: inicio + adhesión al propósito + abstracción + causalidad

FIGURA 23: Análisis de respuesta estudiante de 8° año

G GÉNERO
Adhesión al propósito ubica tiempo y espacio: "es un proceso ocurrido"

C CAUSALIDAD
Conceptos históricos que actúan en conjunto: Revolución francesa y Revolución industrial
Incongruente: "La Revolución industrial y la Revolución francesa tuvieron"
Agente: Revoluciones
Mecanismo: finalidad, desde la Revolución francesa se entra en la Revolución industrial
Incongruente: "trajo consigo"
Agente: Burguesía - entidad política y social
Mecanismo: finalidad, "ellos mismos quienes potenciaron los cambios"

A ABSTRACCIÓN
Concepto: Gran revolución
Nominalización "los ideales capitalistas"

VT VOCES EN EL TEXTO
Heteroglosia, expansión dialógica: "otro factor" y alusión directa a los documentos (expansión dialógica por asimilación)
Calidad de la inclusión: Reformulación sin juicio (en ambas evidencias)
Heteroglosia, expansión dialógica asimilación: "dice el documento 1", "dice el documento 2", "dice el documento 3"
Calidad de la inclusión: Reformulación sin juicio (en ambas evidencias)

C Se conoce como doble Revolución al período histórico en que se desarrollan la Revolución Francesa y la Revolución Industrial, lo que hace el concepto de Doble Revolución es referirse a ambas englobando y relacionando factores. **G** Es un proceso ocurrido entre 1789 y 1848 en Europa, teniendo como grandes focos a **C** Francia e Inglaterra. La Revolución Industrial y la Revolución Francesa tuvieron una especie de relación de reciprocidad entre ambos ya que se apoyaron en su mutuo desarrollo, esto fue uno de los puntos más importantes y que nos permite **A** decir que esto fue una Gran revolución. Durante un tiempo, el Gobierno Absolutista se vio envuelto en una importante crisis económica causada por el mal manejo de dinero, al llegar la Revolución Francesa, la Burguesía intentó revivir la economía, **VT** como dice el documento 1, mediante la libertad de investigación y empresa y potenciando el capitalismo. Es en ese momento donde entra la **VT** Revolución Industrial y como dice el documento 2 con la formación del capital Industrial y el naciente capitalismo. **VT** Otro factor que nos permite relacionar ambas **A** revoluciones es el ámbito social. La llegada de la Revolución Industrial y los ideales capitalistas **C** de la revolución trajo consigo una producción mayor de excedentes y una cantidad de bienes y **VT** servicios casi ilimitados, como dice el documento 3, esto trajo un alza en la aceptación de la gente con el nuevo sistema. Por último, identificar que en el ámbito político existe un motor común entre las dos revoluciones: la Burguesía. **VT** El documento 2 habla de que la fuerza política durante el período de la doble Revolución fue la Burguesía, y fueron ellos mismos quienes potenciaron los cambios tanto en lo político como en lo económico.

ETAPA DEL GÉNERO: registro de eventos mediante un contexto de espacio y tiempo + adhesión (tiempo y espacio) + causalidad + voces + calidad inclusión + abstracción

FIGURA 24: Análisis de respuesta estudiante de 8° año

G GÉNERO
Cierre del texto "en conclusión"
Concepto (Gran revolución)

A ABSTRACCIÓN
Conceptos: revoluciones

VT VOCES EN EL TEXTO
Monoglosia: es y fueron (proceso relacional)
Heteroglosia: "podemos resolver"

G En conclusión, podemos resolver **VT**
en que el concepto de Gran
Revolución es completamente **VT**
válido a la hora de reemplazarlo
A o referirse a la Doble Revolución
gracias a que la Revolución
Industrial y la Francesa fueron **VT**
una vertiente política, económica
y social de un mismo fenómeno.
Son su cantidad de similitudes y
su relación de reciprocidad lo que
permite hablar de una sola Gran
Revolución.

ETAPA DEL GÉNERO: determinación de sentido histórico + adhesión + causalidad

FIGURA 25: Análisis de respuesta estudiante de 8° año

CASO 2. INSUFICIENTE

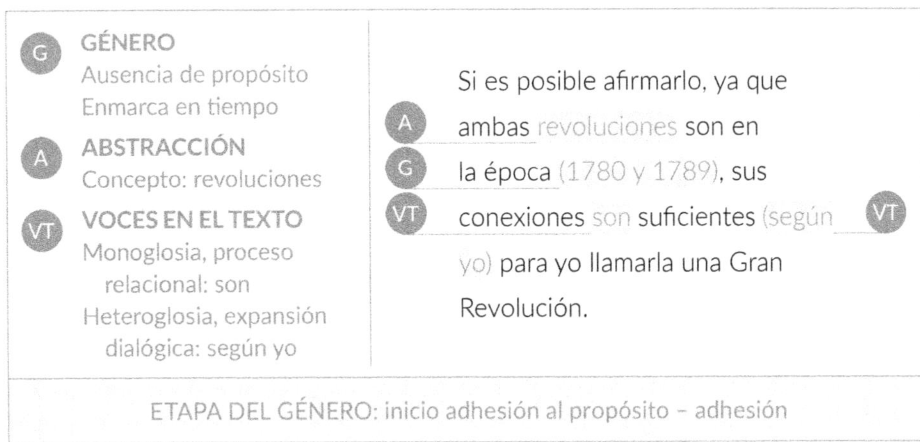

G GÉNERO
Ausencia de propósito
Enmarca en tiempo

A ABSTRACCIÓN
Concepto: revoluciones

VT VOCES EN EL TEXTO
Monoglosia, proceso relacional: son
Heteroglosia, expansión dialógica: según yo

Si es posible afirmarlo, ya que
A ambas revoluciones son en
G la época (1780 y 1789), sus
VT conexiones son suficientes (según **VT**
yo) para yo llamarla una Gran
Revolución.

ETAPA DEL GÉNERO: inicio adhesión al propósito – adhesión

FIGURA 26: Análisis de respuesta estudiante de 8° año

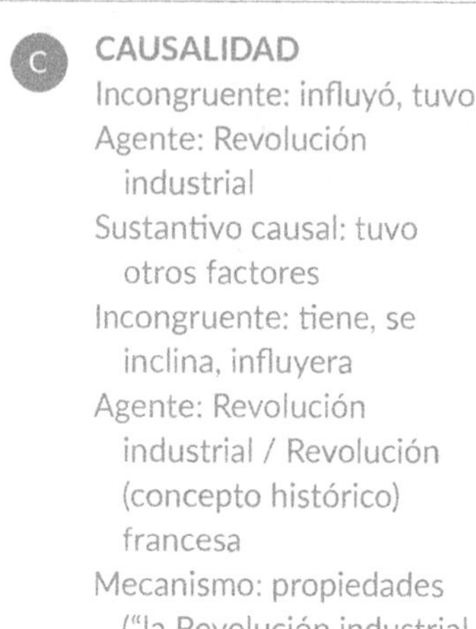

FIGURA 27: Análisis de respuesta estudiante de 8° año

(G) GÉNERO
Cierre y conclusión sin sentido histórico, aunque se indique "En conclusión"

(C) CAUSALIDAD
Congruente: porque, entonces
Agente: Revolución (concepto histórico)
Mecanismo: finalidad (ambas revoluciones se entrelazaban y se complementan)

(VT) VOCES EN EL TEXTO
Monoglosia, proceso relacional: es
Heteroglosia, expansión dialógica: "en mi opinión" y de atribución (inserción) por medio de la cita del autor
Impersonal: se complementan
Calidad de la inclusión: Reformulación con juicio

(G) En conclusión, es posible afirmarlo (VT)
(C) porque (en mi opinión) ambas (VT)
(VT) revoluciones se complementan
como dice el documento 3
"triunfo de un sistema económico
capitalista y la clase social
burguesía", la cual después inicia
(C) la Revolución Francesa y le dio
paso al sistema político de la
(C) democracia, entonces concluye
(C) que ambas revoluciones se
entrelazaban y se complementan
pero al centrarse en ámbitos
diferentes y ser en distintos
países podemos llamarla una Gran
Revolución.

ETAPA DEL GÉNERO: determinación de sentido histórico + adhesión + voces

FIGURA 28: Análisis de respuesta estudiante de 8° año

EVALUACIÓN

OBJETIVOS

- Reconocer la relación dinámica entre las revoluciones francesa e industrial.

- Explicar cómo la Revolución industrial y la Revolución francesa se relacionan con las principales transformaciones sociales y económicas del siglo XIX.

- Describir las principales transformaciones sociales, culturales y geográficas del período.

CASO 1

En la etapa de "inicio", el texto se adhiere al género y explicita el propósito en relación con la pregunta solicitada. Al mismo tiempo, es capaz de vincular directamente ambos procesos revolucionarios mediante el desarrollo de diferentes aspectos de la Revolución industrial y la Revolución francesa, utilizando como respaldo los elementos presentes en la documentación, lo que en términos de calificación se traduce dentro de los más altos niveles de calidad en la respuesta.

En la etapa "descripción de eventos" se identifican los conceptos y su relación entregando el marco temporal y espacial. Se reformula la evidencia y se utiliza una amplia variedad de nominalizaciones.

Asimismo, se establece la relación conceptual entre ambas revoluciones a partir de la evidencia entregada para cumplir el propósito de la pregunta. Con respecto a la calidad de la inclusión de la evidencia, el estudiante reformula las ideas nucleares de las fuentes sin establecer un juicio.

En la etapa "determinación de sentido histórico", el texto se adhiere a la etapa del género y concluye tomando perspectiva de la evidencia, gracias a la combinación de recursos como agencia, causalidad incongruente y nominalizaciones.

CASO 2

En la etapa de "inicio", el texto no se adhiere al género y no explicita el propósito en relación a la pregunta solicitada aunque indica las referencias temporales. A pesar de que el estudiante desarrolla un marco temporal a partir de la simultaneidad de ambos procesos, no logra establecer un marco geográfico para los acontecimientos históricos. Asimismo, la integración que hace de la evidencia es literal. En ese sentido, la calidad de su respuesta se acerca a los niveles iniciales.

En la etapa "descripción de eventos", el estudiante no toma perspectiva de los conceptos ni de la evidencia y señala que una revolución influye sobre la otra, cuestión que no estaba en el propósito de lo preguntado. Asimismo, no se aprecia una estructura organizativa de la etapa, pues describe la Revolución industrial y algunos aspectos de la Revolución francesa linealmente. No utiliza evidencia ni las perspectivas sobre ella.

En la etapa "determinación de sentido histórico", el texto se adhiere más a la etapa "inicio" (responde a la pregunta), estableciendo una reformulación de la evidencia con juicio, ya que releva el rol de la burguesía en la Revolución francesa y los efectos que produce.

CAPÍTULO 3

Género explicaciones históricas

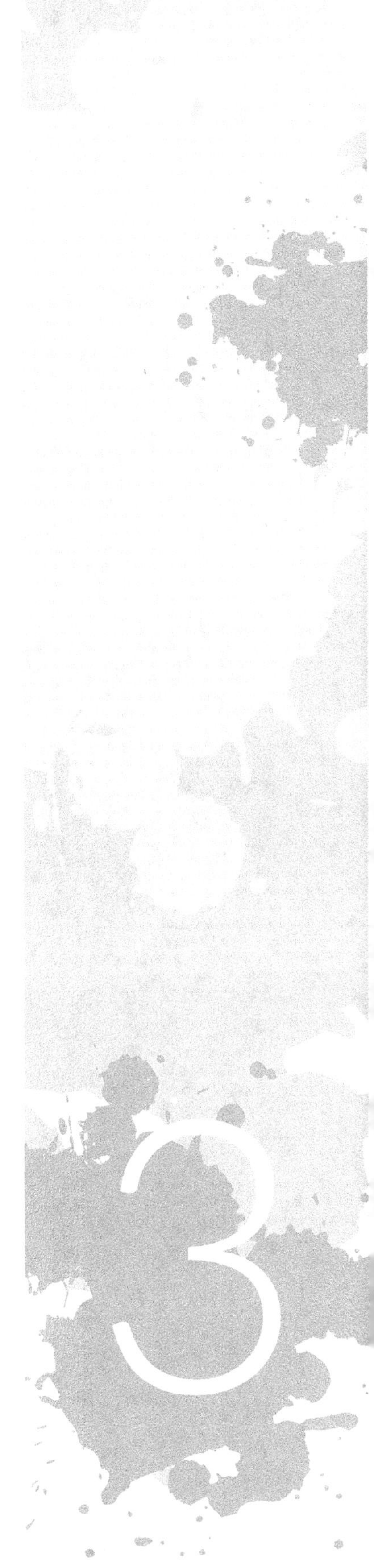

Las explicaciones históricas tienen el propósito de otorgar sentido a las causas y/o consecuencias de procesos históricos pasados, ponderando factores de largo y corto plazo. En esta categoría nos encontramos con dos tipos de géneros: explicación factorial y explicación consecuencial (Coffin, 2006). A continuación describiremos cada uno de estos géneros para el proceso de escritura.

El género histórico de explicación factorial tiene las siguientes etapas y pasos:

a) Adhesión al propósito: el escrito comienza delimitando el campo que tendrá su respuesta, vinculada a explicar los factores que contribuyeron a que se produjera un proceso o resultado. El paso fundamental es explicitar el objetivo del escrito, como en el siguiente ejemplo: "El objetivo de este texto es explicar los factores que...".

b) Determinación de factores: se explicitan las causas que influyen en el proceso. Los pasos estructurantes de esta etapa son: 1) elaborar las causas que originan el proceso histórico, y 2) ordenar las causas o factores según cadenas causales (motivaciones, condiciones y hechos) en relación al tiempo (mediatas, inmediatas, estructurales y coyunturales), estructuras (política, económica, social, etc.) y sujetos históricos, incorporando las fuentes trabajadas. En este último paso es fundamental jerarquizar los factores en orden de importancia.

c) Organización de factores para dar sentido histórico: finalmente, las causas descritas en el paso anterior deben ser ponderadas y explicitar el factor (o los factores) más importante para explicar el proceso, fundamentando la posición del estudiante.

El género histórico de explicación consecuencial tiene las siguientes etapas y pasos:

a) Adhesión al propósito: el escrito comienza delimitando el campo que tendrá su respuesta, vinculada a explicar las consecuencias que contribuyeron a que se produjera un proceso o resultado. El paso fundamental es explicitar el objetivo del escrito.

b) Determinación de consecuencias: se explicitan las consecuencias que generaron el proceso. Estas pueden ser políticas, económicas y sociales. Los pasos estructurantes de esta etapa son: 1) identificar el o los fenómenos que conducen a cambios, 2) identificar los efectos del hecho o proceso histórico y 3) ordenar las consecuencias según cadenas causales en relación al tiempo (mediatas, inmediatas, estructurales y coyunturales), estructuras (política, económica, social, etc.) y sujetos históricos, incorporando las fuentes trabajadas. En este último paso es fundamental jerarquizar las consecuencias en orden de importancia.

c) Organización de consecuencias según tiempo o estructura de análisis: finalmente, las consecuencias descritas en el paso anterior deben ser ponderadas y explicitar la o las consecuencias más importantes para explicar el proceso, fundamentando la posición del estudiante.

En este capítulo se exponen 5 secuencias, alineadas a objetivos curriculares, para el desarrollo del género explicación histórica: cuatro corresponden al género factorial de I° y II° y una, al género histórico consecuencial de III° Medio. A continuación se incluyen en la tabla 9 los propósitos curriculares, su adecuación mediante objetivos didácticos y la pregunta de la secuencia que permite el desarrollo del género.

Con respecto al género factorial en las secuencias de I°, II° y III° Medio, las preguntas tienen el propósito de que los estudiantes describan y evalúen las causas de diversos procesos históricos. Para ello, en el enunciado se describe una tensión que explicita un cambio de estado desde una situación a otra, por ejemplo: por qué si Alemania estuvo afectada por la Primera Guerra Mundial, fue un actor relevante en el inicio de la Segunda Guerra Mundial.

Desde una perspectiva general, los dos casos de I° sobre la Segunda Guerra Mundial son capaces de explicitar el propósito del texto, aunque con distinta calidad, ya que uno de ellos no hace referencia explícita a este.

En la etapa de "determinación de factores" se evidencian contrastes debido a que un caso logra ordenar diversas causas (Tratado de Versalles y el ascenso de Hitler) incorporando voces en el texto mediante la reformulación con sentido histórico. En cambio, en la otra respuesta se escribe una narración del proceso con un carácter monoglósico.

TABLA 9: Propósitos curriculares de Iº, IIº y IIIº Medio

Iº Medio

AE 05 "Analizar, apoyándose en diversas fuentes de información, antecedentes, el impacto y la magnitud de la Segunda Guerra Mundial" (Mineduc, 2009).	- Identificar los antecedentes de la Segunda Guerra Mundial. - Utilizar diversas fuentes para las causas de la Segunda Guerra Mundial.	Contenido: "Causas de la Segunda Guerra Mundial" Sabemos que los alemanes fueron vencidos en la IGM, quedando con graves dificultades políticas sociales y económicas, entonces ¿qué factores explican que Alemania sea quien desencadene la Segunda Guerra Mundial?
AE 02 "Describir la Guerra Fría, considerando sus principales características: hegemonía mundial de los bloques de poder, proliferación de armas nucleares, miedo de los ciudadanos y los distintos ámbitos en que se dio; actores principales, tales como Kruschev, Brézhnev y Kennedy, entre otros", correspondiente a los Planes y Programas del año 2011 (Mineduc, 2011).	- Identificar las causas y las consecuencias de la Guerra Fría. - Utilizar evidencia histórica para entrelazar causas y consecuencias.	Contenido "Guerra Fría" Si la URSS y EE. UU. fueron aliados durante la Segunda Guerra Mundial, ¿qué factores influyeron para que se convirtieran en rivales durante el período de la Guerra Fría?

IIº Medio

AE 01 "Comprender el proceso independentista en América y Chile, considerando: múltiples factores que precipitaron la independencia en América; visión de los principales líderes de la Independencia, tales como San Martín, O'Higgins, Carrera, Infante, Salas y Juan Egaña, entre otros" (Mineduc, 2009).	- Reconocer los factores que influyeron en la formación del proceso Independentista. - Identificar los diferentes roles de los grupos sociales en el proceso de Independencia.	Contenido "Independencia de Chile" Si los criollos habían conseguido influencia social, política y económica durante el período colonial, ¿qué factores permiten explicar el proceso independentista que surgió en Chile a partir de 1810?

(cont.)

TABLA 9: Propósitos curriculares de I°, II° y III° Medio (cont.)

II° Medio

AE 01 "Caracterizar, a partir de diversas fuentes de información geográfica, las etapas de conformación y poblamiento del espacio geográfico ligado a la historia de la sociedad chilena y su territorialización, considerando: Guerra del Pacífico". **AE 02** "Explicar la relación entre territorio y sociedad en Chile, y las tensiones generadas interna y externamente en torno a este tema a lo largo del siglo XIX". **AE 03** "Explicar la incidencia de los conflictos bélicos y las vías de negociación y paz en la experiencia histórica de Chile, a partir de la confrontación de diferentes interpretaciones históricas".	1. Identificar los antecedentes de la guerra. 2. Conocer la postura de Chile y Bolivia en relación al enfrentamiento. 3. Describir las etapas del proceso bélico y sus consecuencias. 4. Comprender las consecuencias humanas, políticas y sociales de la Guerra del Pacífico.	Contenido "Guerra del Pacífico" ¿Qué consecuencias sociales y económicas se derivaron de la Guerra del Pacífico?

III° Medio

AE 12 "Analizar y comparar críticamente diversas visiones políticas e interpretaciones historiográficas sobre la crisis que desemboca en el quiebre democrático de 1973". **AE 13** "Caracterizar los principales rasgos del golpe de Estado y de la dictadura militar en Chile, incluyendo: la violación sistemática de los Derechos Humanos, la violencia política y la supresión del Estado de derecho" (Mineduc, 2015).	1. Identificar los factores que contribuyeron al clima de polarización y crisis de la sociedad chilena de inicios de los 70s. 2. Analizar fuentes primarias sobre el período (como testimonios, documentales, prensa y discursos) y reconocer en ellas posturas y corrientes de opinión y actores relevantes. 3. Describir el golpe de Estado de 1973 e identificar las medidas y prácticas institucionalizadas de la dictadura que ponen fin al Estado de derecho en Chile (clausura del Congreso, suspensión de la Constitución, censura y represión, entre otras). 4. Comparar distintas visiones sobre el golpe de Estado de 1973 y el quiebre de la democracia, utilizando fuentes primarias y secundarias.	Contenido "golpe de Estado" Si la Junta de Gobierno de 1973 y sus defensores justificaron el golpe de Estado con el argumento de la inconstitucionalidad, la falta de democracia y el no cumplimiento de las garantías constitucionales de la UP y del gobierno de Allende, ¿por qué el gobierno de la Junta de 1973 se caracterizó por estar contra el Estado de derecho, los Derechos Humanos y la democracia en Chile?

En la última etapa "organización de factores" también notamos diferencias entre una respuesta que explicita nominalizaciones y la agentividad de Alemania y otra que no.

En la secuencia de I° sobre Guerra Fría, las fuentes apuntan más a la segunda parte de la pregunta, vinculada con las causas de la rivalidad entre URSS y EE. UU. durante la Guerra Fría. Por tanto, la interrogante actúa como una transición entre un género factorial y uno consecuencial. Con esto podemos vislumbrar que los géneros históricos también pueden presentar matices y adecuaciones. Particularmente, si analizamos las respuestas, podemos concluir que ambas apuntan a las causas de la rivalidad durante la Guerra Fría, omitiendo la situación anterior, en la que los países en pugna fueron aliados durante la Segunda Guerra Mundial. En la primera etapa, "adhesión", ambos casos explicitan el propósito, aunque uno no menciona el tiempo en el cual se enmarca el proceso.

En la etapa de "determinación de factores" se produce un fenómeno particular, ya que si bien la respuesta que se acerca más al cumplimiento de la fase (categoría suficiente) ordena las causas del proceso a través de conectores y nombra conceptos históricos con un alto nivel de abstracción, presenta distorsiones en la interpretación de la evidencia que utiliza al realizar generalizaciones ausentes en el documento. Pero también reformula otra fuente con sentido histórico en la construcción de la cadena causal. Con ello podemos constatar cómo una respuesta que aparentemente va cumpliendo con los pasos del género posee imprecisiones que le bajan la calidad al escrito. Considerar este aspecto resulta fundamental en el desarrollo de la escritura histórica, ya que los profesores pueden reforzar procesos que son más complejos para los estudiantes, en este caso, la interpretación de la evidencia.

El caso 2, si bien utiliza información presente en diversos documentos, no los referencia ni establece conexiones entre las cadenas causales. Además, parte el desarrollo de esta etapa considerando a URSS y EE. UU. como personajes, con vida propia.

Finalmente, en la etapa de "organización de factores" constatamos que el caso suficiente no jerarquiza las causas más relevantes, ya que las vuelve a nombrar todas. En el caso insuficiente no se presenta esta última etapa.

En la secuencia de II° hay dos formas de abordar el propósito. Una más adherida, es decir, que explicita lo que se va a hacer en función del género, y la que no presenta esta etapa. Se observa que el caso bueno incorpora correctamente la evidencia al organizar los factores de su explicación, a excepción de una interpretación errónea con información que no aparece en el documento, lo que disminuye la calidad del escrito. El caso suficiente, si bien nombra y describe los factores para responder la pregunta, realiza afirmaciones que no corresponden al período (como el derecho a sufragio para todos los ciudadanos, ver figura 49). Con ello muestra una escasa perspectiva sobre la evidencia, ya que no distingue entre el discurso de los criollos y la práctica. Además, no incorpora explícitamente las voces del documento en el texto.

En la última etapa, el caso mejor logrado explicita el factor más relevante del proceso, construyendo una cadena causal que permite establecer un cierre con sentido histórico. Al contrario, el segundo caso no desarrolla esta etapa.

La secuencia de III° sobre golpe de Estado, si bien corresponde al género factorial, presenta un grado mayor de complejidad, ya que la pregunta apunta a que aborden el cambio de estado entre la defensa de la constitucionalidad que realizó la Junta Militar para derrocar a Salvador Allende y su actuar contradictorio cuando irrumpió en el gobierno. Con ello se apunta a las causas de por qué los militares estuvieron en contra del Estado de derecho, los Derechos Humanos y la democracia en Chile.

Con respecto a las respuestas, nos encontramos con una situación similar en ambos casos, en tanto presentan una desconexión entre el propósito y la integración de los factores explicativos; se aprecia una escasa vinculación entre causas y el problema planteado, lo que demuestra la dificultad de la integración de los factores ante una pregunta compleja. En la etapa de "determinación de factores", ambas respuestas describen algunos de ellos, como el antimarxismo y la situación de guerra interna, no obstante, en el primer caso existe escasa perspectiva sobre la evidencia, al no considerar que el discurso de la Junta Militar es una posición que se enmarca en un proceso histórico global; ello no significa que la situación del país fuera así. En el otro caso se evidencia una reformulación de las fuentes con sentido histórico, aunque particularizando los efectos del golpe de Estado, pero dejando a un lado las causas.

En la etapa de "organización de factores para dar sentido histórico", las respuestas apuntan al discurso que tuvo la Junta Militar contra el gobierno de Salvador Allende y el propósito del nuevo mandato de establecer una "imagen diferente". No obstante, no se mencionan los factores explícitos en la pregunta (estar en contra del Estado de derecho, la democracia y los Derechos Humanos). El otro caso muestra la misma particularidad, remitiéndose solo a los cambios que buscaba la Junta Militar.

Estos resultados nos muestran que trabajar este tipo de género histórico requiere una anticipación de los profesores a las posibles dificultades que se puedan constatar en la respuesta de los estudiantes. Ya vimos que desarrollar la perspectiva sobre la evidencia que se está trabajando resulta fundamental para no distorsionar procesos históricos (distinción entre hechos e interpretación).

Por último, la secuencia de II° Medio sobre Guerra del Pacífico corresponde al género histórico consecuencial. Sus preguntas tienen el propósito de que los estudiantes describan y evalúen las consecuencias de diversos procesos históricos. En el caso particular de este curso, el enunciado se centró en las consecuencias sociales y económicas de este conflicto.

Las respuestas de los estudiantes tienen características disímiles en cada etapa. Solo al inicio, ambos escritos identifican el propósito del texto, presentando más adhesión al género. Esto cambia en la etapa "determinación de consecuencias", ya que en el primer caso se enuncian los ámbitos sociales y económicos, con un alto nivel de abstracción y construcción de cadenas causales con sentido histórico, debido a que las ideas nucleares de las evidencias se incorporan en el escrito, explicitando las referencias. En el otro caso ocurre lo contrario, ya que la explicación no presenta un sentido histórico y la interpretación de la evidencia es distorsionada. Con ello podemos sugerir que en la construcción de las respuestas con un sentido histórico influye considerablemente la perspectiva que los estudiantes desarrollan sobre la evidencia y cómo la incorporan en su escrito. Es decir, citar una fuente no asegura la calidad de la explicación. De aquí surge la necesidad de que los estudiantes sean conscientes de las actividades que realizan, y que estas no se conviertan en una suma de pasos y técnicas para lograr un propósito, sino que la escritura tenga un sentido plausible históricamente.

Finalmente, en la etapa "organización de consecuencias según tiempo o estructura de análisis", el caso 1 desarrolla una explicación, no obstante, reduce el proceso histórico a dos factores y además distorsiona el sentido de la evidencia utilizada. El caso 2 restringe las consecuencias a lo económico.

SECUENCIA I° MEDIO, CAUSAS DE LA SEGUNDA GUERRA MUNDIAL

ESTRUCTURA CURRICULAR

La secuencia que presentamos a continuación corresponde a la Unidad 1: "El mundo en crisis durante la primera mitad del siglo XX" del Programa de Estudios de I° Medio, publicado en 2009. Corresponde al Aprendizaje 05, "Analizar, apoyándose en diversas fuentes de información, antecedentes, el impacto y la magnitud de la Segunda Guerra Mundial". La secuencia fue aplicada durante el primer semestre del año 2016. Se centra en las indicaciones que el mismo programa establece: evaluar conocimiento y comprensión histórica, aprender los contenidos generales y comprender su significado e importancia y utilizar herramientas de pensamiento histórico que permitan a los estudiantes usar adecuadamente diferentes fuentes y realizar análisis e interpretación histórica.

Se tomaron en cuenta otros propósitos curriculares como la valoración de las distintas interpretaciones históricas y la comprensión de la multicausalidad de los fenómenos, lo que se apoya en el desarrollo de tres habilidades fundamentales: ubicación en el espacio/tiempo, investigación e interpretación (Mineduc, 2009).

OBJETIVO DIDÁCTICO O CURRICULAR

* Identificar los antecedentes de la Segunda Guerra Mundial.

* Utilizar diversas fuentes para identificar las causas de la Segunda Guerra Mundial.

CONTENIDOS

Los contenidos descritos en el Programa de Estudios corresponden al surgimiento de un nuevo orden internacional con el advenimiento de los totalitarismos, el conocimiento de los principales personajes históricos involucrados y sus ideologías. Los conceptos relacionados con este aprendizaje que fueron relevados en el proceso corresponden a Segunda Guerra Mundial, totalitarismos, Tratado de Versalles, potencias del eje, potencias aliadas, nacionalsocialismo, fascismo, comunismo, liberalismo, Pacto de Hierro, nacionalismo, guerra total, reparaciones o indemnizaciones de guerra.

PREGUNTA ORIENTADORA

Sabemos que los alemanes fueron vencidos en la IGM, quedando con graves dificultades políticas, sociales y económicas, entonces ¿qué factores explican que Alemania sea quien desencadene la Segunda Guerra Mundial?

FUENTES

La guía tiene la siguiente estructura. Se presentan tres tipos diferentes de fuentes, dos fuentes primarias y una secundaria. Las tres fuentes son inferenciales, una hace referencia a un extracto del Tratado de Versalles, la segunda muestra una serie de imágenes relacionadas con los antecedentes de la Segunda Guerra Mundial y la tercera presenta un extracto del historiador inglés Eric Hobsbawm de su libro "Historia del siglo XX" (1999).

La pregunta ¿qué factores explican que Alemania sea quien desencadene la Segunda Guerra Mundial? incluye dos elementos fundamentales: en primer lugar, parte de la premisa conocida de que Alemania es la que da el paso inicial al hacer estallar el conflicto armado. En segundo lugar, apunta a que los estudiantes puedan identificar las causas que desencadenan la guerra, que son incluidas en las diferentes fuentes. Esto implica la necesidad de seleccionar la información dispersa en los documentos para lograr agrupar estas causas según los factores presentados, jerarquizando las que, a juicio del alumno, sean las más influyentes. Al incluir la contextualización que se presenta referente a su derrota en la Primera Guerra Mundial y la situación de crisis en que se vio sumida después de ella, se busca que el estudiante pueda identificar un cambio de estado inicial (la crisis de Alemania) hacia uno posterior (su transformación en una potencia económica y militar).

Fuente 1

En la fuente 1 se presentan algunos artículos del Tratado de Versalles que dan cuenta de las condiciones de paz impuestas a Alemania luego de la Primera Guerra Mundial. En ella se abordan conceptos como el mismo Tratado de Versalles e indemnizaciones o reparaciones de guerra. En este sentido se trabajaron los artículos 159, 160, 231, 232, 235, 256 y 428 (recuperado de www.cervantesvirtual.com/descargaPdf/tratado-de-versalles/).

Fuente 2

En la fuente 2 se abordan los aspectos ideológicos relacionados con el estallido de la guerra, para lo cual se utilizaron fuentes primarias, específicamente 6 carteles de propaganda empleados por Alemania posteriores al Tratado de Versalles. En estos es posible establecer los conceptos de nacionalismo, nacionalsocialismo, fascismo, Pacto de Hierro, comunismo (recuperado de http://www.bc.edu/bc_org/avp/cas/his/CoreArt/prop/ns6.html).

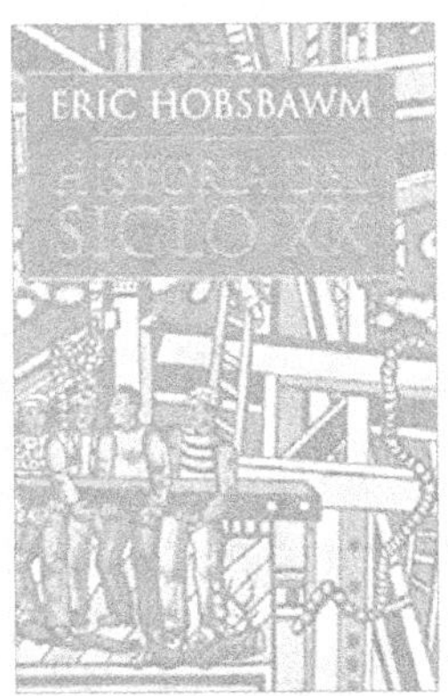

Fuente 3

La fuente 3 presenta una visión más amplia del proceso, tomando perspectiva de los hechos, y funciona como un organizador temporal de los anteriores, enlazándolos en una secuencia explicativa, pero que integra nuevos elementos causales, como el nacionalista y las estrategias geopolíticas de las diferentes potencias. Se utilizó un extracto del capítulo I del libro "Historia del siglo XX" de Eric Hobsbawm (1999).

DISEÑO DE CLASES

En el diseño de las clases se consideraron 8 horas pedagógicas divididas en tres fases. La primera fase, de 4 horas, contempló una presentación del contexto del período entreguerras mediante clase expositiva y trabajo con el texto del ministerio y, en una segunda sesión, se desarrolló la lectura modelada de las fuentes con los estudiantes. Las dos horas siguientes constituyeron una fase de trabajo grupal en la que los estudiantes podían compartir ideas y responder las preguntas de cada fuente, lo que les permitió ir relevando los conceptos y evidencia necesaria para responder la pregunta final. La última sesión se dedicó exclusivamente a la construcción de un texto de tipo informe histórico que diera respuesta a la pregunta final.

Ejecución y mediaciones de clases

Primera sesión: clase expositiva que se centró en la presentación de los contenidos conceptuales mediante diferentes estrategias. Se explicitaron los principales antecedentes respecto del contexto en que surgieron los totalitarismos, sus características y diferencias. Al mismo tiempo, se relevaron los conceptos claves que se trabajarán con la guía, que fueron descritos previamente.

Segunda sesión: se presentó la guía comentando su estructura general con los estudiantes, y poniendo el acento en el análisis del objetivo que se pretende lograr, especialmente en la habilidad que implica desarrollar y cuál es el procedimiento que se ha de realizar.

Segunda y tercera sesión: las mediaciones de lectura se centraron en leer la fuente en voz alta con todo el curso, y el profesor realizó preguntas como:

Preguntas a la fuente 1

- ¿Cuál es la idea central del párrafo?

- ¿Con la información de esta fuente se puede responder la pregunta?

- ¿Cuál es la medida que se toma en contra de Alemania?, ¿a qué estructura afecta?

- ¿Cómo se relaciona este documento con las causas de la Segunda Guerra Mundial?

Preguntas a la fuente 2

- ¿Qué representa el águila detrás de la familia?, ¿por qué Hitler y Mussolini son retratados desde esa perspectiva?

- ¿Por qué el águila se encuentra sobre Europa?

- ¿Qué pueden ver en la fuente que se relacione con los contenidos?

- ¿Con qué concepto podemos agrupar todas las imágenes?

Preguntas a la fuente 3

- ¿Existe información en este párrafo que nos ayude a responder la pregunta final?

Esta última fuente presentó como gran dificultad la cantidad de nominalizaciones y conceptos contenidos en ella, lo que obligó al desempaquetamiento de las más importantes, como "movimientos nacionalistas, "estados nacionales etnolingüísticos", "autodeterminación de los pueblos", "potencias mundiales/imperiales/europeas", y a guiar el proceso de selección de información mediante la referencia constante al foco que presentaba la pregunta final.

Escritura

El género propuesto fue explicación causal, cuyas etapas son:

- Inicio adhesión al propósito.

- Determinación de factores.

- Determinación de sentido histórico.

RÚBRICA DE EVALUACIÓN

EXPLICACIÓN FACTORIAL

Dimensión	Criterio	DESTACADO	BUENO	INSUFICIENTE
ESTRUCTURA	Exposición	La exposición está presentada tipo ensayo (introducción, desarrollo, conclusión) y los argumentos e ideas aparecen de manera lógica y completa, especialmente en el desarrollo y las conclusiones.	La exposición es de tipo ensayo (introducción, desarrollo, conclusión), pero no logra establecer con claridad algunas de sus partes, específicamente en el desarrollo o las conclusiones.	La exposición es de tipo ensayo (introducción, desarrollo, conclusión), pero se encuentra incompleta, pues no logra establecer conclusiones.
ESTRUCTURA	Género	Escribe de acuerdo con el género explicativo de tipo factorial, cumple con el objetivo del texto, sigue los pasos y ordena jerárquicamente las causas.	Escribe de acuerdo con el género explicativo de tipo factorial, cumple con el objetivo y sigue los pasos, pero a pesar de ello no logra jerarquizar las causas o carece de evidencia.	Escribe según el género explicativo, pero no cumple con todas las fases del mismo, por lo que no logra seguir los pasos del género en su totalidad y las causas no están jerarquizadas.
CONTENIDOS	Conceptos	Los conceptos sustantivos del fenómeno están presentes en el texto y son coherentes en relación con las causas.	Los conceptos sustantivos del fenómeno están medianamente presentes y son coherentes con las causas.	Los conceptos sustantivos del fenómeno no están presentes y no son coherentes con las causas.
CONTENIDOS	Perspectiva	El texto es heteroglósico, presenta una variedad de evidencias (fuentes, citas, paráfrasis) que son problematizadas rescatando los planteamientos nucleares de cada una y están integradas en el cuerpo del texto.	El texto es heteroglósico, presenta una variedad de evidencias (fuentes, citas, paráfrasis) que son problematizadas, pero a pesar de ello no logra rescatar los planteamientos nucleares o no se encuentran integradas en el cuerpo del texto.	El texto es monoglósico, pues no presenta una variedad de evidencias, por lo tanto, no logra problematizar o rescatar las ideas nucleares de cada fuente.
EXPLICACIÓN	Agencia	El texto posee sentido y significación, otorgados por la presencia de agencia material (personajes, grupos o entidades sociopolíticas) y mental (con motivaciones claras); logra establecer con claridad la cadena causal de los procesos históricos.	El texto posee sentido y significación, otorgados por la presencia de agencia material (personajes, grupos o entidades sociopolíticas) y mental (con motivaciones claras); a pesar de ello no logra establecer la cadena causal de los procesos históricos.	El texto carece de sentido o significación, pues no aparece la agencia material y/o mental, por lo que no se aprecia con claridad la cadena causal de los procesos históricos.
EXPLICACIÓN	Causalidad	La respuesta integra la explicación causal de forma ordenada y coherente, estableciendo claramente los factores del hecho en cuestión e identificando el significado histórico del mismo.	La respuesta integra la explicación causal de forma ordenada y coherente, estableciendo la mitad de los factores.	La respuesta no logra integrar la explicación causal en su totalidad, pues no están presentes todos los factores y tampoco el significado histórico del hecho; se aprecia una crónica y no una explicación causal.

Otro de los elementos que se utilizó como apoyo del proceso de escritura fue el uso de conectores:

Indicar causa	Añadir ideas	Conclusión
Porque	Además	En conclusión
Ya que	Asimismo	Para terminar
Debido a	También	Para finalizar
A causa de	Por otra parte	Para concluir
	Otro aspecto	En resumen
		En síntesis

1° MEDIO

GUÍA EXPLICACIÓN HISTÓRICA: CAUSAS DE LA SEGUNDA GUERRA MUNDIAL

NOMBRE: .... CURSO: .... FECHA: ....

Unidad 1: El mundo en crisis durante la primera mitad del siglo XX: IIGM

APRENDIZAJE ESPERADO:

AE 05 "Analizar, apoyándose en diversas fuentes de información, antecedentes de la Segunda Guerra Mundial".

INSTRUCCIONES:

Lee atentamente las fuentes que aparecen a continuación y luego responde las preguntas de cada una. Finalmente, responde al siguiente problema histórico con una explicación factorial:

> Sabemos que los alemanes fueron vencidos en la IGM, quedando con graves dificultades políticas, sociales y económicas, entonces ¿qué factores explican que Alemania sea quien desencadene la Segunda Guerra Mundial?

FUENTE 1: Tratado de Versalles

El Tratado de Versalles es un acuerdo de paz firmado el 28 de junio de 1919 entre los países aliados y Alemania en el Salón de los Espejos del Palacio de Versalles, que puso fin oficialmente a la Primera Guerra Mundial (llamada entonces La Gran Guerra). Entró en vigor el 10 de enero de 1920.

" Las fuerzas militares alemanas serán desmovilizadas y reducidas como se describe a continuación (artículos 160-428):

Artículo 160

(1) A partir del 31 de marzo de 1920, a más tardar, el ejército alemán no deberá comprender más de siete divisiones de infantería y tres divisiones de caballería.

Después de esa fecha, el número total de efectivos en el ejército de los estados que constituyen, Alemania no deberá exceder de 100.000 hombres incluyendo oficiales y depósitos. El ejército se dedicará exclusivamente al mantenimiento del orden interior y al control de fronteras.

(2) Las divisiones de los Estados Mayores de los cuerpos del ejército serán compuestos de conformidad con el cuadro N° 1, anexo a la presente sección.

El número y los efectivos de las unidades de infantería, artillera, ingenieros, servicios y tropas técnicas previstas en dicho cuadro, constituyen un máximum que no deberá ser excedido.

Las siguientes unidades pueden cada una tener su propio almacén:

- Un regimiento de infantería,

- un regimiento de caballería,

- un regimiento de artillería de campaña,

- un batallón de gastadores.

(3) Las divisiones no deberán ser agrupadas bajo más de dos Estados Mayores de cuerpo de ejército.

El mantenimiento o formación de fuerzas diferentemente agrupadas o de otras organizaciones para el mando de tropas o para la preparación para la guerra es prohibido.

El Gran Estado Mayor alemán y todas las organizaciones semejantes serán disueltas y no podrán ser reconstituidas bajo ninguna forma (...).

Artículo 231

Los gobiernos aliados y asociados declaran y Alemania reconoce que ella y sus aliados son responsables por haberlos causado, de todas las pérdidas y todos los perjuicios que han sufrido los gobiernos aliados y asociados y sus nacionales a consecuencia de la guerra que les ha sido impuesta por la agresión de Alemania y de sus aliados.

Artículo 232

Los Gobiernos Aliados y Asociados reconocen que los recursos de Alemania no son suficientes, teniendo en cuenta la disminución permanente de estos recursos que resulta de las demás disposiciones del presente Tratado para asegurar completa reparación de todas estas pérdidas y de todos estos perjuicios.

Los gobiernos aliados y asociados, exigen, sin embargo, y Alemania se compromete, a que sean reparados todos los perjuicios causados a la población civil, de cada una de las Potencias Aliadas y Asociadas y a sus bienes durante el período en que esta potencia ha estado en estado de beligerancia con Alemania por tal agresión por tierra, por mar y por el aire y de manera general todos los perjuicios tal como están especificados en el anexo I adjunto.

En ejecución de los compromisos anteriores de Alemania relativos a la restauración y restitución íntegra de Bélgica, Alemania se obliga además de la compensación de los perjuicios previstos por otra parte en el presente título y en consecuencia de la violación del tratado de 1839, a efectuar el reembolso de todas las sumas que Bélgica ha presentado a los gobiernos aliados y asociados hasta el 11 de noviembre de 1918 comprendiendo el interés de 5% anual de dichas sumas. El monto de esas sumas se determinará por la Comisión de reparaciones, y el Gobierno alemán se compromete a hacer inmediatamente una emisión correspondiente de bonos especiales al portador, pagaderos en marcos oro el 1° de mayo de 1926, o a elección del gobierno alemán el 1° de mayo de cualquier año anterior a 1926. A reserva de las disposiciones arriba indicadas, la forma de estos bonos será determinada por la Comisión de reparaciones. Dichos bonos serán entregados a la comisión de reparaciones, la cual podrá recibirlos y acusar recibo de ellos en nombre de Bélgica.

Artículo 235

A fin de permitir a las Potencias aliadas y asociadas emprender desde ahora la restauración de su vida industrial y económica, y en espera de la fijación definitiva del monto de sus reclamaciones, Alemania pagará durante los años 1919 y 1920 y los cuatro primeros meses de 1921 en los partidos y en la manera (en oro, en mercaderías, en buques, en valores o de otro modo), que la Comisión de reparaciones pueda fijar, el equivalente a 20.000.000.000 (veinte mil millones) marcos oro. De esta suma serán pagados desde luego los gastos del ejército de ocupación después del Armisticio del 11 de noviembre de 1918. La cantidad de productos alimenticios y de materias primas que los Gobiernos de las Principales Potencias aliadas y asociadas juzguen necesarias para permitir a Alemania hacer frente a su obligación de reparar, podrá pagarse también con la aprobación de dichos Gobiernos, tomándola de la misma suma. El saldo se deducirá de las sumas debidas por Alemania a título de reparaciones. Alemania entregará, además, los bonos prescritos en el párrafo 12c del Anexo II adjunto.

Artículo 256

Las potencias cesionarias de territorios alemanes adquirirán todos los bienes y propiedades pertenecientes al Imperio o a los estados alemanes y situados en esos territorios. El valor de esas adquisiciones será fijado por la Comisión de reparaciones y pagado por el Estado cesionario a la Comisión de reparaciones para ser abonado al crédito de gobierno alemán a cuenta de las sumas debidas a título de reparaciones.

Al tenor del artículo presente, los bienes y propiedades del Imperio y de los Estados alemanes se considerarán como comprendiendo todas las propiedades de la Corona, del imperio y de los estados alemanes y los bienes privados del ex Emperador de Alemania y de las demás personas reales.

En vista de las condiciones en que Alsacia-Lorena fue cedida a Alemania en 1871, Francia será exenta, en lo que concierne a Alsacia- Lorena de todo pago o crédito en favor de Alemania, conforme a este artículo por el valor de los bienes y propiedades pertenecientes al Imperio o a los Estados alemanes y situados en dicho territorio.

Bélgica será igualmente exenta de todo pago o crédito en favor de Alemania por el valor de los bienes y propiedades pertenecientes al Imperio o a los Estados alemanes situados en los territorios adquiridos por Bélgica en virtud del presente Tratado.

Artículo 428

Como garantía para la ejecución del presente Tratado por parte de Alemania, el territorio alemán situado al oeste del Rin, junto con las cabezas de puente, será ocupado por las tropas de las potencias aliadas y asociadas durante un período de quince años, desde la entrada en vigor del presente Tratado".

(Recuperado de http://www.cervantesvirtual.com/obra/tratado-de-versalles/75f41c48-b953-11e1-b1fb-00163ebf5e63.pdf).

- ¿Qué factores propició el Tratado de Versalles para entender las causas de Alemania para hacer la guerra? (recuerda utilizar citas y parafraseo).

FUENTE 2: Imágenes históricas

A continuación aparece una serie de imágenes relacionadas con factores, contexto y pensamientos de diferentes actores respecto de los momentos previos o iniciales de la Segunda Guerra Mundial. Debes establecer los significados de cada imagen como factores de la guerra.

¡El ingreso nacional se eleva!

Anteriormente 45.000.000.000 RM (moneda alemana de la época), hoy en día, 56.000.000.000 RM.

Esto significa que, en comparación con 1932, los ingresos anuales del pueblo alemán han aumentado en 11 mil millones de RM, provocado por las políticas de reconstrucción del Führer.

El 29 de marzo, todos deben votar a favor Adolf Hitler.

Asegura el Volk (pueblo)

Toda una serie de organizaciones nazis creció con la promesa de convertir la sociedad alemana en una Gemeinschaft (comunidad) Volk (pueblo), una verdadera comunidad de las personas. Este cartel ofrece una de las imágenes más poderosas de esa visión.

Dos pueblos, una guerra

La unión de los dos fascismos.

Mussolini y Hitler

Ambos firmantes del Pacto de Hierro.

Detrás del poder enemigo: el judío

Propaganda publicada en las calles de Varsovia para crear empatía con los polacos y luchar contra un enemigo en común.

Europa bajo el dominio de Alemania

Propaganda alemana durante la Segunda Guerra Mundial.

(Recuperado de http://www.bc.edu/bc_org/avp/cas/his/CoreArt/prop/ns6.html)

De acuerdo a tus conocimientos y los mensajes que plantean las imágenes, establece los factores que se encuentran presentes y caracterízalos brevemente utilizando la evidencia.

FUENTE 3: capítulo I, La época de la guerra total (extracto)

Las condiciones de la paz impuesta por las principales potencias vencedoras sobrevivientes (los Estados Unidos, Gran Bretaña, Francia e Italia) y que suele denominarse, de manera imprecisa, tratado de Versalles, respondían a cinco consideraciones principales. La más inmediata era el derrumbamiento de un gran número de regímenes en Europa y la eclosión en Rusia de un régimen bolchevique revolucionario alternativo dedicado a la subversión universal e imán de las fuerzas revolucionarias de todo el mundo (véase el capítulo II). En segundo lugar, se consideraba necesario controlar a Alemania, que, después de todo, había estado a punto de derrotar con sus solas fuerzas a toda la coalición aliada. Por razones obvias esta era –y no ha dejado de serlo desde entonces– la principal preocupación de Francia. En tercer lugar, había que reestructurar el mapa de Europa, tanto para debilitar a Alemania como para llenar los grandes espacios vacíos que habían dejado en Europa y en el Próximo Oriente la derrota y el hundimiento simultáneo de los imperios ruso, austrohúngaro y turco. Los principales aspirantes a esa herencia, al menos en Europa, eran una serie de movimientos nacionalistas que los vencedores apoyaron siempre que fueran antibolcheviques. De hecho, el principio fundamental que guiaba en

Europa la reestructuración del mapa era la creación de estados nacionales étnico-lingüísticos, según el principio de que las naciones tenían «derecho a la autodeterminación». El presidente de los Estados Unidos, Wilson, cuyos puntos de vista expresaban los de la potencia sin cuya intervención se habría perdido la guerra, defendía apasionadamente ese principio, que era (y todavía lo es) más fácilmente sustentado por quienes estaban alejados de las realidades étnicas y lingüísticas de las regiones que debían ser divididas en estados nacionales.

A Alemania se le impuso una paz con muy duras condiciones, justificadas con el argumento de que era la única responsable de la guerra y de todas sus consecuencias (la cláusula de la «culpabilidad de la guerra»), con el fin de mantener a ese país en una situación de permanente debilidad. El procedimiento utilizado para conseguir ese objetivo no fue tanto el de las amputaciones territoriales (aunque Francia recuperó Alsacia-Lorena, una amplia zona de la parte oriental de Alemania pasó a formar parte de la Polonia restaurada –el «corredor polaco» que separaba la Prusia Oriental del resto de Alemania– y las fronteras alemanas sufrieron pequeñas modificaciones) sino otras medidas. En efecto, se impidió a Alemania poseer una flota importante, se le prohibió contar con una fuerza aérea y se redujo su ejército de tierra a sólo 100.000 hombres; se le impusieron unas «reparaciones» (resarcimiento de los costos de guerra en que habían incurrido los vencedores) teóricamente infinitas; se ocupó militarmente una parte de la zona occidental del país; y se le privó de todas las colonias de ultramar. (Estas fueron a parar a manos de los británicos y de sus «dominios», de los franceses y, en menor medida, de los japoneses, aunque debido a la creciente impopularidad del imperialismo, se sustituyó el nombre de «colonias» por el de «mandatos» para garantizar el progreso de los pueblos atrasados, confiados por la humanidad a las potencias imperiales, que en modo alguno desearían explotarlas para otro propósito.) A mediados de los años treinta lo único que quedaba del tratado de Versalles eran las cláusulas territoriales.

No es necesario realizar la crónica detallada de la historia del período de entreguerras para comprender que el tratado de Versalles no podía ser la base de una paz estable. Estaba condenado al fracaso desde el principio y, por lo tanto, el estallido de una nueva guerra era prácticamente seguro. Como ya se ha señalado, los Estados Unidos optaron casi inmediatamente por no firmar los tratados y en un mundo que ya no era eurocéntrico y eurodeterminado, no podía ser viable ningún tratado que no contara con el apoyo de ese país, que se había convertido en una de las primeras potencias mundiales. Como se verá más adelante, esta afirmación es válida tanto por lo que respecta a la economía como a la política mundial.

Dos grandes potencias europeas, y mundiales, Alemania y la Unión Soviética, fueron eliminadas temporalmente del escenario internacional y además se les negó su existencia como protagonistas independientes. En cuanto uno de esos dos países volviera a aparecer en escena quedaría en precario un tratado de paz que sólo tenía el apoyo de Gran Bretaña y Francia, pues Italia también se sentía descontenta. Y, antes o después, Alemania, Rusia, o ambas, recuperarían su protagonismo.

Las pocas posibilidades de paz que existían fueron torpedeadas por la negativa de las potencias vencedoras a permitir la rehabilitación de los vencidos. Es cierto que la represión total de Alemania y la proscripción absoluta de la Rusia soviética no tardaron en revelarse imposibles, pero el proceso de aceptación de la realidad fue lento y cargado de resistencias, especialmente en el caso de Francia, que se resistía a abandonar la esperanza de mantener a Alemania debilitada e impotente (hay que recordar que los británicos no se sentían acosados por los recuerdos de la derrota y la invasión). En cuanto a la URSS, los países vencedores habrían preferido que no existiera. Apoyaron a los ejércitos de la contrarrevolución en la guerra civil rusa y enviaron fuerzas militares para apoyarles y, posteriormente, no mostraron entusiasmo por reconocer su supervivencia. Los empresarios de los países europeos rechazaron las ventajosas ofertas que hizo Lenin a los inversores extranjeros en un desesperado intento de conseguir la recuperación de una economía destruida casi por completo por el conflicto mundial, la revolución y la guerra civil. La Rusia soviética se vio obligada a avanzar por la senda del desarrollo en aislamiento, aunque por razones políticas los dos estados proscritos de Europa, la Rusia soviética y Alemania, se aproximaron en los primeros años de la década de 1920.

La segunda guerra mundial tal vez podía haberse evitado, o al menos retrasado, si se hubiera restablecido la economía anterior a la guerra como un próspero sistema mundial de crecimiento y expansión. Sin embargo, después de que en los años centrales del decenio de 1920 parecieran superadas las perturbaciones de la guerra y la posguerra, la economía mundial se sumergió en la crisis más profunda y dramática que había conocido desde la revolución industrial (véase el capítulo III). Y esa crisis instaló en el poder, tanto en Alemania como en Japón, a las fuerzas políticas del militarismo y la extrema derecha, decididas a conseguir la ruptura del *statu quo* mediante el enfrentamiento, si era necesario militar, y no mediante el cambio gradual negociado. Desde ese momento no sólo era previsible el estallido de una nueva guerra mundial, sino que estaba anunciado. Todos los que alcanzaron la edad adulta en los años treinta la esperaban. La imagen de oleadas de aviones lanzando bombas sobre las ciudades y de figuras de pesadilla con máscaras antigás, trastabillando entre la niebla provocada por el gas tóxico, obsesionó a mi generación, proféticamente en el primer caso, erróneamente en el segundo.

(Hobsbawm, E. [1999]. *Historia del siglo XX*. Buenos Aires: Crítica).

Establece los factores de los que habla la fuente que explican el inicio de la IIGM.

Sabemos que los alemanes fueron vencidos en la IGM, quedando con graves dificultades políticas, sociales y económicas, entonces ¿qué factores explican que Alemania sea quien desencadene la Segunda Guerra Mundial?

ANÁLISIS RESPUESTAS DE ESTUDIANTES

CASO 1. MUY BUENO

G GÉNERO
Adhesión al propósito: "Explicaré cuáles son los factores"

C CAUSALIDAD
Agente: Alemania (entidad política que tiene la capacidad del efecto II WW)
Mecanismo: temporalidad ("pese a ser derrotado en la primera guerra es el mismo el que desencadena la segunda guerra")
Desencadenar: condición necesaria que determina el efecto

VT VOCES EN EL TEXTO
Monoglosia, proceso relacional "es" y "son" restringe el texto a una voz

C Alemania pese a ser derrotado en la primera guerra mundial es **VT** el mismo el que desencadena la **C** segunda guerra, en este escrito **G** explicaré cuáles son los factores **VT** que nos permiten entender por qué Alemania terminó provocando la segunda guerra mundial.

ETAPA DEL GÉNERO: inicio adhesión al propósito + causalidad + voces en el texto

FIGURA 29: Análisis de respuesta estudiante de I° Medio

(G) GÉNERO
Etapa: determinación de factores: factor 1, el Tratado de Versalles

(C) CAUSALIDAD
Agente: Tratado de Versalles
Congruente: ya que
Incongruente: verbo que determina "limitaba"
Tipo de agencia: concepto, Tratado de Versalles
Mecanismo causal: propiedad de la agencia
Agente: Alemania
Mecanismo de conexión: propiedades de la agencia "evadiera", "tomara fuerza"

(VT) VOCES EN EL TEXTO
Heteroglosia por extravocalización, inserción de referencia "párrafo 3" y "párrafo 1 y 3"
Calidad de la inclusión: Incorporación de datos no presentes en la evidencia.

(G) Estos factores se centran entre los años 1918 hasta 1945 que (C) es el fin de esto. El Tratado de Versalles permite entender algunas de las acciones que toma Alemania en la segunda guerra (C) mundial, ya que este tratado (C) limitaba de una manera increíble el poder alemán como podría ser su ejército, territorios y económico, el principal objetivo de esto era eliminar a Alemania del protagonismo con que fue implacable, ya que lo mal del tratado hizo que "a mediados de los años 35 quedaba del tratado unas cláusulas territoriales" (VT) (párrafo 3), esto hizo que Alemania evadiera todo lo (C) expuesto anteriormente y (C) tomara fuerza para producir una nueva guerra (párrafo 1 y 3). (VT)

ETAPA DEL GÉNERO: determinación de factores, factor 1 + causalidad + abstracción + voces en el texto – calidad

FIGURA 30: Análisis de respuesta estudiante de I° Medio

(G) GÉNERO
Etapa: determinación de factores, factor 2, la llegada del Führer
Ordenamiento de los factores

(C) CAUSALIDAD
Sustantivo causal: "factores que permiten entender que Alemania..."
Agente: Alemania
Mecanismo, propiedades de la agencia: "tenía lo necesario para realizar"

(A) ABSTRACCIÓN:
Nominalización: "la llegada"

(VT) VOCES EN EL TEXTO
Heteroglosia: "imagen 1, 2, 3, 4, 5"
Calidad de la inclusión: Reformulación con sentido histórico
Heteroglosia por extravocalización
Inserción de evidencia fuente 2
Calidad de la inclusión: Reformulación con sentido histórico
Heteroglosia por extravocalización
Inserción de evidencia fuente 3
Calidad de la inclusión: Reformulación con sentido histórico

(G) En segundo lugar, con la llegada (A) del Führer a el cargo, Alemania creció económicamente, se produjo el pacto de Hierro con Italia y se buscó atraer a la comunidad con sus cambios (VT) (imagen 1, 2, 3, 4, 5), factores que (C) permiten entender que Alemania (C) tenía lo necesario para realizar la guerra ya que podría producir más armamento y alimento con un crecimiento económico, tendría un aliado para poder ayudarlo en caso de guerra que sería Italia y tendría una comunidad que permitiera a Hitler mantenerse en el poder y que apoye sus ideas (VT) (fuente 2). Con relación al tratado de Versalles, los ejércitos aliados se preocuparon en ocupar una zona de Alemania para poder mantenerla controlada, este se terminó cuando "Su economía sumergió en la crisis más profunda y dramática" (fuente 3), (VT) lo que permitía que Alemania se instalara nuevamente en el poder. Y volvía al poderío militar junto a Japón, lo que permitía que Alemania pudiera planear la guerra sin mucho problema (VT) (fuente 3).

ETAPA DEL GÉNERO: determinación de factores, factor 2 causalidad + voces en el texto + calidad inclusión + abstracción

FIGURA 31: Análisis de respuesta estudiante de I° Medio

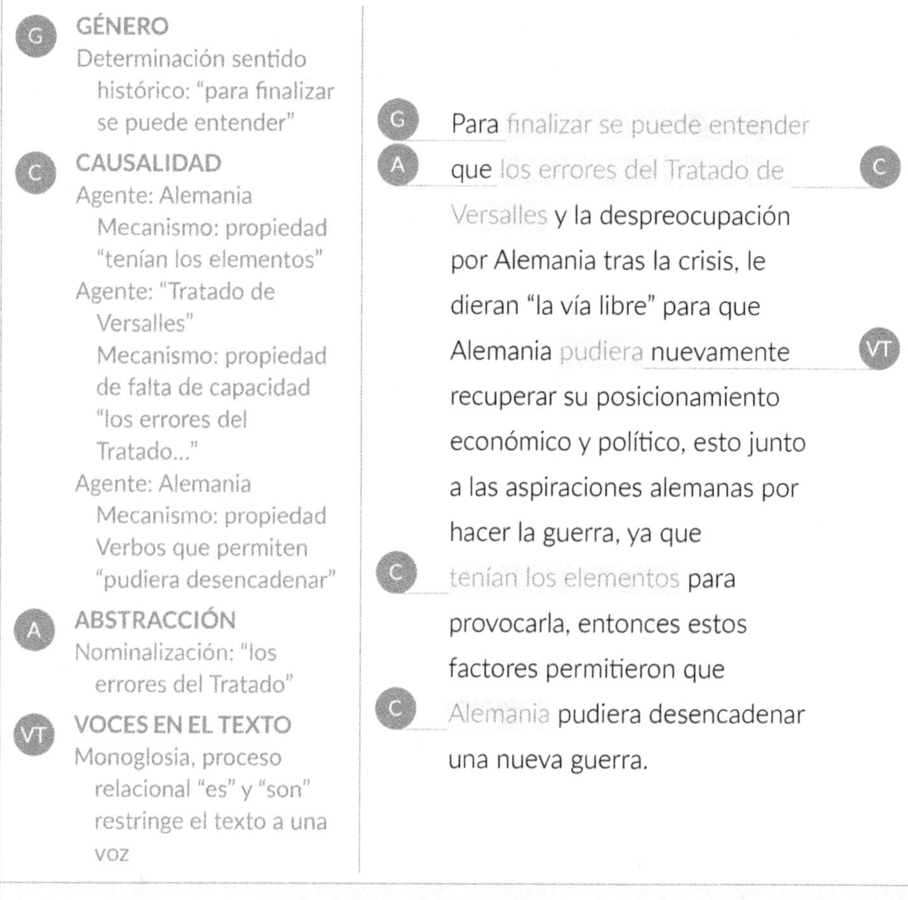

FIGURA 32: Análisis de respuesta estudiante de Iº Medio

CASO 2. SUFICIENTE

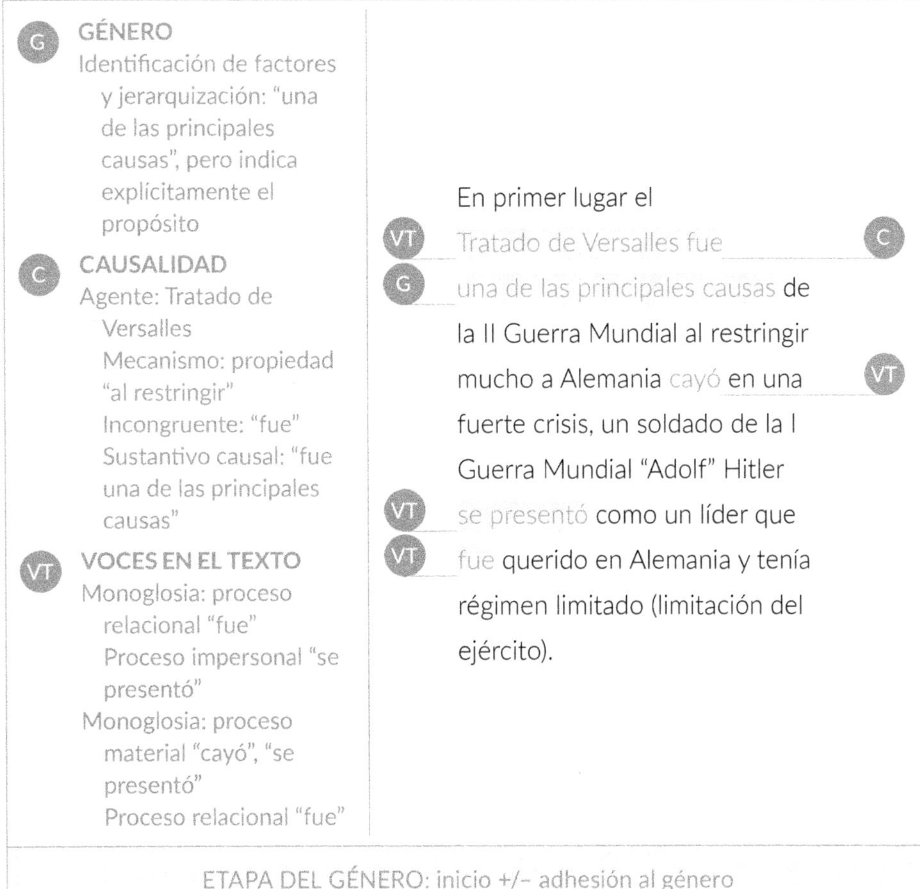

FIGURA 33: Análisis de respuesta estudiante de I° Medio

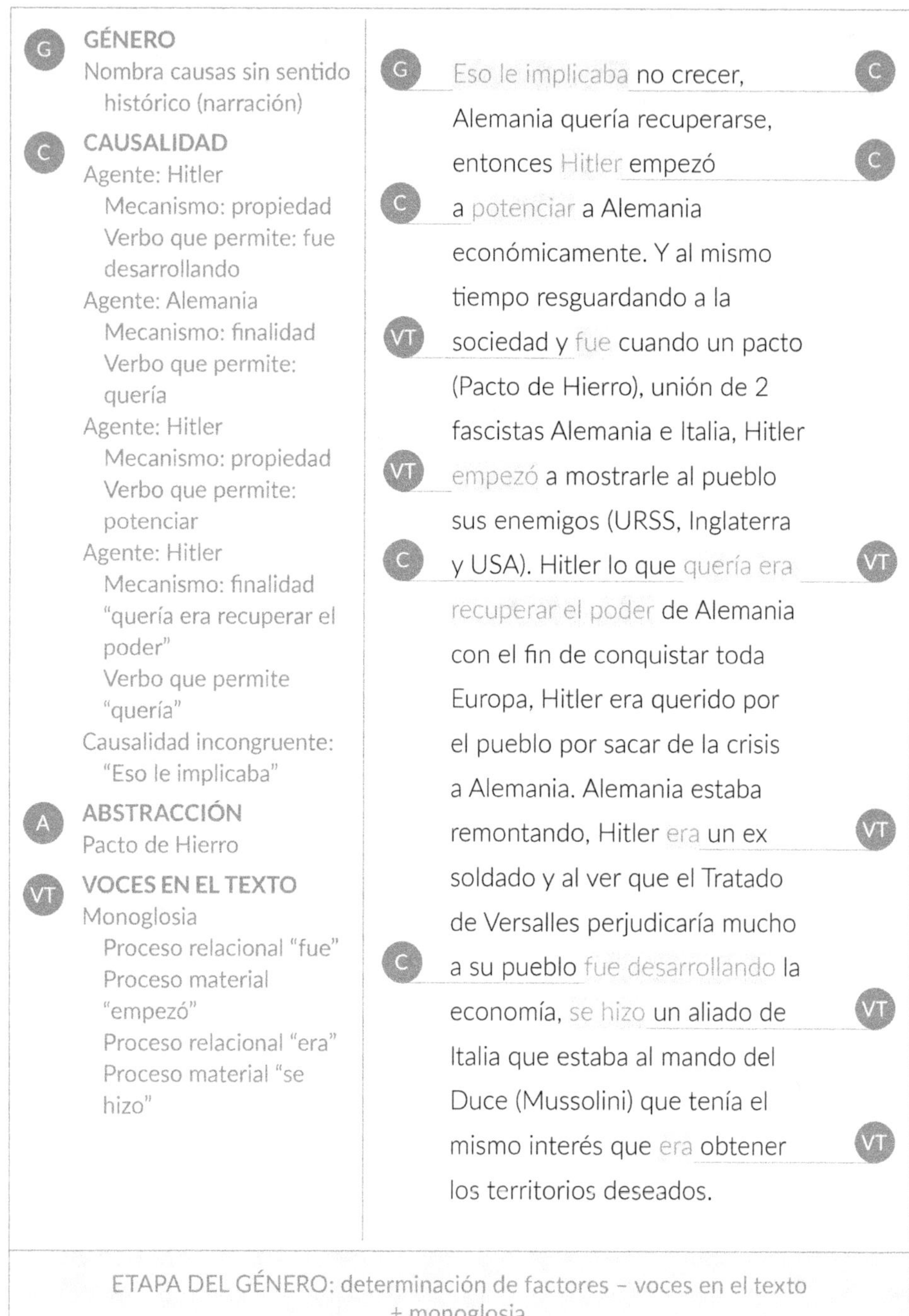

FIGURA 34: Análisis de respuesta estudiante de I° Medio

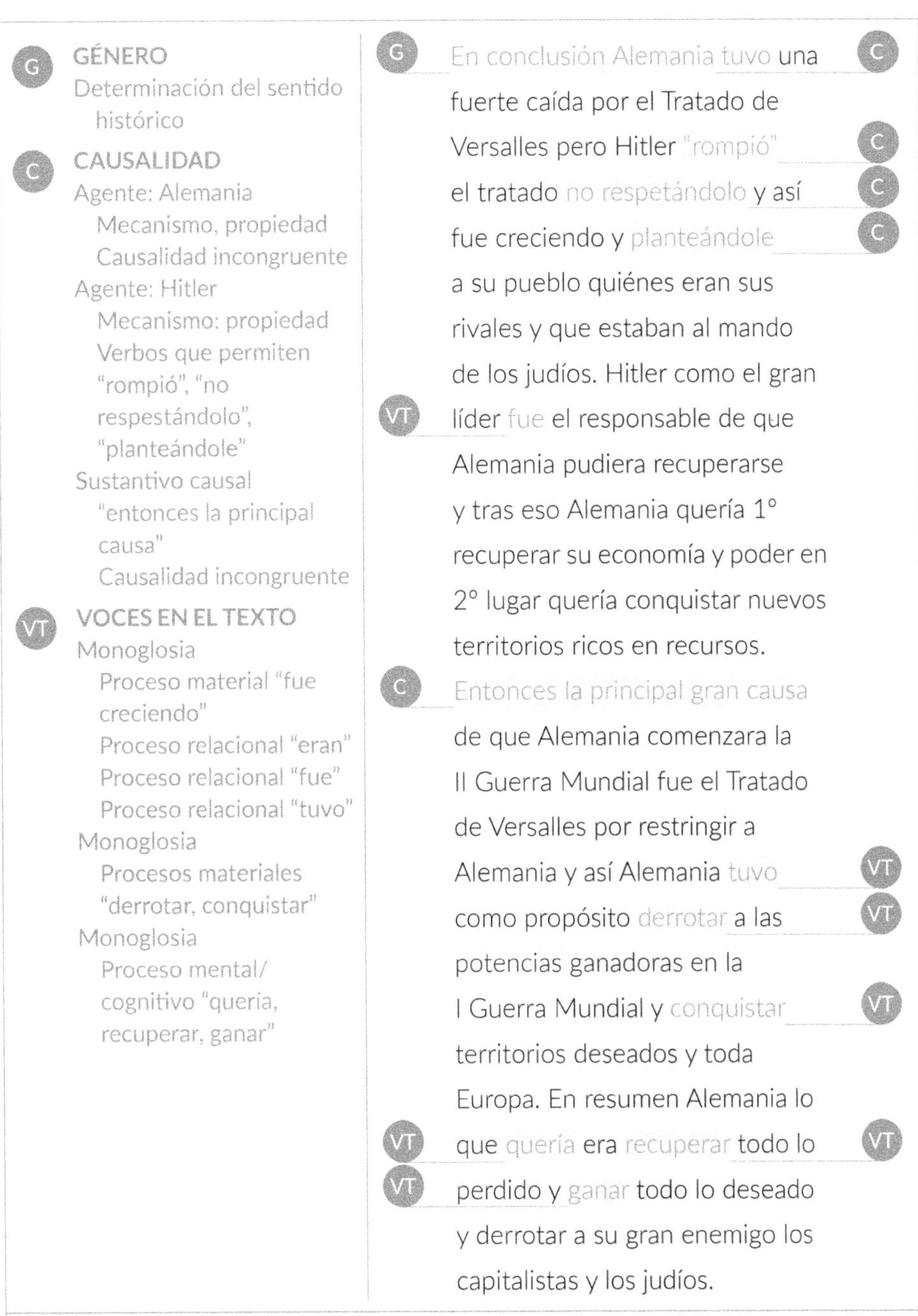

FIGURA 35: Análisis de respuesta estudiante de I° Medio

EVALUACIÓN

OBJETIVOS

- Identificar los antecedentes de la Segunda Guerra Mundial.

- Utilizar diversas fuentes para identificar las causas de la Segunda Guerra Mundial.

Para el logro de los objetivos, el texto:

- Cumple con el objetivo, sigue los pasos del género y ordena jerárquicamente las causas.

- Presenta una variedad de evidencias (fuentes, citas, paráfrasis) que son problematizadas rescatando los planteamientos nucleares de cada una y están integradas al cuerpo del texto.

- Integra la explicación causal de forma ordenada y coherente, estableciendo claramente los factores del hecho en cuestión e identificando el significado histórico del mismo.

CASO 1

Inicio, hay adhesión al propósito, se establece la agencia de Alemania. Hay una orientación monoglósica. El texto logra establecer un marco cronológico a partir de los factores que originan el proceso, pero extiende las causas hasta 1945, lo cual no estaba considerado. Asimismo, el estudiante carece de un marco espacial que permita delimitar geográficamente su relato. El relato se enmarca dentro del género factorial y el texto se ubica en un buen desempeño según la rúbrica, aunque no alcanzaría el óptimo.

En la segunda etapa se identifica el primer factor de las consecuencias del Tratado de Versalles con variedad de voces mono y heteroglósicas y con diferentes formas de elaborar la causa que vincula los efectos de dicho tratado con la agencia de Alemania. Con respecto a la calidad de inclusión de la evidencia, esta es utilizada con un sentido histórico. Asimismo, se identifica un segundo factor ligado al ascenso de Hitler. Se utilizan recursos de causalidad incongruentes y congruentes con variedad de voces en el texto. Se avala la agencia de Alemania utilizando la evidencia como garantía.

En la etapa de "determinación del sentido histórico" se indican las causas nominalizadas de la IIGM enfocándose en la agencia de Alemania. El texto logra identificar dos factores causales, y es capaz de respaldar la cadena causal por medio del uso de la evidencia a través de la reinterpretación y parafraseo de los documentos. Además, la importancia histórica de los factores se encuentra determinada por la vinculación y la interpretación entre los factores, los que están correctamente descritos y sustentados en la evidencia, por lo que se acercaría a una respuesta óptima.

CASO 2

El texto alcanza un desempeño insuficiente, ya que aunque se refiere al propósito, no se explicita "El propósito de este texto es". Se indica la causa del Tratado de Versalles, pero no las consecuencias. La agencia de Hitler se incorpora narrativamente sin conexión como efecto del Tratado de Versalles. Además, hay una orientación monoglósica sin inclusión de información de las evidencias.

En la etapa de "determinación de factores", el desempeño del estudiante es considerado bueno, pues aunque se identifican causas, están unidas temporalmente, basadas en la agencia de Hitler. Esto se aprecia por el carácter monoglósico del texto, que sostiene la narración.

En la etapa de "organización de factores" relaciona dos tipos de agencia, el personaje Hitler con el Tratado de Versalles. Al primero lo elabora desde una sucesión temporal de eventos y al segundo también. Sin embargo, los factores causales se encuentran dispersos, orientados solo cronológicamente, por lo que la calidad de su respuesta es suficiente. Asimismo, la cadena causal que establece se centra solo en elementos factuales, sin mayor interpretación o respaldo de la evidencia. No obstante, es capaz de identificar agentes históricos, aunque destacan en la respuesta los verbos mentales ("quería") y su relación con elementos abstractos que no corresponden a entidades humanas. No hay inclusión de evidencia ni de voces alternativas, por tanto, es un texto con orientación monoglósica.

SECUENCIA Iº MEDIO, GUERRA FRÍA

ESTRUCTURA CURRICULAR

La guía que se presenta a continuación corresponde al nivel Iº Medio, Unidad 2, "Hacia una historia global: el mundo en la segunda mitad del siglo XX" y fue aplicada durante el segundo semestre de 2016.

OBJETIVO CURRICULAR

AE 02 "Describir la Guerra Fría, considerando sus principales características: hegemonía mundial de los bloques de poder, proliferación de armas nucleares, miedo de los ciudadanos y los distintos ámbitos en que se dio; actores principales, tales como Kruschev, Brézhnev y Kennedy, entre otros", correspondiente a los Planes y Programas del año 2011 (Mineduc). Al mismo tiempo, se consideraron otros elementos curriculares, como los referentes a las habilidades de investigación e interpretación de fuentes por medio de la "lectura e interpretación de información para analizar cambios y tendencias en procesos geográficos, demográficos, económicos, sociales y políticos; integración de información de diversas fuentes; análisis, confrontación y conjetura sobre temas del nivel, a partir de diversas fuentes de información" (Mineduc, 2011).

OBJETIVO DIDÁCTICO

* Identificar las causas y las consecuencias de la Guerra Fría.

* Utilizar evidencia histórica para entrelazar causas y consecuencias.

CONTENIDOS

Los contenidos involucrados en el desarrollo del trabajo corresponden a los relacionados con el fin de la Segunda Guerra Mundial, y el surgimiento de la Unión Soviética como una potencia, y la confrontación entre dos ideologías con una visión antagónica del mundo. Como antecedente se abordaron los aspectos relacionados a su alianza durante la Segunda Guerra Mundial y el hecho de que, una vez derrotada la Alemania nazi, las diferencias entre ambas potencias se hicieron evidentes. Se explicaron los conceptos de "ideología", "totalitarismo", "capitalismo", "comunismo", "hegemonía". Las nominalizaciones más importantes que se incluyen son las de "Guerra Fría", "potencia hegemónica", "armas nucleares".

PREGUNTA ORIENTADORA

Si la URSS y EE. UU. fueron aliados durante la Segunda Guerra Mundial, ¿qué factores influyeron para que se convirtieran en rivales durante el período de la Guerra Fría?

FUENTES

La guía tiene la siguiente estructura. Se presentan 5 fuentes, 3 de tipo primarias y 2 de carácter secundario. Se utilizan fuentes inferenciales como: la fuente 1, una conocida caricatura que representa la división del mundo entre dos bandos amenazantes. La fuente 2, un mapa que muestra la división de Alemania y Berlín entre las potencias aliadas al finalizar la Segunda Guerra Mundial; la fuente 3, el discurso de Winston Churchill en el que establece el concepto de "cortina de hierro" y la fuente 4 es una entrevista a Joseph Stalin, en que responde al discurso de Churchill. La fuente analítica, n° 5, es un fragmento del historiador Eric Hobsbawm en el que se describen las principales características de la Guerra Fría.

La pregunta que guía el proceso se planteó como un problema histórico en el que se presenta un estado inicial que muestra una modificación aparentemente contradictoria: "Si la URSS y EE. UU. fueron aliados durante la Segunda Guerra Mundial, ¿qué factores influyeron para que se convirtieran en rivales durante el período de la Guerra Fría?". La pregunta aborda tres elementos centrales: plantea un estado inicial (EE. UU. y la URSS como aliados) y un cambio de estado contradictorio (se convirtieron en rivales). Según este planteamiento, la pregunta implica conocer los elementos conceptuales referidos a las consecuencias de la Segunda Guerra Mundial. Asimismo, se hace referencia a "factores", entendidos como categorías que permiten agrupar causas a partir de un criterio. Además, incluye la nominalización "Guerra Fría".

DISEÑO DE CLASES

En el diseño de la clase se contemplaron 8 horas pedagógicas divididas en tres fases. La primera fase, de 4 horas, consideró una presentación en torno a las consecuencias políticas de la Segunda Guerra Mundial y la polarización del mundo alrededor de las dos mayores potencias de la época, mediante clase expositiva y trabajo con el texto del ministerio. Se centró en la explicación de conceptos y hechos como el bloqueo de Berlín, la construcción del Muro, áreas de influencia, entre otros.

En la segunda y tercera sesión se desarrolló la lectura modelada de las fuentes con los estudiantes, más una fase de trabajo grupal en la que los estudiantes podían compartir ideas y responder las preguntas de cada documento, lo que les permitió ir relevando los conceptos y evidencia necesarios para responder la pregunta final. La última sesión se dedicó exclusivamente a la construcción de un texto en el género explicación factorial que diera respuesta a la pregunta final.

Para las mediaciones de lectura se debió desarrollar diversas estrategias producto de las diferencias entre los tipos de fuentes. Para la fuente 1, las principales mediaciones se realizaron a través de las siguientes preguntas:

- ¿Qué representa la imagen?

- ¿Cuál es la actitud de los personajes que se representan?

- ¿Es posible vincular la imagen con algún hecho o proceso histórico?

- ¿Puedes identificar algunos de los conceptos vistos en clases a través de la caricatura?

- ¿Qué elemento pudiste identificar en la fuente que te llevó a esa conclusión?

Para la fuente 2 se realizaron las siguientes mediaciones:

- ¿Qué representa la imagen?

- ¿Por qué algunos países tienen más territorio que otros?

- ¿Por qué Berlín debió ser dividido si se encontraba en territorio dominado por los soviéticos?

- ¿Qué elementos de los desarrollados en clase se relacionan con el mapa?

Para las fuentes 3, 4 y 5, las estrategias de mediación fueron similares:

- ¿Qué tipo de fuente es?

- ¿Cuál es la idea central del documento?

- ¿Cuáles son los agentes históricos que aparecen en el documento?

- ¿Cuál es la relación que se establece entre ellos?

- ¿Qué elementos del documento nos sirven para responder la pregunta?

- ¿Qué elementos relacionados con el período estudiado están presentes en el documento?

- ¿Qué parte de la fuente usarías como evidencia para respaldar tus ideas?

La cuarta sesión correspondió a la elaboración de las respuestas finales en formato de explicación factorial. La mediación del proceso de escritura se realizó a partir de la relectura de la pregunta, identificando cuáles eran los elementos centrales para responder a ella. En atención a esto, se indica que la pregunta plantea una explicación, y que era necesario agrupar los elementos causales por categorías para elaborar los factores. A continuación se desarrolló una fase de modelamiento de las etapas del texto, en particular del inicio, centrándose en el propósito del texto y en el marco histórico. Además, se identificaron los elementos causales y se agruparon de forma esquemática en la pizarra, a partir de las intervenciones de los mismos estudiantes para andamiar la construcción de los factores causales. Uno de los aspectos que dificultó esta fase fue identificar los elementos causales y agruparlos según criterios.

RÚBRICA DE EVALUACIÓN

La rúbrica de evaluación utilizada para el trabajo de los estudiantes fue la siguiente:

EXPLICACIÓN FACTORIAL				
Dimensión	Criterio	DESTACADO	BUENO	INSUFICIENTE
ESTRUCTURA	Exposición	La exposición está presentada tipo ensayo (introducción, desarrollo, conclusión) y los argumentos e ideas aparecen de manera lógica y completa, especialmente en el desarrollo y las conclusiones.	La exposición es de tipo ensayo (introducción, desarrollo, conclusión), pero no logra establecer con claridad algunas de sus partes, específicamente en el desarrollo o las conclusiones.	La exposición es de tipo ensayo (introducción, desarrollo, conclusión), pero se encuentra incompleta, pues por lo general presenta el desarrollo sin embargo no logra establecer conclusiones.
	Genero	Escribe de acuerdo con el género explicativo de tipo factorial, cumple con el objetivo del texto, sigue los pasos y ordena jerárquicamente las causas.	Escribe de acuerdo con el género explicativo de tipo factorial, cumple con el objetivo y sigue los pasos; a pesar de ello no logra jerarquizar las causas o carece de evidencia para ello.	Escribe según el género explicativo, pero no cumple con todas las fases del mismo, por lo que no logra seguir los pasos del género en su totalidad y las causas no están jerarquizadas.

(cont.)

EXPLICACIÓN FACTORIAL (cont.)				
Dimensión	Criterio	DESTACADO	BUENO	INSUFICIENTE
CONTENIDOS	Conceptos	Los conceptos sustantivos del fenómeno están presentes en el texto y son coherentes en relación con las causas.	Los conceptos sustantivos del fenómeno están presentes, pero no en su totalidad; a pesar de ello, los que ha mencionado los emplea en el desarrollo de las causas.	Los conceptos sustantivos del fenómeno no están presentes, por lo tanto, no los utiliza en el desarrollo de las causas.
	Perspectiva	El texto es heteroglósico, presenta una variedad de evidencias (fuentes, citas, paráfrasis) que son problematizadas rescatando los planteamientos nucleares de cada una y están integradas en el cuerpo del texto.	El texto es heteroglósico, presenta una variedad de evidencias (fuentes, citas, paráfrasis) que son problematizadas; a pesar de ello no logra rescatar los planteamientos nucleares o no se encuentran integradas en el cuerpo del texto.	El texto es monoglósico, pues no presenta variedad de evidencias, por lo tanto, no logra problematizar o rescatar las ideas nucleares de cada fuente.
EXPLICACIÓN	Agencia	El texto posee sentido y significación, otorgados por la presencia de agencia material (personajes, grupos o entidades sociopolíticas) y mental (con motivaciones claras); logra establecer con claridad la cadena causal de los procesos históricos.	El texto posee sentido y significación, otorgados por la presencia de agencia material (personajes, grupos o entidades sociopolíticas) y mental (con motivaciones claras); a pesar de ello no logra establecer la cadena causal de los procesos históricos.	El texto carece de sentido o significación, pues no aparece la agencia material y/o mental, por lo que no se aprecia con claridad la cadena causal de los procesos históricos.
	Causalidad	La respuesta integra la explicación causal de forma ordenada y coherente, estableciendo claramente los factores del hecho en cuestión e identificando el significado histórico del mismo.	La respuesta integra la explicación causal de forma ordenada y coherente, estableciendo la mitad de los factores.	La respuesta no logra integrar la explicación causal en su totalidad, pues no están presentes todos los factores y tampoco el significado histórico del hecho; se aprecia una crónica y no una explicación causal.

1º
MEDIO

GUÍA EXPLICACIÓN FACTORIAL: GUERRA FRÍA

NOMBRE: .... CURSO: .... FECHA: ....

A continuación encontrarás 5 fuentes históricas que te permitirán comprender desde diferentes perspectivas el proceso de Guerra Fría que se vivió a partir de la segunda mitad del siglo XX.

1. FASE GRUPAL:

Lean históricamente las fuentes y luego respondan las preguntas de cada empleando evidencia.

2. FASE INDIVIDUAL:

Una vez terminada la fase 1, responde la pregunta final con ayuda de lo que hiciste anteriormente.

Si la URSS y EE. UU. fueron aliados durante la Segunda Guerra Mundial, ¿qué factores influyeron para que se convirtieran en rivales durante el período de la Guerra Fría?

FUENTE 1: El mundo bipolar visto desde el cómic

Encabezado: la siguiente caricatura representa la división del mundo durante la Guerra Fría.

Vocabulario Westerde: Este.

Osterde: Oeste.

(Recuperado de http://apuntesde-historia.blog.com/files/2009/06/bloque-bipolar.jpg)

De acuerdo a la imagen:

- ¿A qué países se está representando?

- ¿Qué diferencias y similitudes distingues entre ambos bandos con respecto a las vestimentas, armas y elementos materiales? Justifica tu respuesta.

FUENTE 2: mapa de Alemania y Berlín en la Guerra Fría

- Identifica los países que ocuparon Alemania tras el término de la Segunda Guerra Mundial. Para ello, nómbralos y posteriormente menciona cuáles poseen mayor territorio.

- ¿Por qué crees tú que fue importante dividir Alemania entre los países vencedores tras culminar la Segunda Guerra Mundial?

FUENTE 3: Una cortina de hierro ha caído sobre Europa

Encabezado: el siguiente texto corresponde a un discurso hecho por el primer ministro británico Winston Churchill en una visita a los Estados Unidos.

Vocabulario   Stettin: ciudad en el extremo noroeste de Polonia, a orillas del mar Báltico.

            Báltico: mar ubicado en el noreste de Europa.

            Trieste: ciudad del norte de Italia, en la frontera con Eslovenia, a orillas del mar Adriático.

> Adriático: mar perteneciente al Mediterráneo, en el sur de Europa, que separa la península Itálica de la de los Balcanes.
>
> Doctrinas: creencias, principios.
>
> Política de apaciguamiento: nombre con el que históricamente se ha conocido la política conciliadora llevada a cabo por Neville Chamberlain como primer ministro del Reino Unido antes de la Segunda Guerra Mundial.

❝En nuestra época, los Estados Unidos se encuentran en la cima del poder mundial. Es un momento trascendental para la democracia estadounidense, ya que ese predominio implica una extraordinaria responsabilidad. Hoy, cuando las dificultades son tantas, no podemos renunciar a defender los grandes principios de la libertad y de los derechos humanos, herencia común de las naciones de habla inglesa. Es mi deber exponerles algunos hechos sobre la situación actual de Europa. Desde Stettin, en el Báltico, hasta Trieste, en el Adriático, ha descendido sobre el continente una cortina de hierro. Tras ella se encuentran todas las capitales de los Estados de Europa central y oriental.

Varsovia, Berlín, Praga, Viena, Budapest, Belgrado, Bucarest, Sofía, todas estas famosas ciudades y sus respectivos países han quedado dentro de la esfera soviética, y todas están sometidas, de una u otra manera, no solo a la influencia soviética, sino en gran y creciente medida al control de Moscú. Únicamente Grecia tiene la posibilidad de decidir libremente su futuro en una elección supervisada por ingleses, estadounidenses y franceses. En estas naciones del este europeo, los partidos comunistas pretenden el poder totalitario. En la mayoría de ellas hay gobiernos policíacos y, salvo en Checoslovaquia, no se puede decir que existan auténticas democracias. No creo que la Rusia soviética desee la guerra. Lo que quiere son los frutos de la guerra y la expansión indefinida de su poder y sus doctrinas. Estoy convencido, por lo que he conocido de nuestros amigos rusos, de que nada admiran más que la fuerza y nada desprecian más que la debilidad, especialmente la debilidad militar. Debemos garantizar, entonces, mientras aún haya tiempo, la prevención de la guerra y el establecimiento de la libertad y la democracia lo antes posible en todos los países. Nuestras dificultades y peligros no se resolverán cerrando los ojos, tampoco recurriendo a una política de apaciguamiento (como se hizo con

Hitler). Una alianza de los pueblos de habla inglesa es el prerrequisito para la seguridad estadounidense y británica y para la paz mundial".

(Discurso de Winston Churchill en Westminster College, Fulton,
5 de marzo de 1946).

- ¿A qué se refiere el autor cuando habla de "cortina de hierro"?

- ¿Qué cree el autor que deben hacer los países de habla inglesa para impedir el avance del socialismo?

- ¿Qué opinión posee el autor sobre el régimen soviético?

FUENTE 4: Entrevista a Stalin acerca del discurso de Churchill sobre la "cortina de hierro"

Encabezado: el siguiente texto es una respuesta de Stalin, líder de la URSS, a las palabras de Churchill en su discurso anterior.

Vocabulario   Estriba: fundarse, apoyarse.

Ultimátum: propuesta o decisión definitiva.

Hostiles: contrario o enemigo.

Régimen fascista: gobiernos totalitarios o autoritarios de la Europa de entreguerras.

Frenéticamente: furioso, rabioso.

❝Considero que el discurso del señor Churchill es un acto peligroso, calculado para sembrar la semilla de la discordia entre los Estados aliados y para dificultar su colaboración. La esencia del asunto estriba en que el señor Churchill adopta ahora la actitud de un promotor de la guerra, y no es el único en hacerlo, ya que tiene amigos no solo en Inglaterra, sino también en los Estados Unidos de Norteamérica. Debe advertirse que el señor Churchill recuerda notablemente a este respecto a Hitler y sus amigos. La teoría racial alemana llevó a Hitler al extremo de creer que los alemanes, como única y verdadera nación, debían dominar a las otras naciones. La teoría racial inglesa lleva al señor Churchill a la conclusión de que las naciones que hablan inglés, como únicas naciones verdaderas, deberían dominar al resto de las naciones del mundo. En esencia, el señor Churchill y sus amigos de Inglaterra y los Estados Unidos de Norteamérica han presentado a los países que no hablan inglés una especie de ultimátum: reconoced voluntariamente nuestro dominio y entonces todo estará en regla; en caso contrario, la guerra es inevitable. En segundo lugar, uno no debe olvidar la siguiente circunstancia: los alemanes emprendieron la invasión de la Unión Soviética a través de Finlandia, Polonia, Rumania, Bulgaria y Hungría, y lo pudieron hacer debido a que en estos países había entonces gobiernos hostiles a Moscú. Por lo tanto, es sorprendente que se critique el hecho de que la Unión Soviética, ansiosa por un futuro seguro, esté intentando que en estos países existan gobiernos que le sean leales. El aumento de la influencia de los partidos comunistas es un fenómeno completamente normal debido a que en los peores años del dominio fascista en Europa, los comunistas fueron luchadores dignos de confianza, valerosos y abnegados contra el régimen fascista y a favor de la libertad. Tales son las leyes del desarrollo histórico.

Naturalmente, al señor Churchill no le gusta este giro de los acontecimientos y hace sonar frenéticamente la alarma, el llamamiento a las armas".

(Entrevista a Joseph Stalin, diario Pravda, 14 de marzo de 1946).

- ¿Cuáles son las críticas que realiza Stalin al discurso de Churchill?

- ¿Qué piensa Stalin del crecimiento de la influencia comunista en el mundo?

FUENTE 5: La Guerra Fría

Encabezado: el siguiente texto es un análisis de la Guerra Fría hecho por un historiador británico.

Vocabulario   Homogéneo: uniforme, igual.

Peculiar: particular, distinto.

Inminente: a punto de suceder.

Preponderante: dominante.

Ejército rojo: militares de la Unión Soviética.

Capitalista: sistema económico y social basado en la propiedad privada de los medios de producción.

Hegemonía: supremacía, dominación.

Avizoraban: acechar.

Desintegración de estados poscoloniales: países independientes de los grandes imperios, como Inglaterra y Francia.

❝Los cuarenta y cinco años transcurridos entre la explosión de las bombas atómicas (1945) y el fin de la Unión soviética (1991) no constituyen un periodo de la historia homogéneo y único (...). Sin embargo, la historia de este periodo en su conjunto siguió un patrón único marcado por la peculiar situación internacional que lo dominó hasta la caída de la URSS: El enfrentamiento constante de las dos superpotencias surgidas de la segunda guerra mundial, la denominada Guerra Fría. "La guerra no consiste sólo en batallas, o en la acción de luchar, sino que es un lapso de tiempo durante el cual la voluntad de entrar en combate es suficientemente conocida" (Hobbes, capítulo 13). La guerra fría entre Estados Unidos y la URSS fue un periodo de tiempo con esas características. Generaciones enteras crecieron bajo la amenaza de un conflicto nuclear global que, tal como creían muchos, podía estallar en cualquier momento y arrasar a la humanidad. La singularidad de la guerra fría estribaba en que, objetivamente hablando, no había ningún peligro inminente de guerra mundial. Más aun: pese a la retórica apocalíptica de ambos bandos, sobre todo del lado norteamericano, los gobiernos de ambas superpotencias aceptaron el reparto global de fuerzas establecido al final de la segunda guerra mundial. La URSS dominaba o ejercía una influencia preponderante en una parte del globo: la zona ocupada por el ejército rojo y otras fuerzas armadas comunistas al final de la guerra, sin intentar extender más allá su esfera de influencia por la fuerza de las armas. Los Estados Unidos controlaban y dominaban el resto del mundo capitalista, además del hemisferio occidental y los océanos, asumiendo los restos de la vieja hegemonía imperial de las antiguas potencias coloniales. En contrapartida, no intervenían en la zona aceptada como hegemonía soviética. La delimitación de influencias estaba clara en Europa y en Japón (...). La disputa por la influencia se manifestaría en los antiguos imperios coloniales, que para 1945, en el caso de Asia ya se avizoraban síntomas de desintegración. Como la orientación futura de los nuevos estados poscoloniales no estaba clara, fue en esta zona donde las dos superpotencias siguieron compitiendo en busca de apoyo e influencia durante toda la guerra fría, allí era donde resultaban más probables los conflictos armados que acabaron por estallar (Corea y Vietnam son los más característicos) (...). La paz se mantuvo durante la guerra fría porque a pesar de la retórica utilizada por ambas partes, ninguna de ellas estaba dispuesta a llegar al enfrentamiento directo, por tanto, una de las premisas durante este periodo era que la coexistencia pacífica entre ambas potencias era posible (...). Como ejemplos claros de esta situación tenemos la Guerra de Corea en 1950-53 y la crisis de los misiles en Cuba en 1962. En ambos casos las partes no se arriesgaron a comenzar el enfrentamiento directo porque conocían los riesgos que ello significaba. En el caso de Corea, Estados Unidos participó directamente, mientras que la URSS lo hizo de manera encubierta a través de los chinos. Esa situación la sabían los norteamericanos, pero se mantuvo en secreto porque se dedujo que lo último que quería Moscú era un enfrentamiento abierto. En la crisis de los misiles en 1962, ambas partes retrocedieron y lograron salir del problema sin verse involucrados en la guerra directa (...). La URSS aprendió durante la guerra fría que los llamamientos de Estados Unidos a "hacer retroceder al comunismo" no eran más que propaganda, ya que lo que primaba realmente era el respeto a la esfera de influencia soviética. Una vez que la URSS se hizo con armas nucleares, atómica 1949, hidrógeno 1953, ambas superpotencias dejaron de utilizar la guerra como arma política en sus relaciones mutuas, pues era el equivalente a un pacto suicida. Sin embargo, ambas superpotencias se sirvieron de la amenaza nuclear (...), la confianza de que no se utilizarían parecía estar justificada, pero al precio de desquiciar los nervios de varias generaciones. El ejemplo más significativo es la crisis de los misiles cubanos".

(Hobsbawn, E. [1999]. *Historia del siglo XX*. Buenos Aires: Crítica, pp. 229-233).

- ¿Cómo caracteriza el historiador el período de la Guerra Fría?

- ¿Cuáles son las diferencias entre las ideologías comunista y capitalista?

- ¿Cuáles eran las zonas de influencia de la URSS y EE. UU. durante la Guerra Fría?

Si la URSS y EE. UU. fueron aliados durante la Segunda Guerra Mundial, ¿qué factores influyeron para que se convirtieran en rivales durante el período de la Guerra Fría?

ANÁLISIS RESPUESTAS DE ESTUDIANTES

CASO 1. SUFICIENTE

 **GÉNERO** Explicita el propósito: "en este escrito nombraré qué factores" Enmarca en tiempo y espacio	 En este escrito nombraré qué factores influyeron en la rivalidad de EEUU y URSS, esto transcurrió desde 1945 a 1990 aproximadamente y se vio afectado todo el mundo.
ETAPA DEL GÉNERO: inicio + adhesión	

FIGURA 36: Análisis de respuesta estudiante de I° Medio

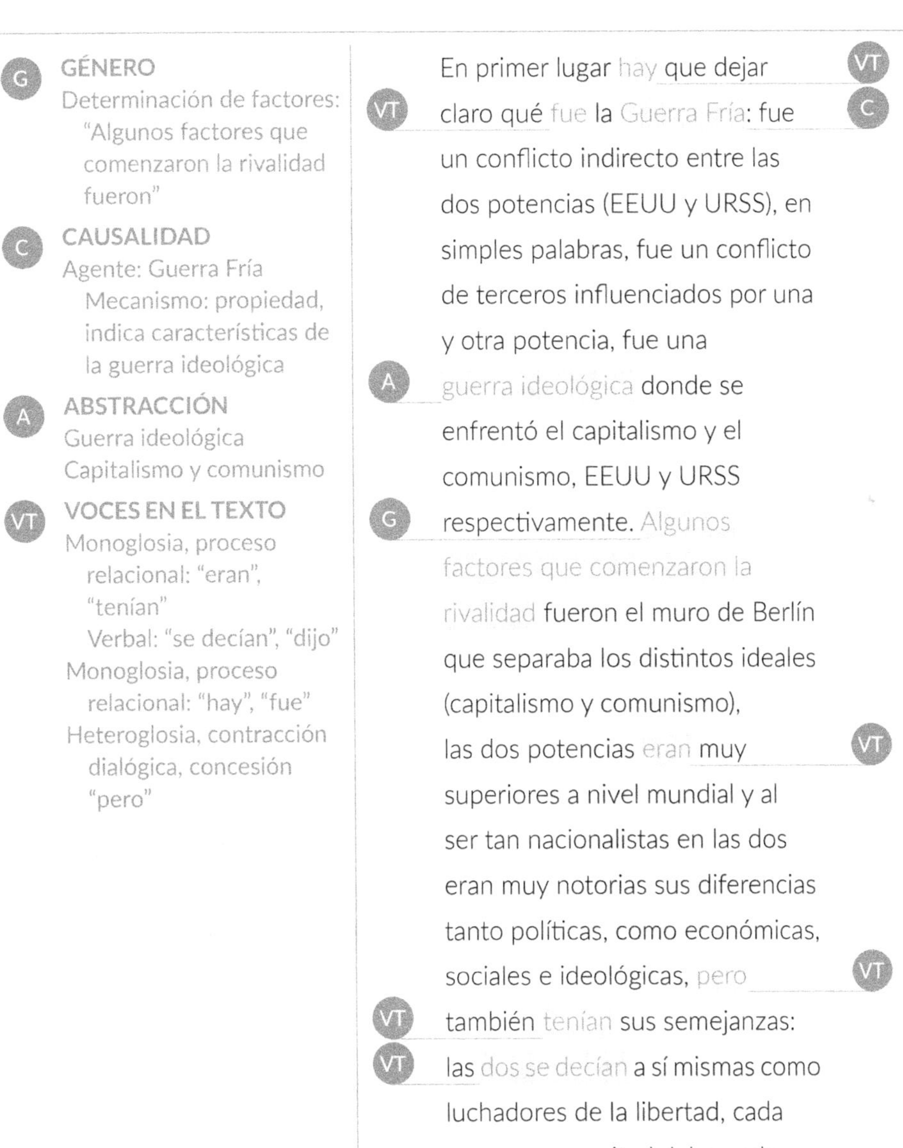

FIGURA 37: Análisis de respuesta estudiante de I° Medio

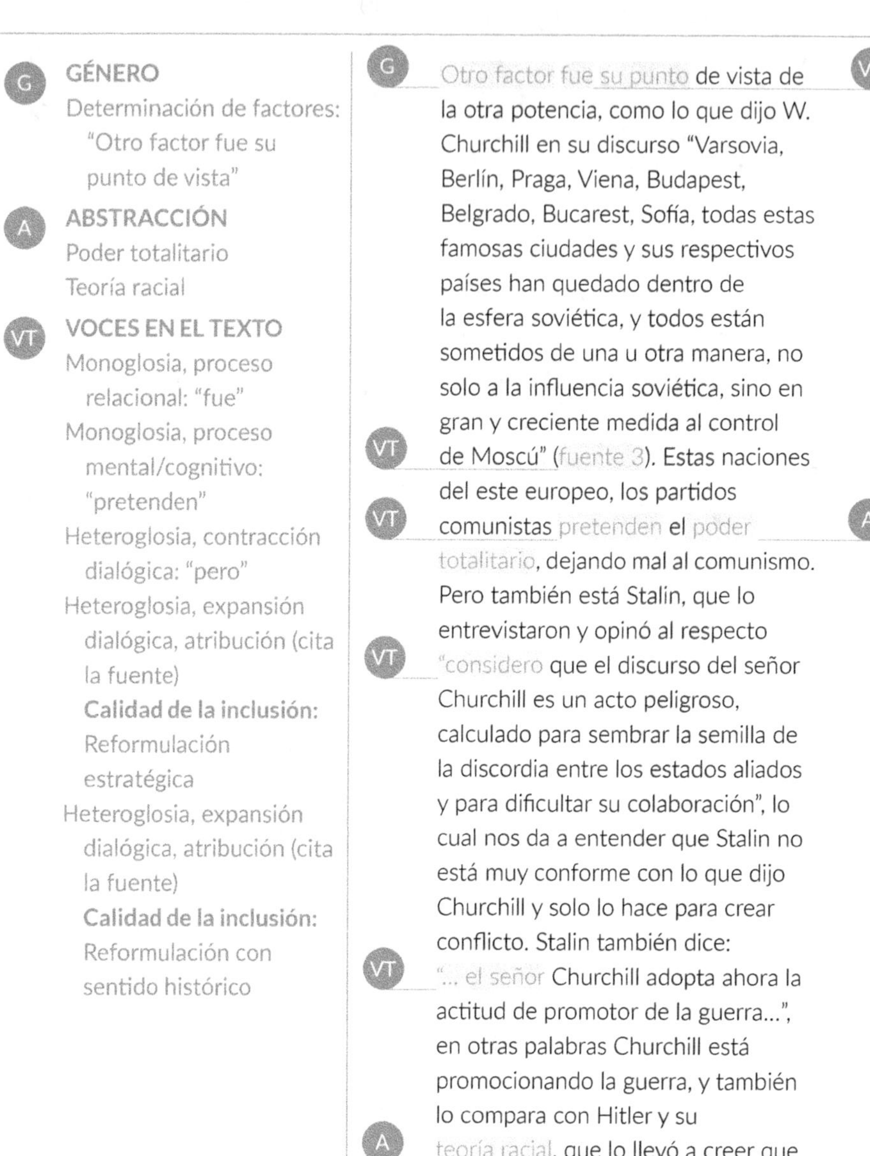

FIGURA 38: Análisis de respuesta estudiante de I° Medio

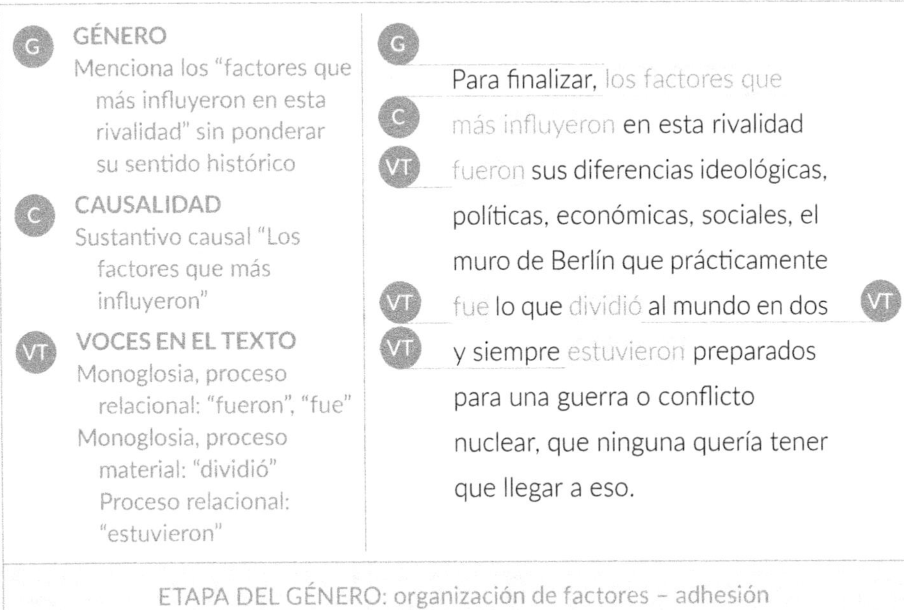

FIGURA 39: Análisis de respuesta estudiante de Iº Medio

CASO 2. INSUFICIENTE

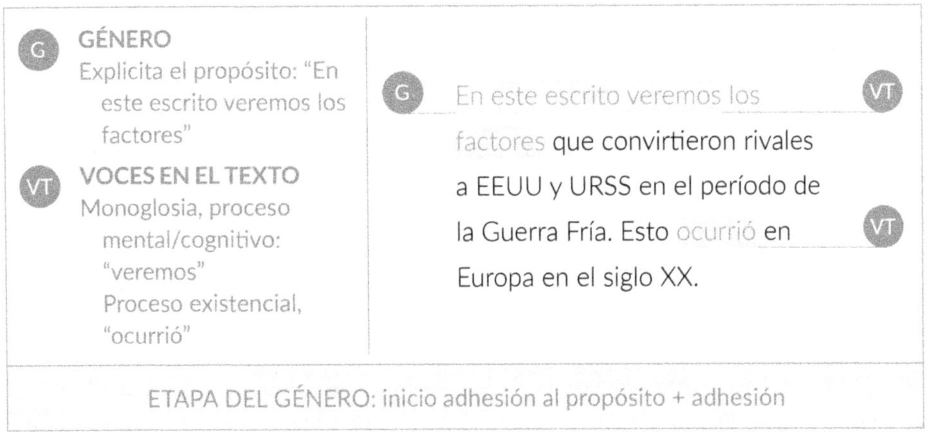

FIGURA 40: Análisis de respuesta estudiante de Iº Medio

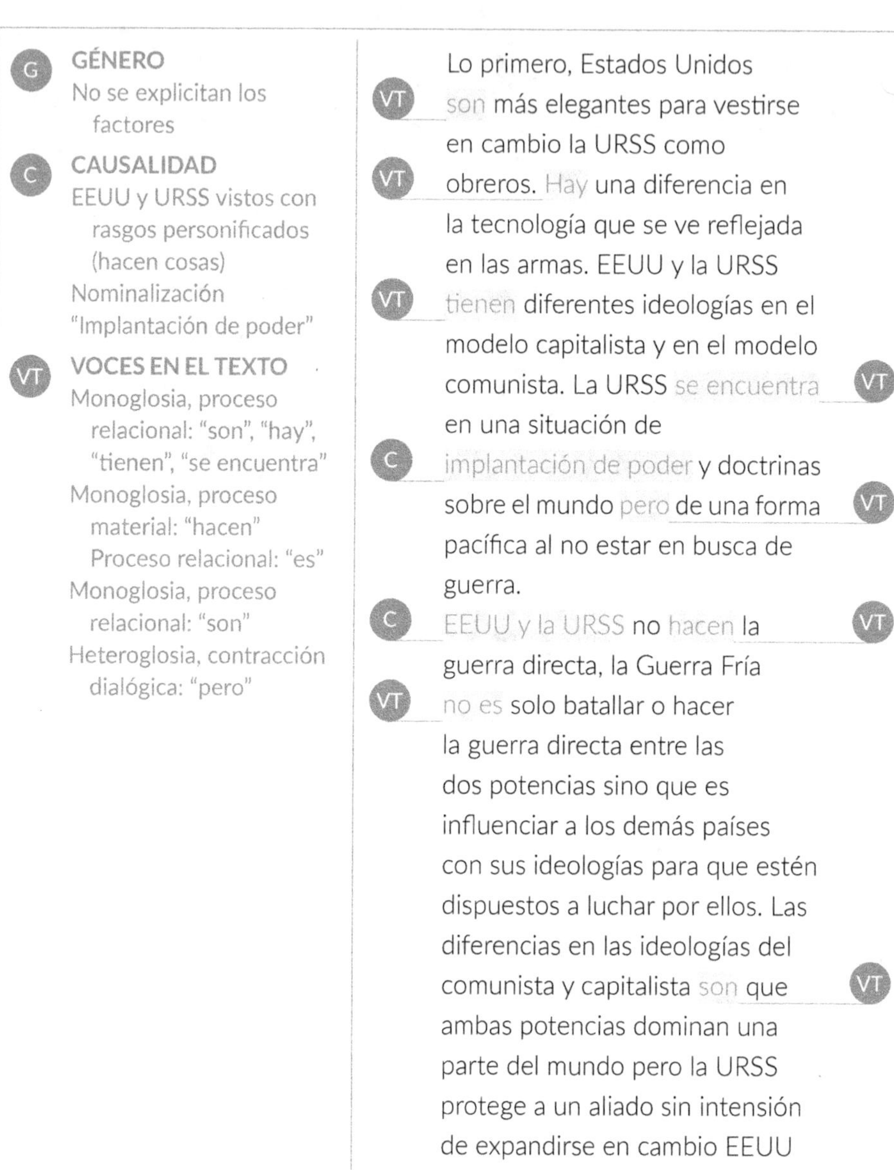

FIGURA 41: Análisis de respuesta estudiante de I° Medio

 **GÉNERO**
Ausencia de adhesión, no explica los factores que influyeron en la rivalidad

 **VOCES EN EL TEXTO**
Monoglosia, proceso material "ejerció"

 La URSS ejerció una influencia en una parte del globo, la zona del ejército rojo y otras fuerzas armadas comunistas y EEUU en el mundo capitalista, hemisferio occidental, los océanos y la vieja hegemonía imperial.

ETAPA DEL GÉNERO: organización y determinación de factores – adhesión – voces en el texto – causalidad

FIGURA 42: Análisis de respuesta estudiante de I° Medio

EVALUACIÓN

Para el logro de los objetivos, el texto debía:

- Cumplir con el objetivo del texto, seguir los pasos y ordenar jerárquicamente las causas.

- Presentar una variedad de evidencias (fuentes, citas, paráfrasis) que son problematizadas rescatando los planteamientos nucleares de cada una y estar integradas al cuerpo del texto.

- Integrar la explicación causal de forma ordenada y coherente, estableciendo claramente los factores del hecho en cuestión, identificando el significado histórico del mismo.

CASO 1

En la etapa de "inicio" se explicita el propósito y se enmarca en el tiempo y espacio. El texto establece el marco histórico para su trabajo y, además, presenta una estructura tipo ensayo, ya que cuenta con una fase introductoria, un desarrollo y conclusiones. Sin embargo, no logra del todo cumplir con el objetivo del texto, ya que no se aprecia una jerarquización de factores, y la inclusión de la evidencia es estratégica.

En la etapa de "determinación de factores", describe las características de la Guerra Fría, como el conflicto indirecto y la guerra ideológica. Con respecto a la calidad de inclusión de la evidencia, considera los puntos de vista de los gobernantes expandiendo el texto por medio de la incorporación de los discursos de Churchill y Stalin. En este apartado, el estudiante realiza una evaluación del actuar de los partidos comunistas, afirmando que "pretenden el poder totalitario, dejando mal al comunismo". Con ello realiza una generalización que no está presente en las fuentes, ya que particularmente el discurso de Churchill habla de la URSS. No obstante, cuando aborda el discurso de Stalin, reformula las ideas nucleares que este plantea en la fuente. Por otra parte, los conceptos centrales están presentes, pero su uso no tiene un sentido histórico, ya que no encuentran respaldo en la evidencia. Así, según la rúbrica, el desempeño del estudiante sería insuficiente.

No logra contestar la pregunta final (por qué pasaron de aliados a rivales), sino que aborda las características del conflicto, vinculadas con las causas del enfrentamiento.

En la última etapa de "organización de factores para dar un sentido histórico", si bien explicita cuál es el más importante, en el desarrollo nombra a todos los que mencionó en los párrafos anteriores, pero sin realizar una evaluación con sentido histórico. El desarrollo de la etapa no responde a la pregunta, sino que se centra en la descripción del conflicto. Por lo tanto, como el texto se desarrolla en una secuencia factual, no logra identificar factores causales, lo que impide generar una conclusión pertinente.

CASO 2

El texto no logra identificar los factores ni tampoco responder a la pregunta, aunque en la etapa de "inicio" explicita el propósito indicando el lugar geográfico.

En la siguiente etapa de "determinación de factores", menciona en el primer apartado del párrafo causas sin sentido histórico, al atribuir características personales a Estados Unidos y la URSS ("Estados Unidos son más elegantes para vestirse en cambio la URSS como obreros"). Posteriormente menciona factores aislados sin construir cadenas causales con sentido histórico. Es así como nombra la tecnología y la ideología sin establecer una relación causal entre ambos elementos.

No hay una etapa final. Además, se evidencia la ausencia de voces en el texto, predominando un discurso monoglósico. Por otra parte, la elaboración de la agencia radica en agentes no históricos, y no logra establecer una cadena causal basada en los factores, sino que se centra en elementos relacionados con la crónica.

SECUENCIA II° MEDIO, INDEPENDENCIA DE CHILE

ESTRUCTURA CURRICULAR

Este trabajo se realizó en II° Medio de acuerdo con el programa publicado por el Mineduc el año 2011, Unidad 2, "Los inicios de la República: Chile en el siglo XIX", AE 01 "Comprender el proceso independentista en América y Chile, considerando: múltiples factores que precipitaron la independencia en América; visión de los principales líderes de la Independencia, tales como San Martín, O'Higgins, Carrera, Infante, Salas y Juan Egaña; la visión de diferentes grupos sociales del proceso independentista".

OBJETIVO DIDÁCTICO O CURRICULAR

* Reconocer los factores que influyeron en la formación del proceso independentista.

* Identificar los diferentes roles de los grupos sociales en el proceso de Independencia.

CONTENIDOS

Proceso de Independencia: orígenes, desarrollo y conflictos internos, proyecciones americanas, actores principales, otros actores sociales.

PREGUNTA ORIENTADORA

Si los criollos habían conseguido influencia social, política y económica durante el período colonial, ¿qué factores permiten explicar el proceso independentista que surgió a partir de 1810?

FUENTES

La guía está formada por tres fuentes, una primaria y dos secundarias. La fuente 1 corresponde al Acta de Independencia de Chile, y presenta conceptos como "Independencia", "pueblo", "patria", así como nominalizaciones del tipo "Monarquía Española", "Congreso Nacional", "ciudadanos del Estado". También posee una relación de tipo causal con elementos argumentativos. La fuente 2 corresponde a la visión del historiador Leonardo León y presenta elementos conceptuales como "emancipación", Revolución de 1810" y nominalizaciones como "criminalidad plebeya", "Chile tradicional", "crimen popular", "efervescencia criminal plebeya", "gobierno monárquico" y "clases subalternas".

También tiene una relación de tipo causal. La fuente 3 corresponde al historiador Sergio Villalobos y presenta conceptos como "criollos" y nominalizaciones como "aristocracia criolla", "centralismo burocrático", "vasallos americanos".

DISEÑO DE CLASES

En el diseño de la clase se consideraron 8 horas pedagógicas. Las dos primeras contemplaron la entrega de los elementos conceptuales relativos a las causas de la Independencia, considerando factores internos y externos, así como causas mediatas e inmediatas. Se dividió la entrega de conocimientos de esa forma para privilegiar la comprensión de elementos locales y los sucesos europeos, y para reafirmar la noción de proceso. En ese sentido, la principal dificultad consistió en la diferenciación entre los procesos locales y externos. La segunda sesión consideró la lectura de fuentes y el trabajo grupal. En la lectura de la fuente 1 se destacó el concepto de Independencia, poniendo énfasis en las razones que entregan los patriotas para justificarla. Para la fuente 2, el foco se centró en la noción de "vacío de autoridad" que presenta el historiador. En la fuente 3 se relevan los elementos administrativos que podrían justificar el proceso independentista.

Las mediaciones para las tres fuentes fueron similares, debido a la naturaleza de los documentos:

* ¿Qué tipo de fuente es?

* ¿Cuál es la idea central del documento?

* ¿Cuáles son los agentes históricos que aparecen en el documento?

* ¿Cuál es la relación que se establece entre ellos?

* ¿Qué elementos del documento nos sirven para responder la pregunta?

* ¿Puedes identificar alguna causa que explique el proceso de Independencia?

* ¿Qué factor podría representar esta fuente?

* ¿Qué elementos relacionados con el período estudiado están presentes en el documento?

* ¿Qué parte de la fuente usarías como evidencia para respaldar tus ideas?

En la tercera sesión se desarrolló un trabajo colectivo como medio para resolver las preguntas de cada fuente, además de seleccionar la evidencia necesaria para responder la pregunta final. Los estudiantes pudieron compartir ideas y corregir nociones distorsionadas de la lectura de documentos. La cuarta sesión se centró en la construcción de un escrito tipo explicación factorial. Las principales mediaciones se centraron en la construcción de los factores, ya que los alumnos tendieron a confundir las causas. Se repite la descripción acerca de los factores, y se puntualiza que las causas deben ser agrupadas según los factores que ellos pudieran identificar en el escrito, que no necesariamente debían ser iguales que los que incluye la pregunta.

Escritura

El género propuesto para el texto final de los alumnos fue un escrito explicativo factorial en que los alumnos debían seguir los pasos establecidos para el género y organizar jerárquicamente las causas en base a evidencia. Se les entregó la siguiente rúbrica de evaluación para que tuvieran un instrumento que guíe sus respuestas y que nos permitiera evaluarlas.

RÚBRICA DE EVALUACIÓN

EXPLICACIÓN FACTORIAL			
Dimensión	Criterio		
		DESTACADO	BUENO	INSUFICIENTE

Dimensión	Criterio	DESTACADO	BUENO	INSUFICIENTE
ESTRUCTURA	Exposición	La exposición está presentada tipo ensayo (introducción, desarrollo, conclusión) y los argumentos e ideas aparecen de manera lógica y completa, especialmente en el desarrollo y las conclusiones.	La exposición es de tipo ensayo (introducción, desarrollo, conclusión), pero no logra establecer con claridad algunas de sus partes, específicamente en el desarrollo o las conclusiones.	La exposición es de tipo ensayo (introducción, desarrollo conclusión), pero se encuentra incompleta, pues por lo general no logra establecer conclusiones.
	Género	Escribe de acuerdo con el género explicativo de tipo factorial, cumple con el objetivo del texto, sigue los pasos y ordena jerárquicamente las causas.	Escribe de acuerdo con el género explicativo de tipo factorial, cumple con el objetivo y sigue los pasos; a pesar de ello, no logra jerarquizar las causas o carece de evidencia.	Escribe según el género explicativo, pero no cumple con todas las fases del mismo, por lo que no logra seguir los pasos del género en su totalidad y las causas no están jerarquizadas.

(cont.)

EXPLICACIÓN FACTORIAL (cont.)			
Dimensión	Criterio	DESTACADO	BUENO	INSUFICIENTE
CONTENIDOS	Conceptos	Los conceptos sustantivos del fenómeno están presentes en el texto y son coherentes en relación con las causas.	Los conceptos sustantivos del fenómeno están presentes, pero no en su totalidad; a pesar de ello, los que ha mencionado los emplea en el desarrollo de las causas.	Los conceptos sustantivos del fenómeno no están presentes y no son coherentes con las causas.
CONTENIDOS	Perspectiva	El texto presenta una variedad de evidencias (fuentes, citas, paráfrasis) que son problematizadas rescatando los planteamientos nucleares de cada una y están integradas en el cuerpo del texto.	El texto presenta una variedad de evidencias (fuentes, citas, paráfrasis) que son problematizadas; a pesar de ello no logra rescatar los planteamientos nucleares o no se encuentran integradas en el cuerpo del texto.	El texto no presenta una variedad de evidencias, por lo tanto, no logra problematizar o rescatar las ideas nucleares de cada fuente.
EXPLICACIÓN	Agencia	El texto posee sentido y significación, otorgados por la presencia de agencia material (personajes, grupos o entidades sociopolíticas) y mental (con motivaciones claras); logra establecer con claridad la cadena causal de los procesos históricos.	El texto posee sentido y significación, otorgados por la presencia de agencia material (personajes, grupos o entidades sociopolíticas) y mental (con motivaciones claras); a pesar de ello no logra establecer la cadena causal de los procesos históricos.	El texto carece de sentido o significación, pues no hay agencia material y/o mental, por lo que no se aprecia con claridad la cadena causal de los procesos históricos.
EXPLICACIÓN	Causalidad	La respuesta integra la explicación causal de forma ordenada y coherente, estableciendo claramente los factores del hecho en cuestión e identificando el significado histórico del mismo.	La respuesta integra la explicación causal de forma ordenada y coherente, estableciendo la mitad de los factores.	La respuesta no logra integrar la explicación causal en su totalidad, pues no están presentes todos los factores y tampoco el significado histórico del hecho; se aprecia una crónica y no una explicación causal.

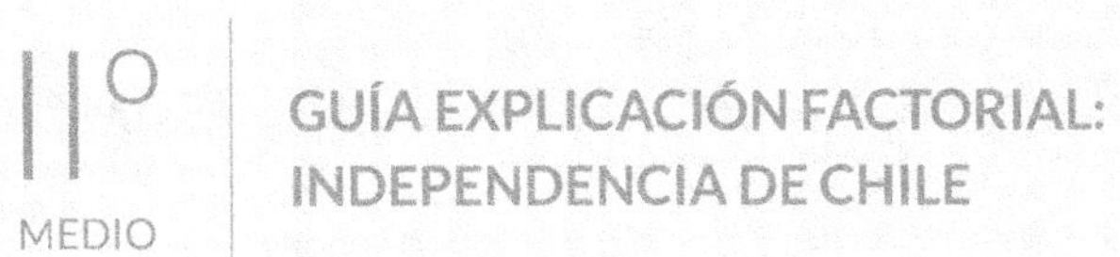

GUÍA EXPLICACIÓN FACTORIAL: INDEPENDENCIA DE CHILE

II° MEDIO

TRABAJO DE LECTURA Y ESCRITURA HISTÓRICA II° MEDIO

Unidad 2: Los inicios de la República: Chile en el siglo XIX, causas de la Independencia

NOMBRE: .... CURSO: .... FECHA: ....

APRENDIZAJE ESPERADO

- Reconocer los factores que influyeron en la formación del proceso independentista.

- Identificar los diferentes roles de los grupos sociales en el proceso de Independencia.

INSTRUCCIONES

- Lee los documentos y responde las preguntas que se plantean.

- Posteriormente, responde la siguiente pregunta utilizando un esquema de respuesta de explicación factorial.

Si los criollos habían conseguido influencia social, política y económica durante el período colonial, ¿qué factores permiten explicar el proceso independentista que surgió a partir de 1810?

FUENTE 1: Acta de la Declaración de Independencia de Chile

❝ La fuerza ha sido la razón suprema que por más de trescientos años ha mantenido al nuevo mundo en la necesidad de venerar como un dogma la usurpación de sus derechos y de buscar en ella misma el origen de sus más grandes deberes. Era preciso que algún día llegase el término de esta violenta sumisión: pero entretanto era imposible anticiparla: la resistencia del débil contra el fuerte imprime un carácter sacrílego a sus pretensiones, y no hace más que desacreditar la justicia en que se fundan. Estaba reservado al siglo 19 el oír a la América reclamar sus derechos sin ser delincuente y mostrar que el período de su sufrimiento no podía durar más que el de su debilidad. La revolución del 18 de Septiembre de 1810 fue el primer esfuerzo que hizo Chile para cumplir esos altos destinos a que lo llamaba el tiempo y la naturaleza: sus habitantes han probado desde entonces la energía y firmeza de su voluntad, arrostrando las vicisitudes de una gran guerra en que el gobierno español ha querido hacer ver que su política con respecto a la América sobrevivirá al trastorno de todos los abusos. Este último desengaño les ha inspirado naturalmente la resolución de separarse para siempre de la Monarquía Española, y proclamar su INDEPENDENCIA a la faz del mundo. Mas no permitiendo las actuales circunstancias de la guerra, la convocación de un Congreso Nacional que sancione el voto público, hemos mandado abrir un gran registro en que todos los Ciudadanos del Estado sufraguen por sí mismos libre y espontáneamente por la necesidad urgente de que el gobierno declare en el día la Independencia o por la dilación o negativa: y habiendo resultado que la universalidad de los Ciudadanos está irrevocablemente decidida por la afirmativa de aquella proposición, hemos tenido a bien en ejercicio del poder extraordinario con que para este caso particular nos han autorizado los Pueblos, declarar solemnemente a nombre de ellos en presencia del Altísimo, y hacer saber a la gran confederación del género humano que el territorio continental de Chile y sus Islas adyacentes forman de hecho y de derecho un Estado libre Independiente y Soberano, y quedan para siempre separados de la Monarquía de España, con plena aptitud de adoptar la forma de gobierno que más convenga a sus intereses. Y para que esta declaración tenga toda la fuerza y solidez que debe caracterizar la primera Acta de un Pueblo libre, la afianzamos con el honor, la vida, las fortunas y todas las relaciones sociales de los habitantes de este nuevo Estado: comprometemos nuestra palabra, la dignidad de nuestro empleo, y el decoro de las armas de la PATRIA; y mandamos que con los libros del gran registro se deposite la Acta original en el archivo de la Municipalidad de Santiago, y se circule a todos los Pueblos, Ejércitos y Corporaciones para que inmediatamente se jure y quede sellada para siempre la emancipación de Chile. Dada en el Palacio Directorial de Concepción a 1 de Enero de 1818, firmada de nuestra mano, signada con el de la Nación y refrendada por nuestros Ministros y Secretarios de Estado, en los Departamentos de Gobierno, Hacienda y Guerra".

Bernardo O'Higgins, Miguel Zañartu, Hipólito de Villegas y José Ignacio Zenteno (recuperado de auroradechile.cl: http://www.auroradechile.cl/newtenberg/681/article-2536.html)

- ¿Cuáles son los factores que aparecen en el documento que permiten explicar la proclamación de la Independencia?

- Elige una cita del documento para respaldar cada uno de los factores que identificaste en la pregunta anterior.

FUENTE 2: Elite y bajo pueblo previo a la Primera Junta de Gobierno

❝ Los estragos de estos bandidos causan daños incalculables a la agricultura, al comercio, a la crianza de ganados y demás rubros subalternos de industria. Cuando ahora cuatro años me regresé de esa capital, cuadrillas múltiples de salteadores desolaban la provincia, y cometían desastres de conmover y contristar al corazón sensible. No hay en las campañas quien estuviese seguro en el zaguán de sus casas, porque los salteadores se aparecían algún día o noche, sorprendían y amarraban a los amos y sirvientes si los resistían, hacían uso de las armas, entre ellas de la lanza, espada, sable, hasta que huían y tal vez dejados por muertos los rendían y asegurados entonces saqueaban y robaban hasta los más ínfimos trastos. Algunas veces violaban a las mujeres y hasta quemaban las casas si no podían forzar las puertas ni superar la resistencia que de adentro se les hacía.

Así describió la situación de criminalidad que imperaba en el sur de Chile a comienzos del siglo Juan Martínez de Rozas, uno de los ideólogos de la Revolución de 1810. Según Martínez de Rozas, el país no estaba en condiciones de sacar ventaja de los recursos económicos con que la naturaleza le había dotado a causa del desorden que creaban la criminalidad y el bandolerismo. Tradicionalmente, la región penquista fue reconocida como un refugio de gavilleros y cuatreros, pero la criminalidad plebeya había excedido esos territorios y se extendía hacia otras provincias. En 1803, el gobernador Luis Muñoz de Guzmán se refería a 'la multitud de rateros, ladrones y salteadores que infestan las poblaciones, campañas y caminos del reino, ha consternado siempre a sus habitantes honrados...'.

La acusación realizada por la máxima autoridad fue similar a la imputación formulada por el subdelegado de Curicó, villa situada en pleno Chile central, cuando afirmó en 1802: 'No hay diputación que no esté llena de ladrones, sin que los jueces diputados puedan formar tantas sumarias, prender tantos delincuentes, mantener muchísimas prisiones y tomar las providencias concernientes al caso'. Otro que sumó su voz para denunciar la criminalidad fue el Secretario del Consulado de Comercio, un informado observador de la época, quien declaró en su Memoria de 1808: 'puede creerse sin violencia que más estrago causa el cuchillo en este reino que la viruela...'.

Según se desprende de estos testimonios, algunos de los más connotados miembros de la elite coincidieron en describir Chile tradicional como un país asolado por la delincuencia y la criminalidad en los años previos a 1810.

Es cierto que tanto el bandolerismo como la criminalidad popular fueron fenómenos de larga duración que estuvieron presentes en Chile desde fines del siglo XVII bajo las formas del abigeato, las gavillas armadas, el vagabundaje y la violencia contra las personas. Pero en los preámbulos de la Revolución se produjo una súbita explosión de delitos que hizo del crimen popular un hecho notorio. La ruptura de las formas tradicionales de sujeción de la mano de obra se relejó en el crecimiento de una inmensa población flotante que, al igual que en otras regiones del continente, comenzó a asolar las áreas rurales para finalmente asentarse en los arrabales urbanos. En ese contexto, corresponde preguntarse, ¿existió algún vínculo entre la creciente efervescencia criminal plebeya y el vacío de autoridad que generó la crisis constitucional que afectó al gobierno monárquico?

(...) Para el relato oficial, la sumisión de las clases subalternas sería una de las principales características de la sociedad prerrevolucionaria. Asimismo, en su afán por disfrazar el golpe de estado aristocrático con el falso ropaje de la Emancipación, se terminó sobrevalorando el papel desempeñado por los factores externos, haciendo caso omiso de los procesos domésticos (...). Por sobre toda otra consideración, en esta operación, se omitió toda referencia a la conflictiva relación que existía a comienzos del siglo XIX entre la minoría aristocrática y la inmensa mayoría plebeya (...)".

(León, L. [2013]. *La criminalidad plebeya en los preámbulos de la Independencia de Chile, 1800-1810*. Recuperado de https://www.degruyter.com/downloadpdf/j/jbla.2013.50.issue-1/jbla.2013.50.1.153/jbla.2013.50.1.153.pdf)

- Según el documento, ¿cuál era el clima social que se vivía en Chile a principios del siglo XIX?

- ¿Qué cita podrías escoger para sostener una inferencia que vincule el proceso independentista con la situación social de Chile a inicios del siglo XIX?

FUENTE 3: El sentir de los criollos

❝ Había otros motivos de muy diferente índole que también despertaban el descontento entre los criollos y cuyo remedio veían muy difícil de alcanzar.

La preterición que sufrían en los cargos públicos, con desprecio de sus méritos, era motivo de una queja constante y ya muy antigua. Cierto es que uno u otro criollo lograba elevarse; pero esos casos eran los menos y no desmentían la reticencia de las autoridades españolas hacia los nacidos en América.

Esos inconvenientes corrían paralelos con el centralismo burocrático del régimen, que obligaba a las colonias y a los vasallos americanos a depender hasta en lo más mínimo de las autoridades u organismos establecidos en España. '¿Qué se gana, señor –decía Egaña–, en la humillante opresión de que la más pequeña domesticidad, la novedad más despreciable, la necesidad más urgente, exija precisamente consultarse a Madrid; y que tanto la miserable portería de una oficina como la ruina de una gran ciudad (a cuyo río no se puede poner un dique sin permiso de la Corte), y lo que es más, las propiedades individuales de cada ciudadano que se halla en litigio, no tengan más seguridad ni remedio que arrastrar, y vacilar por diez o veinte años, a las puertas de las covachuelas y antesalas de Madrid? ¿Para qué es afligir en detalle diez y siete millones de almas, con estos intolerables recursos?'.

Consecuencia de lo dicho hasta aquí sobre los criollos, o más propiamente sobre la aristocracia criolla, era el deseo de participar en las tareas gubernativas.

Era lógico que una clase enriquecida, con títulos de nobleza, amante del país, que luchaba por su progreso y que se consideraba dueña de él, desease tomar parte de su gobierno. Se diría que era una necesidad vital dentro de su desarrollo".

(Villalobos, S. [1961]. Tradición y Reforma en 1810, Universidad de Chile)

- ¿Qué factores presentes en el documento permiten explicar el proceso independentista en Chile?

- ¿Qué citas del documento escogerías para sostener tu respuesta anterior?

Responde la siguiente pregunta utilizando una estructura de explicación factorial. Usa solo el espacio asignado.

Si los criollos habían conseguido influencia social, política y económica durante el período colonial, ¿qué factores permiten explicar el proceso independentista que surgió a partir de 1810?

ANÁLISIS RESPUESTAS DE ESTUDIANTES

CASO 1. BUENO

G · GÉNERO
Establece "El objetivo de este texto"

A · ABSTRACCIÓN
Proceso independentista

VT · VOCES EN EL TEXTO
Monoglosia, proceso verbal: "permitan explicar"

G El objetivo de este texto se basará en nombrar los factores que permitan explicar el origen **VT** **A** del proceso independentista por parte de los criollos.

ETAPA DEL GÉNERO: inicio adhesión al propósito + adhesión + voces en el texto + abstracción

FIGURA 43: Análisis de respuesta estudiante de II° Medio

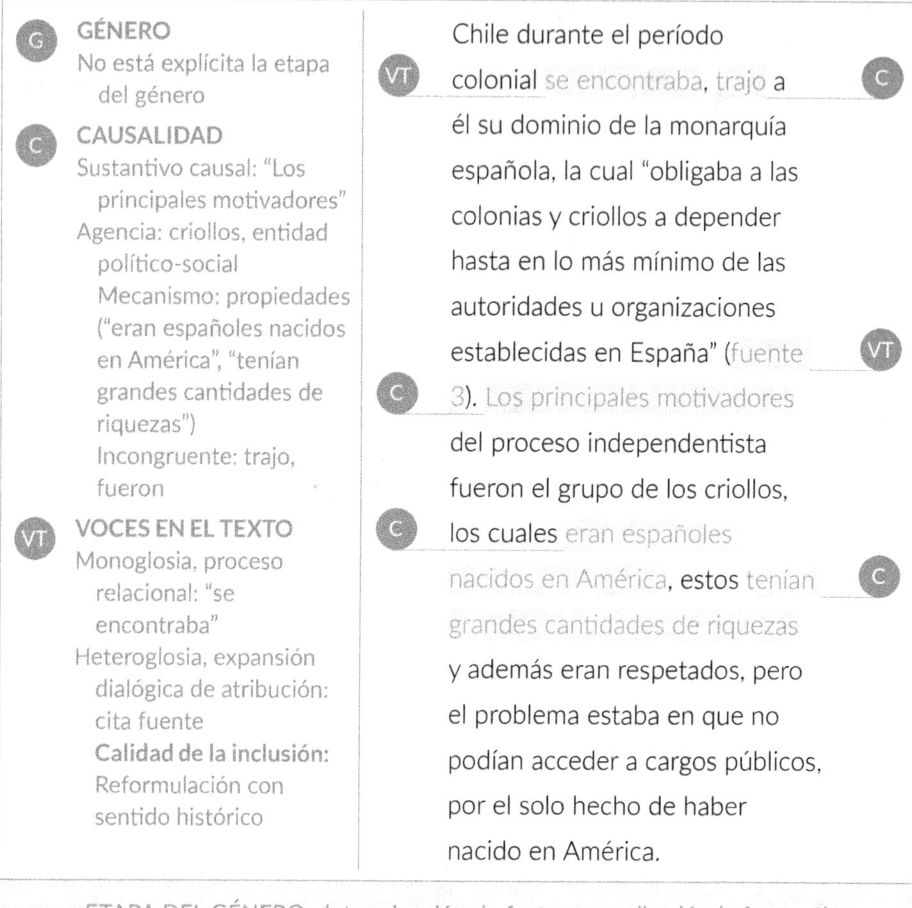

FIGURA 44: Análisis de respuesta estudiante de II° Medio

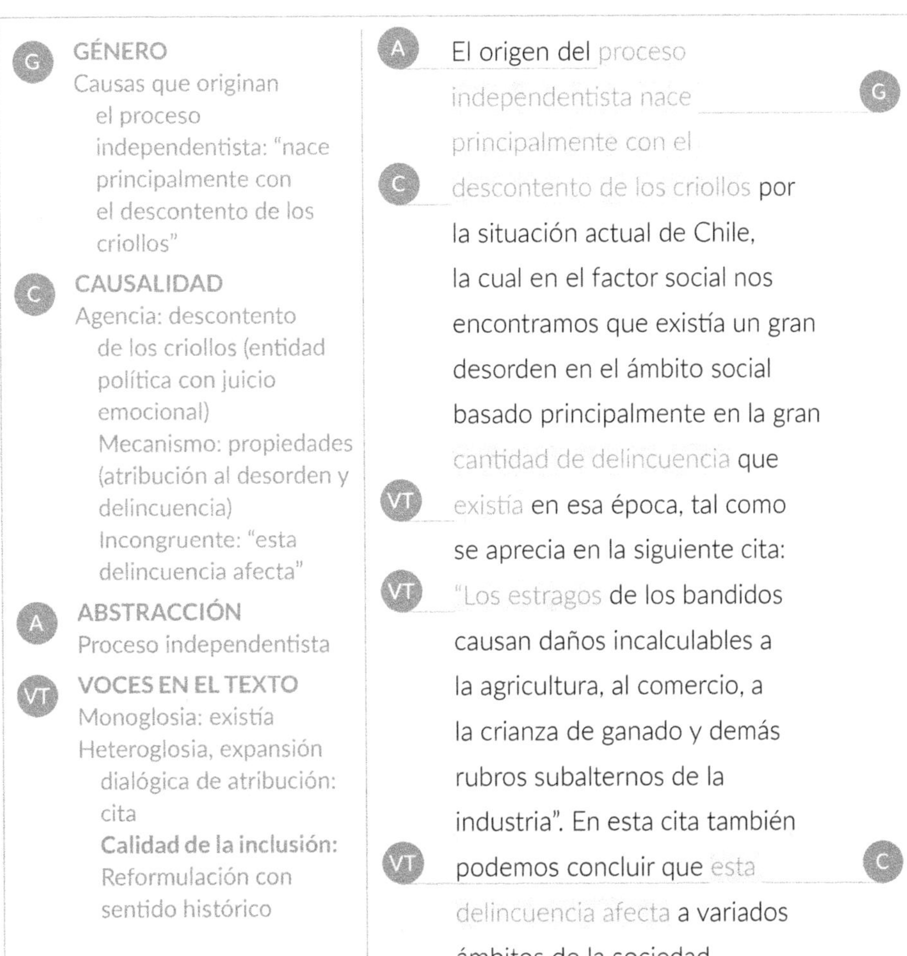

FIGURA 45: Análisis de respuesta estudiante de II° Medio

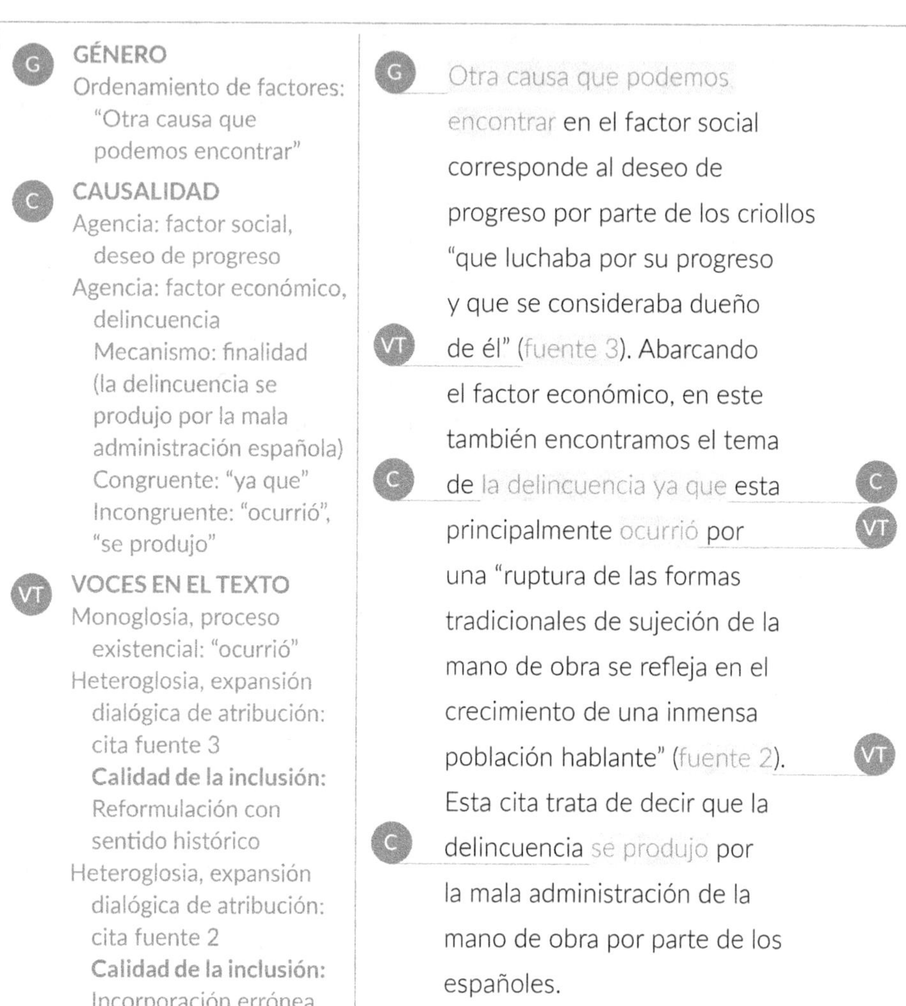

FIGURA 46: Análisis de respuesta estudiante de II° Medio

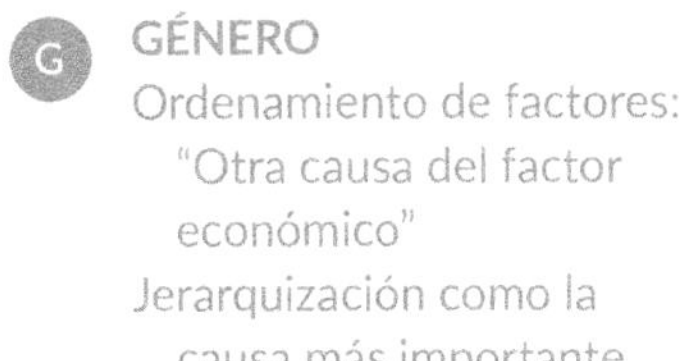

(G) GÉNERO
Ordenamiento de factores:
"Otra causa del factor
económico"
Jerarquización como la
causa más importante

(C) CAUSALIDAD
Agencia: factor económico
y político, exclusión de
los criollos
Sustantivo causal
"Pero sin duda una de
las más importantes"
(atribución a la causa
más importante)

(VT) VOCES EN EL TEXTO
Heteroglosia, expansión
dialógica de atribución:
cita fuente 2
Calidad de la inclusión:
Reformulación con
sentido histórico
Heteroglosia, expansión
dialógica de atribución:
cita fuente 3
Calidad de la inclusión:
Reformulación con
sentido histórico

(G) Otra causa del factor económico (C) que podemos encontrar es el provecho de los recursos naturales del país "el país no estaba en condiciones de sacar ventajas de los recursos económicos con que la naturaleza (VT) le había dotado" (fuente 2). Ahora abarcando el último factor a explicar encontramos el político, (C) en este encontramos diferentes causas pero sin duda una de las más importantes fue la exclusión por parte de los criollos a participar en los cargos públicos del país "de lo dicho hasta aquí sobre los criollos… era el deseo de participar en las tareas gubernativas" (fuente 3). Esta la (VT) podemos clasificar como una de (G) las causas más importantes ya que provocaba que los criollos pudieran arreglar los problemas que sufría su sociedad de la manera que ellos querían.

ETAPA DEL GÉNERO: determinación de factores + adhesión (+ factor 4)
+ voces en el texto + causalidad

FIGURA 47: Análisis de respuesta estudiante de II° Medio

(G) GÉNERO
Conclusión y evaluación
organizando las causas
en torno a lo político

(C) CAUSALIDAD
Conclusión y evaluación
organizando las causas
en torno a lo político

(VT) VOCES EN EL TEXTO
Heteroglosia, contracción
dialógica: pero
Heteroglosia, expansión
dialógica de atribución:
cita fuente
Heteroglosia, expansión
dialógica por atribución
(cita fuente sin
referencia)

El origen del proceso
independentista surge por
varios factores pero podemos (VT)
(G) concluir que el más importante
lo encontramos en lo político,
ya que este destaca la siguiente
(VT) causa "exclusión política por
parte de los criollos", ya que
(VT) esta provoca que todos los
(VT) otros factores no pudieran ser
solucionados al gusto de los
criollos y además provoca que
el gobierno tenga distintos
objetivos que los que quieren
lograr los criollos.

ETAPA DEL GÉNERO: organización de factores para dar sentido histórico
+ adhesión + voces en el texto

FIGURA 48: Análisis de respuesta estudiante de II° Medio

CASO 2. INSUFICIENTE

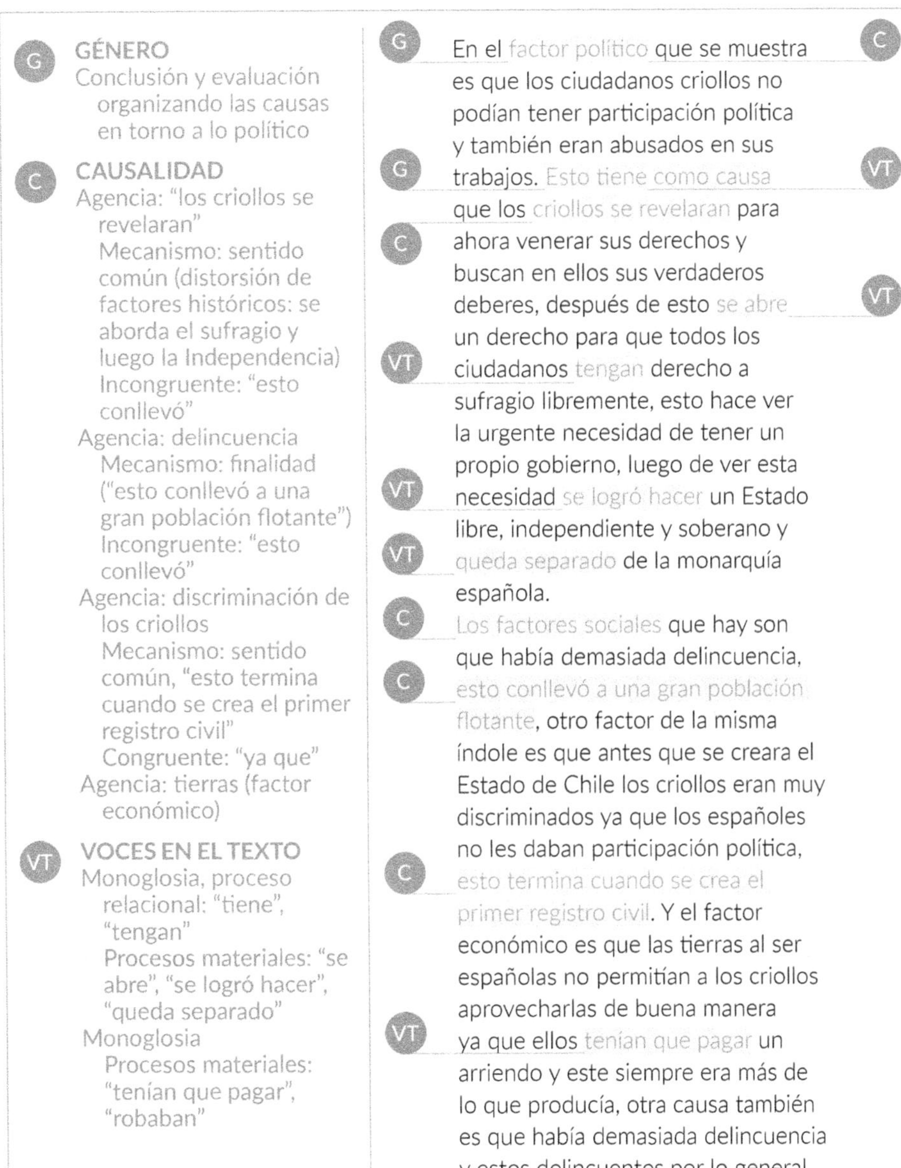

FIGURA 49: Análisis de respuesta estudiante de II° Medio

EVALUACIÓN

OBJETIVOS

- Reconocer los factores que influyeron en la formación del proceso independentista.

- Identificar los diferentes roles de los grupos sociales en el proceso de Independencia.

Para llevar a cabo los objetivos, los textos debían seguir los pasos del género explicativo y ordenar jerárquicamente las causas. Asimismo, la explicación causal debía estar de forma ordenada y coherente, estableciendo claramente los factores del hecho en cuestión e identificando el significado histórico del mismo. Todo lo anterior, basado en las fuentes entregadas.

CASO 1

En la etapa de "inicio", el texto explicita el propósito y las causas del fenómeno que se va a explicar presentando introducción, desarrollo y conclusiones de manera fluida y coherente y en base a argumentos; al mismo tiempo se ajusta al género de escritura (explicación factorial), obteniendo un nivel de desempeño destacado según la rúbrica.

En la etapa de "determinación de factores" comienza identificando el contexto en el cual se encontraba América bajo el dominio de la monarquía española. Para ello cita la fuente 3 y en este sentido la calidad de la inclusión de la evidencia tiene sentido histórico, ya que ejemplifica su afirmación mediante la cita, relevando la agentividad de los criollos y su descontento por su exclusión de cargos políticos. En esta misma etapa considera como factor 3 el descontento social de los criollos debido a la delincuencia. Para esto utiliza la fuente 2 y luego de citar un extracto, reformula con sentido histórico. Por último, al exponer el factor 3, de tipo económico, distorsiona las ideas nucleares de la fuente, que hace referencia al aumento de la delincuencia durante el período prerrevolucionario (antes de 1810) y explicita como causa "la mala administración de la mano de obra por parte de los españoles". En este mismo registro causal, evidencia el factor social como el más importante del proceso independentista, vinculado con el descontento criollo por no participar en cargos públicos. Al respecto, la calidad de inclusión de la evidencia tiene un sentido histórico.

En la última etapa, "organización de factores para dar sentido histórico", vuelve a ponderar el factor más importante del proceso, vinculado con la exclusión de los criollos.

CASO 2

En la etapa de "inicio" está ausente el propósito, tampoco tiene fase de introducción y, por tanto, no cumple con los elementos de la estructura del género.

En la etapa de "determinación de factores", explicita la causa política vinculada con el descontento criollo y el abuso de su trabajo. Para el estudiante, esta es la causa de la revelación de los criollos, para "venerar sus derechos y buscan en ellos sus verdaderos deberes". En esta misma línea, describe que ello permite el derecho de todos los ciudadanos a tener sufragio. Con estas afirmaciones distorsiona las ideas de la evidencia, considerando, además, que no las cita o parafrasea. Cuando continúa con las causas sociales, identifica la delincuencia del período y la mezcla con la discriminación vivenciada por los criollos, debido a que no podían participar en política. Por último, identifica el factor económico, vinculado con las tierras de dominio español que no eran bien aprovechadas, ya que los criollos "tenían que apagar arriendo". Con ello también se distorsiona la evidencia, ya que esta información no aparece en los documentos. Por tanto, la calidad de construcción de la cadena causal es baja. No utiliza conceptos clave en el desarrollo de las causas (ver rúbrica). La respuesta no logra integrar la explicación causal en su totalidad, pues no están presentes todos los factores y tampoco el significado histórico del hecho; se aprecia una crónica y no una explicación causal.

La última etapa está ausente.

SECUENCIA II° MEDIO, GUERRA DEL PACÍFICO

ESTRUCTURA CURRICULAR

Unidad 3 "La conformación del territorio chileno y de sus dinámicas geográficas" (Mineduc, 2011); la puesta en práctica se desarrolló durante el segundo semestre de 2016.

AE 01: Caracterizar, a partir de diversas fuentes de información geográfica, las etapas de conformación y poblamiento del espacio geográfico ligado a la historia de la sociedad chilena y su territorialización, considerando: Guerra del Pacífico.

AE 02: Explicar la relación entre territorio y sociedad en Chile, y las tensiones generadas interna y externamente en torno a este tema a lo largo del siglo XIX.

AE 03: Explicar la incidencia de los conflictos bélicos y las vías de negociación y paz en la experiencia histórica de Chile, a partir de la confrontación de diferentes interpretaciones históricas.

OBJETIVO DIDÁCTICO O CURRICULAR

- Identificar los antecedentes de la Guerra del Pacífico.
- Conocer la postura de Chile y Bolivia en relación al enfrentamiento.
- Describir las etapas del proceso bélico y sus consecuencias.
- Comprender las consecuencias humanas, políticas y sociales de la Guerra del Pacífico.

CONTENIDOS

Los contenidos de la unidad trabajados fueron:

- Causas de la guerra.
- Proceso de formación del territorio por diversas vías, incluida la bélica.
- Proceso de desarrollo económico y social del territorio con aportes regionales específicos.
- Proceso de incorporación de nuevos territorios durante el siglo XIX.

- Balance crítico sobre las consecuencias e implicancias de la expansión del territorio.

- Confrontación de interpretaciones historiográficas y consideración de visiones de contemporáneos para el estudio de los procesos del siglo XIX.

PREGUNTA ORIENTADORA

¿Qué consecuencias sociales y económicas se derivaron de este conflicto bélico?

FUENTES

Se diseñó una guía de trabajo considerando los aprendizajes esperados de la unidad y el tipo de escrito, correspondiente a una explicación consecuencial.

La estructura de la guía quedó conformada por tres fuentes:

Fuente 1: esta fuente (Blakemore, 1985) plantea cómo al finalizar la Guerra del Pacífico, Chile pasa por cambios no solo territoriales con el Tratado de Ancón de 1883; se suma un proceso industrializador y la mejora en los medios de transporte producto de la conexión entre el norte minero y el centro agrícola. Plantea además la existencia de un sentimiento de autoconfianza en el país a raíz del resultado de la guerra, que luego se refleja en los gobiernos de Santa María y Balmaceda.

Fuente 2: esta fuente secundaria corresponde a un documento publicado en la Revista de Historia UC de los autores Julio Pinto, Verónica Valdivia y Pablo Artaza (2003), denominado "Patria y Clase en los albores de la identidad pampina (1860-1890)". Los autores destacan las características que hicieron posible la conformación de una identidad pampina y los espacios de socialización que dieron pie a la conformación de un paisaje social multinacional en el que destacan el rol del proceso de descampesinización en la conformación de la población popular pampina –que da pie a la figura del llamado "roto chileno"– y el impacto que juega en ello la guerra.

Fuente 3: corresponde a una fuente secundaria, de Luis Bertolá, denominada "Bolivia, Chile y Perú desde la Independencia: una historia de conflictos, transformaciones, inercias y desigualdad" (2011). En ella, el autor hace un recorrido por las consecuencias económicas de la guerra y las repercusiones en el tipo de trabajo, los salarios, la recaudación de impuestos, la distribución de la población, y el auge de la industria y la agricultura. Contribuye a esto la utilización de dos tablas con datos de la distribución de la población y el ingreso, además de la distribución del PIB por sectores. En ambas se aprecian cifras anteriores y posteriores a la guerra. Por tanto, la fuente permite que los alumnos puedan extraer las principales consecuencias económicas del conflicto para Chile.

DISEÑO DE CLASES

Se diseñaron dos clases para tratar los contenidos conceptuales y procedimentales asociados al establecimiento de causas y consecuencias, y otras dos de trabajo grupal e individual para lectura y escritura.

Ejecución y mediaciones de clases

En la primera sesión (expositiva) se establecieron los antecedentes de la guerra con ayuda de un ppt. en el que se presentaron datos demográficos y económicos de la zona en conflicto, y los Tratados de Límites 1866 y 1874 con sus respectivos mapas históricos. Se leyeron fuentes sobre la situación de Bolivia previa al conflicto. Los alumnos respondieron utilizando la siguiente pregunta: ¿Qué factores son los que explican la declaración de guerra entre Chile y Bolivia?

En la segunda sesión (también expositiva) se presentaron las fases de la guerra intencionando preguntas dirigidas sobre los efectos de la Guerra del Pacífico.

En la tercera sesión fueron utilizadas dos horas para el trabajo con fuentes de manera grupal y dos para escribir el texto de respuesta.

Preguntas a la fuente 1:

* ¿Cuál era el clima previo al conflicto entre Chile y Bolivia?

* ¿Cuáles son las consecuencias territoriales, económicas y políticas para Chile luego del conflicto?

* ¿Qué evidencias te permiten establecer las consecuencias para Chile, Perú y Bolivia?

Preguntas a la fuente 2:

- ¿Cómo cambió el paisaje del norte con la actividad salitrera?

- ¿Qué características se aprecian en la población de esa zona?

- ¿Qué quiere decir el autor con el siguiente párrafo?: "Por otra parte, la guerra no modificó sustancialmente el carácter multinacional de la masa pampina, permaneciendo chilenos, peruanos y bolivianos unidos por una convivencia que combinaba la solidaridad, el trabajo compartido junto a las tensiones que ya se ha tenido ocasión de describir. En suma, no es exagerado sostener que hacia 1890 los hombres y mujeres de la pampa eran ya una especie en vías de afirmación. En ese proceso (...) la nación y la clase figuraron visiblemente como fuentes forjadoras de identidad".

- ¿Cómo la guerra cambió el estilo de vida y las relaciones personales?

- ¿Qué pasa con la identidad de quienes vivían en el norte salitrero luego del conflicto?

Preguntas a la fuente 3:

- ¿Qué ocurre con la conformación del Estado nacional después de la guerra?

- ¿Qué impactos se producen en la economía nacional luego de finalizado el conflicto?

- ¿Cómo se distribuye la población en Chile y su ingreso después del conflicto?

- ¿Qué sector o sectores de la producción se vieron favorecidos después de la guerra?

- ¿Por qué se habla de que la desigualdad decrece en Chile al llegar el siglo XX?

Para mejorar los procesos de pensamiento en los alumnos, en esta ocasión, para la fase grupal, se empleó una rúbrica, con la finalidad de evaluar el desempeño lector y las preguntas de las fuentes que debían resolver, de tal forma que sirviera para dar retroalimentación durante el proceso y evaluar el estado de avance de su trabajo.

RÚBRICA DE EVALUACIÓN

RÚBRICA FASE 1 GRUPAL: LEER Y ESCRIBIR CON LAS FUENTES

Género .... Curso ....

Integrantes ....

	EXCELENTE 3	INTERMEDIO 2	INSUFICIENTE 1
Lee	Presenta evidencias de la lectura de la(s) fuente(s), ya que puede identificar ideas fuerza y parafrasearlas, su exposición es completa, logrando presentar las ideas de manera correcta. Puede presentar algunos rasgos visibles como: subrayado de conceptos centrales y anotaciones al margen.	Presenta evidencias de la lectura de la(s) fuente(s), ya que puede identificar medianamente ideas fuerza y parafrasearlas, pero su exposición no es completa o contiene incoherencias, sin lograr presentar las ideas de manera correcta. Puede presentar algunos rasgos visibles como: subrayado de conceptos centrales y anotaciones al margen.	No presenta evidencias de la lectura de la(s) fuente(s), ya que no puede identificar ideas fuerza y parafrasearlas, lo que se puede apreciar en la forma como las expone, de manera incoherente e incompleta, pues no logra comprender el texto. Puede presentar algunos rasgos visibles como: subrayado de conceptos centrales y anotaciones al margen.
	EXCELENTE 7-6	**INTERMEDIO 5-3**	**INSUFICIENTE 2-1**
Escribe	Responde la pregunta estableciendo claramente los elementos clave que ella contiene, lo que se aprecia en el uso de la evidencia presente en la fuente. Para esto emplea citas y/o parafraseo de manera coherente, todo lo cual le permite reunir información para construir su escrito final.	Responde la pregunta de forma incompleta, pues faltan elementos clave de ella; a pesar de esto contiene evidencia que se ve reflejada en el uso de citas y parafraseo de manera coherente, pero esta debe ser mejorada, pues le falta más y mejor información para construir su escrito final.	Responde la pregunta de manera incorrecta, pues no considera los elementos que se encuentran presentes en ella o no utiliza de manera correcta la evidencia, careciendo de citas o parafraseo, lo que no le permite tener información suficiente para construir su escrito final. No responde la pregunta.

Puntaje .... Nota ....

Evaluación

La evaluación, como hemos visto, es tanto de proceso, con instrumentos simples como los que aparecen más arriba, como de producto; para esto se empleó la siguiente rúbrica:

EXPLICACIÓN CONSECUENCIAL

Dimensión	Criterio	DESTACADO	BUENO	INSUFICIENTE
ESTRUCTURA	Exposición	La exposición está presentada tipo ensayo (introducción, desarrollo, conclusión) y los argumentos e ideas aparecen de manera lógica y completa, especialmente en el desarrollo y las conclusiones.	La exposición es de tipo ensayo (introducción, desarrollo, conclusión), pero no logra establecer con claridad algunas de sus partes, específicamente en el desarrollo o las conclusiones.	La exposición es de tipo ensayo (introducción, desarrollo, conclusión), pero se encuentra incompleta, pues por lo general presenta el desarrollo, sin embargo no logra establecer conclusiones.
ESTRUCTURA	Género	Escribe de acuerdo con el género explicativo de tipo consecuencial: cumple con el objetivo del texto, sigue los pasos y ordena jerárquicamente las consecuencias.	Escribe de acuerdo con el género explicativo de tipo consecuencial, cumple con el objetivo y sigue los pasos; a pesar de ello no logra jerarquizar las consecuencias o carece de evidencia.	Escribe según el género explicativo, pero no cumple con todas las fases del mismo, por lo que no logra seguir los pasos del género en su totalidad, las consecuencias no están jerarquizadas o las confunde con las causas.
CONTENIDO	Conceptos	Los conceptos sustantivos del fenómeno están presentes en el texto y son coherentes en su uso.	Los conceptos sustantivos del fenómeno están presentes, pero no en su totalidad; a pesar de ello, los que ha mencionado los emplea en el desarrollo de las consecuencias.	Los conceptos sustantivos del fenómeno no están presentes y no son coherentes con las causas.
CONTENIDO	Perspectiva	El texto presenta una variedad de evidencias (fuentes, citas, paráfrasis) que son problematizadas rescatando los planteamientos nucleares de cada una y están integradas en el cuerpo del texto.	El texto presenta una variedad de evidencias (fuentes, citas, paráfrasis) que son problematizadas; a pesar de ello no logra rescatar los planteamientos nucleares o no se encuentran integradas en el cuerpo del texto.	El texto no presenta una variedad de evidencias, por lo tanto, no logra problematizar o rescatar las ideas nucleares de cada fuente.

(cont.)

EXPLICACIÓN CONSECUENCIAL (cont.)				
Dimensión	Criterio	DESTACADO	BUENO	INSUFICIENTE
EXPLICACIÓN	Agencia	El texto posee sentido y significación, otorgados por la presencia de agencia material (personajes, grupos o entidades sociopolíticas) y mental (con motivaciones claras) que influyen en el resultado del hecho o proceso.	El texto posee sentido y significación, otorgados por la presencia de agencia material (personajes, grupos o entidades sociopolíticas) y mental (con motivaciones claras); a pesar de ello no logra establecer las consecuencias claras del hecho o proceso histórico.	El texto carece de sentido o significación, pues no aparece la agencia material y/o mental, por lo que no se aprecia con claridad la jerarquía de las consecuencias ni los actores del hecho o proceso.
	Causalidad	La respuesta integra la explicación consecuencial de forma ordenada y coherente, estableciendo claramente la manera en que se generan determinados resultados históricos en el hecho o proceso, reformulando cómo determinadas causas producen luego consecuencias históricas del proceso en un mediano o largo plazo, las que aparecen ordenadas según su importancia.	La respuesta integra la explicación consecuencial de forma ordenada y coherente, estableciendo claramente la manera en que se generan determinados resultados; a pesar de ello no logra establecer con claridad todas las consecuencias del hecho o proceso y/o el significado histórico del mismo.	La respuesta no logra integrar la explicación consecuencial en su totalidad, pues no están presentes todos los resultados en los diferentes ámbitos y tampoco el significado histórico del hecho; se aprecia una crónica o relato y no una explicación consecuencial.

Uso de conectores

Para realizar el escrito se sugirieron ciertos conectores que permitieran a los alumnos mantener el sentido de este tipo de trabajo y facilitarles la exposición de sus ideas; para esto se proyectó la siguiente tabla:

Indicar consecuencias	Añadir ideas	Jerarquizar ideas
Por esto	Además	En primer lugar
Por tanto	También	En segundo lugar
Como resultado	Por otro lado	Por un lado
Por lo cual	Por otra parte	Para empezar
En consecuencia		

GUÍA EXPLICACIÓN CONSECUENCIAL: GUERRA DEL PACÍFICO

NOMBRE: .... CURSO: .... FECHA: ....

A continuación encontrarás algunas fuentes históricas que te permitirán comprender desde diferentes perspectivas las consecuencias de la Guerra del Pacífico, ocurrida durante la segunda mitad del siglo XIX.

1. FASE GRUPAL:

Lean históricamente cada fuente y luego respondan las preguntas utilizando evidencia.

2. FASE INDIVIDUAL:

Una vez terminada la fase 1, responde la pregunta final con ayuda de lo que hiciste en la primera fase.

FUENTE 1: Consecuencias de la Guerra del Pacífico

Encabezado:

El siguiente documento es un extracto de un texto del historiador Harold Blakemore, que introduce las principales consecuencias de la Guerra del Pacífico.

Vocabulario   Magnánimo: de espíritu noble y generoso.

Apatía: falta de dinamismo e interés.

Imbuyendo: impregnar un sentimiento determinado.

Autocrático: que el poder se concentra en una sola persona.

❝(...) Siguió la Guerra del Pacífico (1879-1883) en un momento cuando Chile no estaba preparado para ella ni política ni económicamente. Sin embargo, lo que sucedió en su falta de preparación, su debilidad económica y la incerteza política –sin mencionar el deplorable estado de sus fuerzas armadas– parece una preparación meticulosa en comparación con sus adversarios y el fuerte sentimiento de nacionalismo –no existe en Perú ni en Bolivia– probó ser una ventaja decisiva. Después de un incierto comienzo, las fuerzas terrestres y navales chilenas derrotaron decisivamente a las de Bolivia y Perú como lo habían hecho en 1830, y de un país tambaleante, al borde de la desintegración política y de un colapso económico de 1879, Chile emergió de la guerra en 1883 con sus posibilidades transformadas. Resistiendo la fuerte presión panamericana de un tratamiento magnánimo para los derrotados adversarios Chile se aseguró para la paz de una extensión de territorio nacional no menor a un tercio de la extensión original del país y, en las regiones salitreras de Atacama –Tarapacá peruano y Antofagasta boliviano–, una riqueza mineral que daría cuenta de alrededor de la mitad de los ingresos gubernamentales ordinarios por los próximos 40 años.

Por el Tratado de Ancón (octubre de 1883) firmado por Chile con un gobierno peruano al que las fuerzas chilenas habían ayudado a instalar, Perú cedió a Chile incondicionalmente y a perpetuidad su provincia de Tarapacá. También aceptó la posesión de Chile de sus provincias de Tacna y de Arica por una década, después de la cual, un plebiscito determinaría la propiedad final, debiendo pagar el ganador al perdedor 10 millones de pesos de plata chilenos.

Otros aspectos se relacionaron con los deudores de Perú, cuyas inversiones habían sido parcialmente amortizadas por los depósitos minerales de Tarapacá, una tregua separada con Bolivia –el Tratado de Paz se hizo realidad solo veinte años después– aseguró para Chile el territorio litoral de Antofagasta, cuyos depósitos salitreros eran solamente segundos en importancia a los de Tarapacá. La guerra en sí misma había dado un considerable ímpetu a la industrialización de Chile con la provisión de materiales, y a la agricultura y a los medios de transporte, debido a la necesidad de llevar provisiones desde el Valle Central al ejército en el desierto del Norte y, más adelante, a las fuerzas que ocuparon Perú. Esta energización de la economía chilena desde su estado de apatía en 1789 se mantuvo en los años 1880 debido al crecimiento dinámico de la nueva industria salitrera. El futuro de Chile parecía asegurado, y quizás el impacto más significativo de su éxito en la guerra fue acrecentar una ya alta reputación, imbuyendo a sus líderes con un sentimiento de auto-confianza nacional, en contraste con sus sentimientos de casi universal pesimismo unos pocos años antes. Nadie representa mejor la combinación de la aspiración nacional y el orgullo patriótico que los estadistas chilenos del siglo diecinueve que ocuparon la presidencia durante los años 1880: Domingo Santa María (1881-1886) y José Manuel Balmaceda (1886-1891). Ambos eran profundamente liberales por convicción, ambos no menos autocráticos por temperamento, y la posesión de la presidencia acentuó este rasgo. Ellos iban a presidir, en efecto la paradoja del mayor progreso material de Chile que el siglo vería, combinado con el colapso político y constitucional del sistema creado después de la independencia por Diego Portales".

(Blakemore, H. [1985]. Desde la Guerra del Pacífico hasta 1930. En L. Bethel [Ed.], *Chile desde la Independencia*, pp. 49-51, Cambridge University Press. Recuperado de http://biblioteca-digital.ucsh.cl/greenstone/collect/libros/index/assoc/ HASH81a2.dir/Chile.pdf)

* Escoge las citas del documento que representen las consecuencias de la Guerra del Pacífico a las que hace referencia el documento y clasifícalas, según corresponda, en económicas, políticas y sociales.

FUENTE 2: La identidad pampina: territorio y clase social

Encabezado:

Uno de los elementos más importantes de la vida en las salitreras fue la constitución de una identidad particular. En el siguiente ejemplo se sientan las bases de una tesis que relaciona la identidad con la conciencia de clase.

Vocabulario   Fisonomía: apariencia.

Laureado: premiado, destacado.

Coadyuvó: contribuir a que algo se realice.

❝ Hacia fines de la década de 1880, la identidad popular pampina se encontraba en franco proceso de cristalización. Tras varias décadas de desarrollo de la industria salitrera, tanto las oficinas como los poblados y puertos iban ya adquiriendo su fisonomía "clásica", con grandes plantas mecanizadas, miles de trabajadores repartidos por la pampa, líneas férreas uniendo la costa con el interior, y las faenas y formas de sociabilidad que dieron forma al paisaje social característico de ese mundo. Incluso el poblamiento había perdido un poco de esa transitoriedad que marcó las etapas iniciales, pese a que las oleadas migratorias seguirían entrando y saliendo de la zona durante lo que restaba del ciclo. Pese a ello, los que iban y venían solían ser cada vez más los mismos, y ya comenzaban a crecer las primeras generaciones nacidas en la propia pampa, con todo lo que ello implica en términos de afianzamiento familiar y cultural. Por otra parte, la guerra no modificó sustancialmente el carácter multinacional de la masa pampina, permaneciendo chilenos, peruanos y bolivianos unidos por una convivencia que combinaba la solidaridad, el trabajo compartido junto a las tensiones que ya se ha tenido ocasión de describir. En suma, no es exagerado sostener que hacia 1890 los hombres y mujeres de la pampa eran ya una especie en vías de afirmación. En ese proceso (...) la nación y la clase figuraron visiblemente como fuentes forjadoras de identidad.

(...) De ese modo, al estallar la guerra y hacerse necesaria la participación activa de esos trabajadores en el esfuerzo militar, el terreno ya se hallaba abonado para recibir el discurso unitario y celebratorio que ensalzó las virtudes del "roto chileno", y proyectó sus promesas de integración y ciudadanía hacia una etapa posterior. Para los laureados veteranos del 79, la patria ya no aparecía solo como un espacio de reconocimiento común, sino también como la obra del propio esfuerzo y la destinataria de los mayores sacrificios. Si se acepta la frecuente homologación entre el nacionalismo y los procesos de modernización, podría aventurarse que en esto incidieron tanto las experiencias de desarraigo que facilitaron la emergencia de un nuevo sentido de comunidad, como la aparición de un poder estatal decidido a crear patriotas que se identificaran lealmente con su respectivo Estado-nación. Ambos factores, como se ha visto más arriba, parecen efectivamente haber hecho su aporte (...). El advenimiento de la República y los primeros indicios de modernización económica aceleraron significativamente este proceso a través de experiencias masivas de descampesinización y traslado a centros urbanos y regiones mineras. El circuito así iniciado se prolongó hacia el extranjero, llevando a miles de trabajadores chilenos a las costas de California, Bolivia o Perú, dando lugar a un desarraigo más profundo y definitivo que todo lo vivido anteriormente. Este fenómeno, que este artículo ha caracterizado recurriendo a la noción de 'viaje' postulada por Benedict Anderson, habría fortalecido el impulso de buscar nuevos lazos de unidad y sentidos de pertenencia. La estadía en lugares muy alejados de su hábitat tradicional, de los cuales era difícil regresar y que los obligaba a convivir con grupos humanos diferentes, coadyuvó a profundizar su identificación con la patria abandonada".

(Pinto, J., Valdivia, V. & Artaza, P. [2003]. Patria y Clase en los albores de la identidad pampina [1860-1890]. *Revista Historia UC*, vol. 36, Pontificia Universidad Católica de Chile)

* Identifica los aspectos que los autores plantean como consecuencias de la Guerra del Pacífico.

* Identifica las citas que contienen la información necesaria para plantear las consecuencias sociales de la Guerra del Pacífico, subráyalas en el texto y parafraséalas.

FUENTE 3. Después de la guerra

Encabezado:

Una de las principales características de la Guerra del Pacífico fueron sus consecuencias a largo plazo, elementos graficados en el presente documento.

Vocabulario   Fisco: conjunto de bienes y rentas que pertenecen al Estado.

❝Dos aspectos nos interesa resaltar. Por un lado, que esta guerra parece concluir el período de formación de los estados nacionales tal como los conocemos hoy en día, y tiene muchas repercusiones en el poder relativo instaurado en la región y el impacto que ese desenlace tuvo en la propia dinámica de los estados y las sociedades involucradas. Por otro lado, nos interesa estimar de qué manera el resultado de la guerra impactó sobre el desarrollo de corto y mediano plazo de estas economías. La década de 1870 fue una década de crisis y la guerra era una medida posible, entre otras, para salir de la crisis. Esto estaba, y estaría por mucho tiempo más, en el espíritu de la época. Basta ver lo que les esperaba a las economías avanzadas del planeta durante las tres décadas de 1914 a 1944, o sea aun casi 40 años después.

Para Chile, los años de 1870 mostraron el fin del ciclo triguero, la crisis de la producción de cobre, sumado a una crisis internacional de importantes magnitudes. Aun cuando esta crisis fue una de las más severas en la historia de Chile, no parece haber sido tan dramática como la del producto per cápita peruano, que según Seminario habría caído un 16% entre 1873 y 1878. Chile desató una guerra para conquistar territorios que por distintos motivos entendía le podían pertenecer. La expansión al Norte Grande, donde a pesar de ser territorio boliviano operaban muchas empresas propiedad de chilenos y británicos, y la expansión en la frontera Sur, conquistando la Araucanía, llevaron prácticamente a duplicar el territorio chileno. El cuadro 7 muestra el impacto que ello tuvo en la distribución territorial de la población y el producto chilenos, y el cuadro 8 la distribución sectorial, en la que la minería aumentó su participación en relación a la agricultura. También se produjeron cambios importantes en el origen de las finanzas públicas. Hasta 1880, los ingresos por concepto de importaciones representaron, en promedio, casi el 60 por ciento del ingreso fiscal total. Este aporte cae cuando se incorpora como fuente de financiamiento el derecho de exportación cobrado al salitre tras la Guerra del Pacífico. Este derecho llegó a significar prácticamente la mitad de los ingresos fiscales entre 1900 y 1913, y se tradujo en una reducción o eliminación de diferentes impuestos internos a finales del siglo XIX (Meller 1996; Wagner 2005). El fisco cobró un derecho de exportación al salitre en la forma de un impuesto unitario o específico, recaudando el equivalente al 50% de la utilidad de la explotación, monto que se recargó al consumidor extranjero, lo que lo hacía un tributo óptimo. Buena parte de estos recursos fiscales fueron invertidos en la ampliación de las redes ferroviarias, completando la red longitudinal Arica-Puerto Montt a comienzos del siglo XX (...).

Como señala Rodríguez Weber (2011), la estructura fuertemente desigual del sistema basado en la hacienda en el Valle Central de Chile se había consolidado con la expansión triguera, período en el que la condición de los inquilinos se había deteriorado debido a una mayor presión por parte de los hacendados. La distribución del ingreso se había movido a favor de hacendados, mineros y el sector comercial. Sin embargo, a partir de la Guerra del Pacífico y la conquista de la Araucanía, la desigualdad dentro de Chile parece haberse reducido. La producción de nitratos en el norte adoptó formas capitalistas y demandó una fuerza de trabajo libre, los gañanes, que fue atraída con salarios relativamente altos si se los pone en relación con lo que estos trabajadores podían aspirar a recibir en las viejas haciendas. Es cierto que parte del ingreso fue apropiado por compañías inglesas, pero aun cuando tomemos como medida de la desigualdad la distribución entre ganancias y salarios, y que incluyen las ganancias de los empresarios ingleses, la desigualdad parece haberse reducido hasta entrado el siglo XX.

La expansión de la frontera en el sur adoptó una variedad de formas, resultado de la combinación del viejo sistema de hacienda con nuevas formas de asentamiento de colonias europeas, ocupación espontánea por parte de campesinos y concesiones del estado a empresas y a personal de las fuerzas armadas. Al inicio de la expansión, se trataba de una región con relativamente baja desigualdad que contribuyó a la reducción general antes señalada...".

CUADRO VII.7
DISTRIBUCIÓN REGIONAL DE LA POBLACIÓN Y EL INGRESO DE CHILE, 1875-1907
(En porcentajes)

	Región	Porcentaje de ingreso	Porcentaje de la población	Relación porcentaje de ingreso/ población
	Norte	17	12	1,4
1875	Centro	70	75	0,9
	Sur	13	13	1,0
	Norte	22	17	1,3
1885	Centro	64	66	1,0
	Sur	14	17	0,8
	Norte	28	18	1,6
1907	Centro	57	65	0,9
	Sur	15	17	0,9

Fuente: Bertola y Rodríguez Weber (2009: Cuadro 4).

CUADRO VII.8
DISTRIBUCIÓN SECTORIAL DEL PIB CHILENO, 1871-1910
(En porcentajes promedio)

	Agricultura	Minería	Manufacturas	Sector Público	Total
1871-1880	39	17	35	9	100
1881-1890	27	26	36	12	100
1891-1900	25	28	34	12	100
1901-1910	22	32	29	17	100
1911-1920	23	37	27	13	100
1921-1930	24	36	29	12	100

Fuente: Basado en Díaz et. al. (1998), Cuadro AE 12.

(Bertolá, L. [2011]. Bolivia, Chile y Perú desde la Independencia: una historia de conflictos, transformaciones, inercias y desigualdad. En *Institucionalidad y recursos en América Latina*, Cepal)

- Identifica las consecuencias de la Guerra del Pacífico según lo leído en la fuente.

- Establece al menos cuatro conclusiones válidas como consecuencias de la Guerra del Pacífico, que se sustenten en la información entregada por los cuadros VII.7 y VII.8.

- ¿Qué consecuencias sociales y económicas se derivaron de la Guerra del Pacífico?

ANÁLISIS RESPUESTAS DE ESTUDIANTES

CASO 1. BUENO

G GÉNERO Adhesión al propósito: "nombrar y explicar consecuencias sociales y económicas" Identifica el fenómeno: Guerra del Pacífico **A ABSTRACCIÓN** Nominalización: expansión territorial **VT VOCES EN EL TEXTO** Monoglosia, uso impersonal "se derivan"	Este texto tiene como objetivo **G** nombrar y explicar consecuencias sociales y económicas que **VT** se derivan de la Guerra del Pacífico a fines del S. XIX en Chile, teniendo en cuenta la **A** expansión territorial del país, la importancia del salitre y el fin de la Guerra del Pacífico, que se desarrolla de 1879 a 1883.
ETAPA DEL GÉNERO: inicio + adhesión al propósito	

FIGURA 50: Análisis de respuesta estudiante de II° Medio

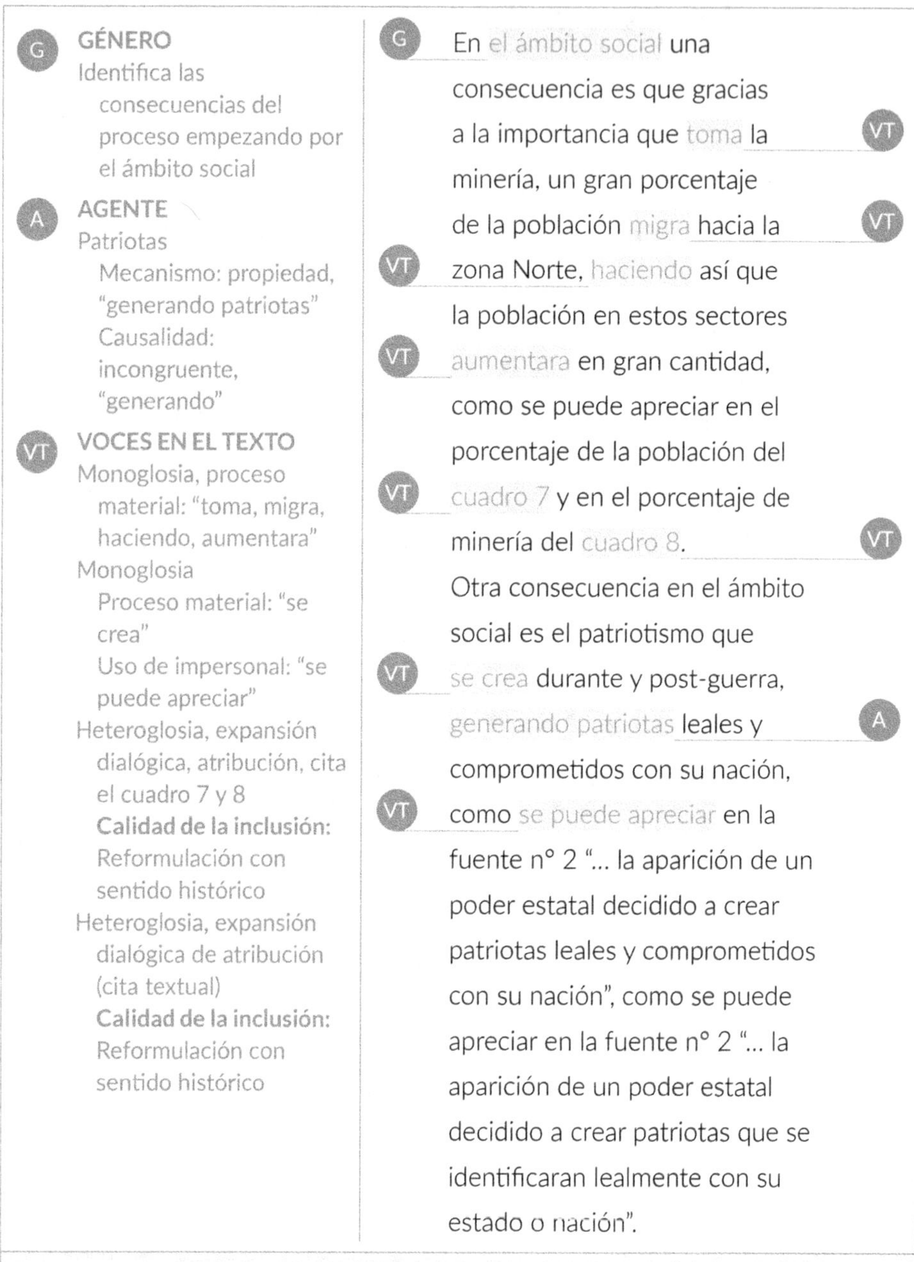

FIGURA 51: Análisis de respuesta estudiante de II° Medio

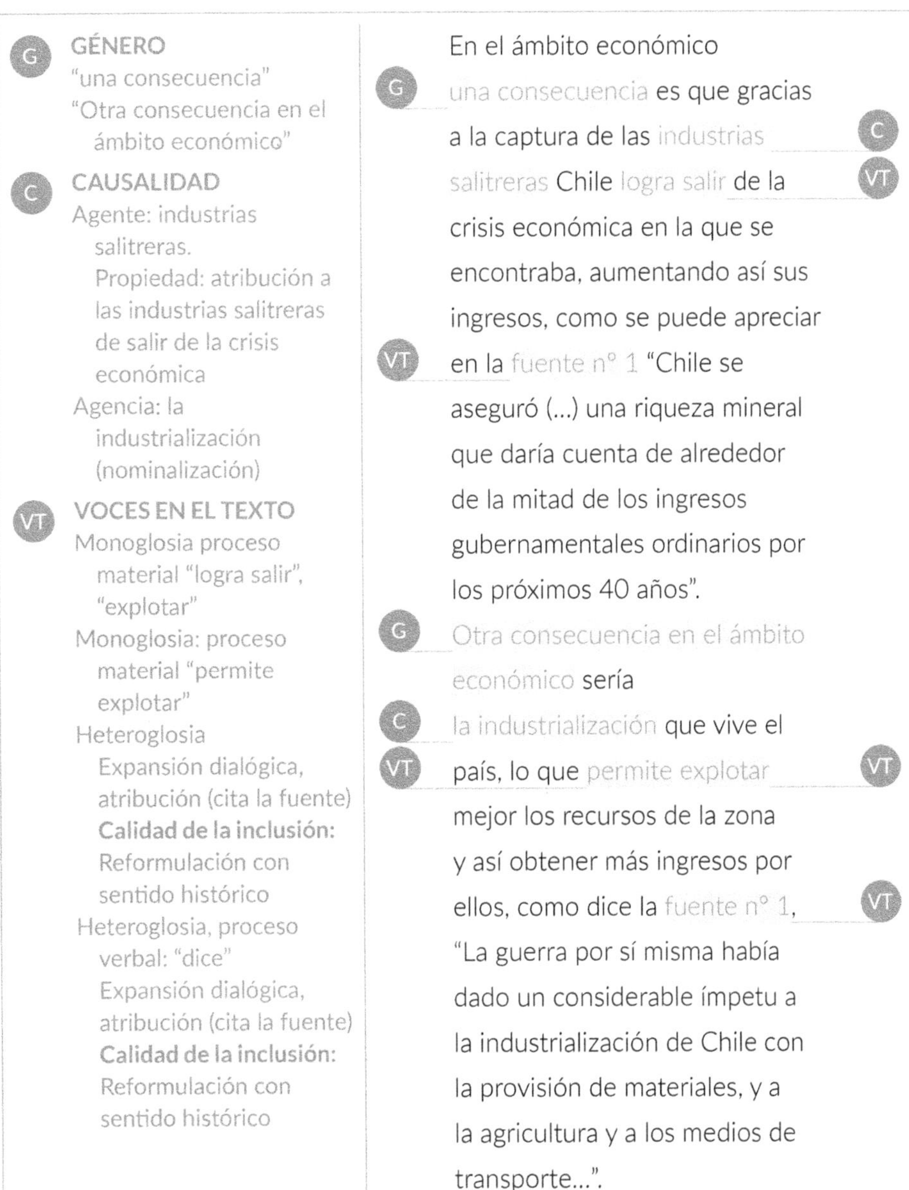

FIGURA 52: Análisis de respuesta estudiante de II° Medio

(G) GÉNERO
Concluye jerarquizando consecuencias: "Finalmente, la consecuencia más importante"

(C) CAUSALIDAD
Nominalización: "la obtención... de la industria"
Agencia: crecimiento de la industria salitrera
Mecanismo: finalidad, "le permitió a nuestro país salir de la crisis" (referencia a cuadros de la fuente 3)

(VT) VOCES EN EL TEXTO
Monoglosia, procesos materiales: "toma", "muestran", "salir de la crisis", "se logra recuperar"
Heteroglosia: expansión dialógica, atribución (alude a la fuente)
Calidad de la inclusión: Incorporación errónea

(G) Finalmente, la consecuencia más importante en la zona norte del país, gracias a la importancia (VT) que toma la minería en esta época, como muestran los (VT) cuadros de la fuente 3. Y la (G) consecuencia más importante en lo económico sería la obtención (C) y el crecimiento de la industria (C) salitrera, lo que le permitió a nuestro país salir de la crisis en que se encontraba sumergido, (VT) como se puede apreciar en la cita "... y de un país tambaleante, al borde de una desintegración política y de un colapso en 1879, Chile emergió de la guerra de 1883 con sus posibilidades transformadas", como dice la fuente n° 1. Finalmente luego de un siglo difícil lleno de desórdenes y crisis políticas y (VT) económicas, se logra recuperar el orden y la estabilidad producto de la victoria en la Guerra del Pacífico.

ETAPA DEL GÉNERO: organización de consecuencias según tiempo o estructura de análisis + adhesión + abstracción + voces – calidad inclusión

FIGURA 53: Análisis de respuesta estudiante de II° Medio

CASO 2. SUFICIENTE

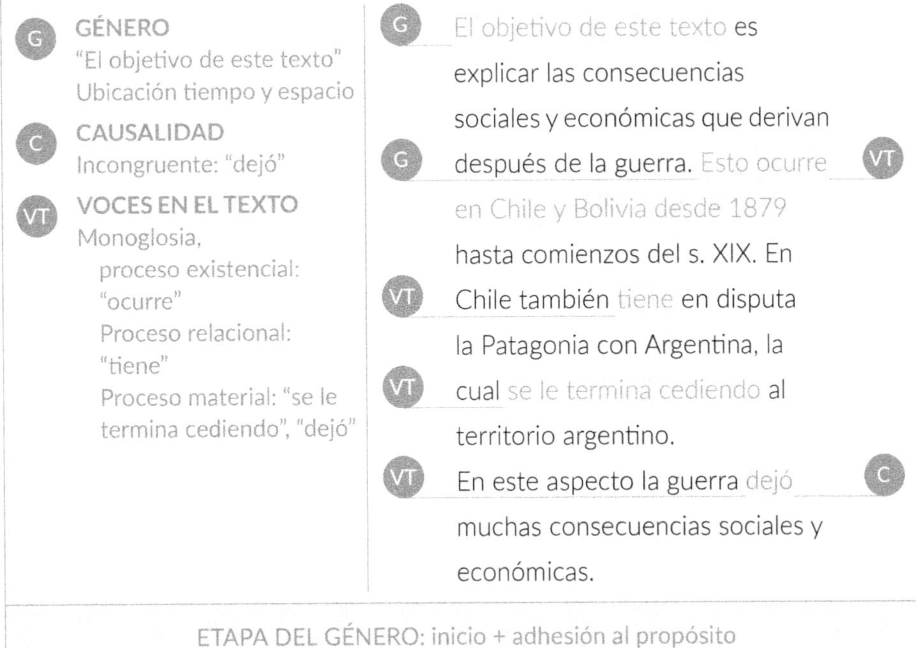

FIGURA 54: Análisis de respuesta estudiante de II° Medio

FIGURA 55: Análisis de respuesta estudiante de II° Medio

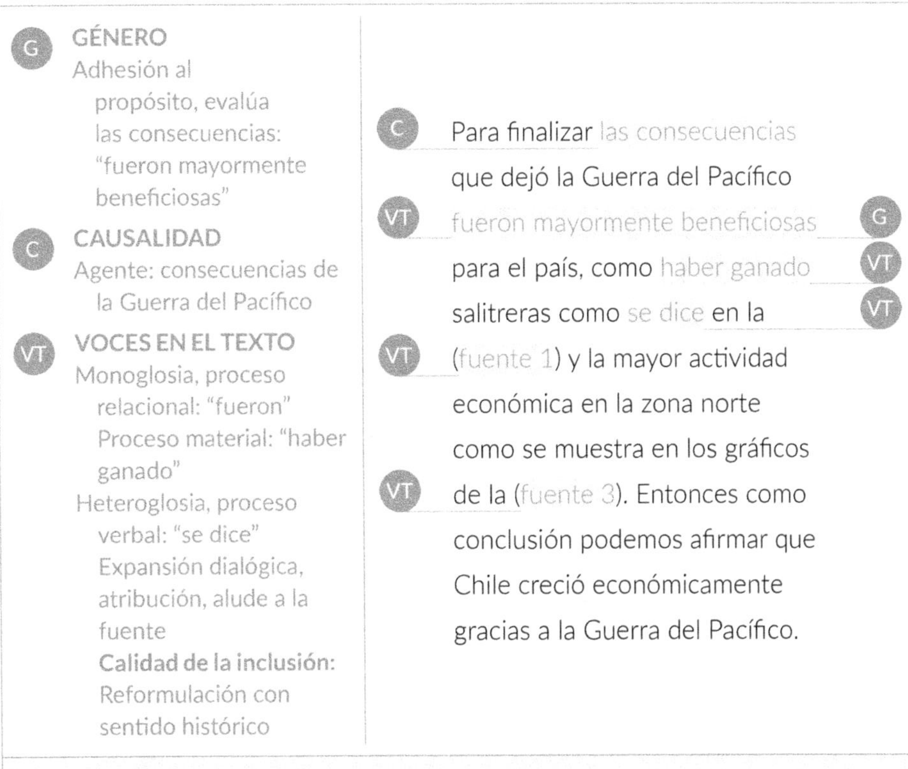

FIGURA 56: Análisis de respuesta estudiante de II° Medio

EVALUACIÓN

OBJETIVOS

- Identificar los antecedentes de la guerra.
- Conocer la postura de Chile y Bolivia en relación al enfrentamiento.
- Describir las etapas del proceso bélico y sus consecuencias.
- Comprender las consecuencias humanas, políticas y sociales de la Guerra del Pacífico.

Para el logro de los objetivos, el texto debía: escribe de acuerdo con el género explicativo de tipo consecuencial, cumple con el objetivo del texto, sigue los pasos y ordena jerárquicamente las consecuencias. Asimismo, el texto se basa en evidencias (fuentes, citas, paráfrasis) que son problematizadas rescatando los planteamientos nucleares de cada una y están integradas en el cuerpo del texto. Por último, el texto integra la explicación consecuencial de forma ordenada y coherente, estableciendo claramente la manera en que genera determinados resultados históricos en el hecho o proceso, reformulando cómo determinadas causas producen luego consecuencias históricas del proceso en un mediano o largo plazo, las que aparecen ordenadas según su importancia.

CASO 1

En la etapa de "inicio" se explicita el propósito y las consecuencias del fenómeno que se va a explicar: Guerra del Pacífico. El texto está de acuerdo con el género explicativo de tipo consecuencial y cumple con el objetivo.

En la etapa de "determinación de consecuencias", comienza describiendo el ámbito social utilizando la fuente 2 e identificando los efectos del proceso histórico, como las migraciones y el sentimiento patriótico que se fue gestando con la guerra. Con respecto a la calidad de la inclusión de la evidencia del cuadro VII.7 y VII.8, del documento 3, extrae información clave, por tanto, reformula con sentido histórico. Así, el texto presenta una variedad de evidencias (fuentes, citas, paráfrasis) que son problematizadas rescatando los planteamientos nucleares de cada una y están integradas en el cuerpo del texto.

Posteriormente, en la misma etapa de "determinación de consecuencias", aborda el ámbito económico utilizando conceptos como "industria salitrera", "crisis económica" e "industrialización", dando al texto un alto nivel de abstracción mediante la incorporación de otras voces (alude directamente a la fuente 1), reformulando la evidencia con sentido histórico.

En la etapa de "organización de consecuencias según tiempo o estructura de análisis", evalúa la consecuencia más importante del proceso, vinculada al "crecimiento de la industria salitrera". Este factor contribuye al "orden político del país", por tanto, ambas consecuencias están relacionadas desde una perspectiva unicausal (un factor posibilita al otro). Para ello, el estudiante cita la fuente 1, aunque distorsiona las ideas nucleares (incorporación errónea) de esta evidencia, ya que no se aborda la estabilidad política después de la guerra, sino el sentido patriótico que se generó. Esto resta calidad a la respuesta.

CASO 2

En la etapa de "inicio" se explicita el propósito, enmarcando en un tiempo y espacio el proceso histórico. En esta fase establece erróneamente el contexto temporal del proceso, lo que significa que no distingue con claridad la secuencia de años y su relación con el siglo al decir "esto ocurre en Chile y Bolivia desde 1879 hasta comienzos del s. XIX", entonces la evaluación corresponde al nivel suficiente. Además, entrega información no pertinente a la pregunta y que no se relaciona con la evidencia presente en las fuentes.

En la etapa de "determinación de consecuencias" comienza identificando el ámbito social, pero con cadenas causales que no tienen un sentido histórico. Por ejemplo, aborda el patriotismo como si fuera un personaje. Además, no menciona la migración como una consecuencia relevante del proceso histórico aludido y explica que "hay un aumento de la población debido a mayores ingresos y necesitad de mano de obra". Por ello, la inclusión de la evidencia no es de calidad.

Posteriormente, en la misma etapa de "determinación de consecuencias", aborda implícitamente el ámbito económico a través de la industria salitrera. Para ello referencia la fuente 1, distorsionando las ideas nucleares de esta evidencia, que se centra en el sentido patriótico que vivió la sociedad con la Guerra del Pacífico. El estudiante menciona explícitamente un estado de apatía de la economía chilena desde 1879 y el texto hace alusión a que adquiere energía con este proceso histórico en 1880. Por tanto, incorpora la evidencia de forma errónea.

En la etapa de "organización de consecuencias según tiempo o estructura de análisis", evalúa las consecuencias afirmando que "fueron mayormente beneficiosas", no obstante, al desarrollar su explicación, solo se centra en el ámbito económico. Con respecto a la calidad de la inclusión de la evidencia, esta se presenta reformulada con sentido histórico. Sin embargo, la respuesta no logra integrar la explicación consecuencial en su totalidad, pues no están presentes todas las consecuencias en los diferentes ámbitos según las fuentes y tampoco el significado histórico del proceso; aparece como una narración en que el origen de la evidencia se reconoce, pero su importancia no está claramente establecida.

SECUENCIA III° MEDIO, GOLPE DE ESTADO EN CHILE

ESTRUCTURA CURRICULAR

En esta ocasión, el contenido se trabajó para III° Medio de acuerdo al Programa de Estudios del Mineduc para ese nivel, publicado en octubre de 2015, específicamente la Unidad 3: El quiebre de la democracia y la dictadura militar.

AE 12: Analizar y comparar críticamente diversas visiones políticas e interpretaciones historiográficas sobre la crisis que desemboca en el quiebre democrático de 1973.

AE 13: Caracterizar los principales rasgos del golpe de Estado y de la dictadura militar en Chile, incluyendo: la violación sistemática de los Derechos Humanos, la violencia política y la supresión del Estado de derecho.

OBJETIVO DIDÁCTICO O CURRICULAR

Identificar los factores que contribuyeron al clima de polarización y crisis de la sociedad chilena de inicios de los '70.

- Analizar fuentes primarias sobre el período (como testimonios, documentales, prensa y discursos) y reconocer en ellas posturas y corrientes de opinión y actores relevantes.

- Describir el golpe de Estado de 1973 e identificar las medidas y prácticas institucionalizadas de la dictadura que ponen fin al Estado de derecho en Chile (clausura del Congreso, suspensión de la Constitución, censura y represión, entre otros).

- Comparar distintas visiones sobre el golpe de Estado de 1973 y el quiebre de la democracia, utilizando fuentes primarias y secundarias.

CONTENIDOS

Los contenidos desarrollados en clases para trabajar el tema golpe de Estado son los siguientes:

- Visiones político-ideológicas e interpretaciones historiográficas sobre la crisis que desemboca en el quiebre democrático de 1973.

- El golpe de Estado de 1973 y la dictadura militar: violación sistemática de los Derechos Humanos, violencia política, supresión del Estado de derecho, modelo económico neoliberal, institucionalidad política y relaciones internacionales.

PREGUNTA ORIENTADORA

Si la junta de gobierno de 1973 y sus defensores justificaron el golpe de estado con el argumento de la inconstitucionalidad, la falta de democracia y el no cumplimiento de las garantías constitucionales de la UP y del gobierno de Allende, ¿por qué el gobierno de la Junta de 1973 se caracterizó por estar contra el Estado de derecho, los Derechos Humanos y la democracia en Chile?

FUENTES

La guía está conformada por tres fuentes, una primaria y dos secundarias, y cada cual tiene asociada la pregunta/problema con que los alumnos deben trabajar para realizar un escrito factorial, esto es, que debe explicar las razones o factores que contribuyeron a que se produjera un proceso o resultado (Coffin, 2006); por esto resulta necesario que los contenidos de clase y las fuentes de la guía se orienten hacia esta meta.

Fuente 1

Corresponde al Bando N° 5 del 11 de septiembre de 1973 firmado por la Junta de Gobierno. En líneas generales, esta fuente primaria expone las razones por las cuales las Fuerzas Armadas cuestionan el gobierno de Salvador Allende y se deciden a actuar, dado el clima en que, según los autores, ha caído Chile. De este modo establecen una serie de argumentos que justifican su proceder y la instalación del nuevo gobierno.

Fuente 2

Se trata de una fuente secundaria escrita por la historiadora Verónica Valdivia, en la que desarrolla la idea expresada por la Junta de Gobierno desde el mismo 11 de septiembre, "el estar en situación de guerra interna". Esto sumado al concepto de seguridad nacional, que permiten entender la necesidad de neutralizar al enemigo interno, pues las Fuerzas Armadas tildaban a los adversarios de ser "enemigos de la nación"; dicho fenómeno no es exclusivo de Chile, es posible verlo en las dictaduras de América del Sur. Debemos tener en cuenta que lo presentado a los alumnos corresponde a un extracto de dos párrafos de la publicación.

Fuente 3

En este caso se trata de una fuente secundaria que lleva por título "La defensa de los derechos humanos en Chile y el terrorismo 1973-1990", de Roberto Garretón, abogado que fuera jefe del área jurídica de la Vicaría de la Solidaridad durante la dictadura militar. Para esta ocasión se han utilizado algunos segmentos del documento original a manera de extracto.

En la fuente se plantea que desde el mismo día del golpe y bajo esta lógica de guerra se asesina, detiene, desaparece y/o tortura a personas. Junto con esto se refiere al tenor de los documentos oficiales, como los bandos, donde se expresa la visión que debe cumplir el gobierno militar en la lucha contra el marxismo.

El documento también hace un recorrido por las violaciones a los DD. HH. de la dictadura, en especial cuando estas se amparaban en decretos ley de los que se hace una descripción necesaria, en este caso, para que los alumnos tengan evidencias para responder al problema histórico.

DISEÑO DE CLASES

En el diseño se pensó en clases expositivas y de trabajo con fuentes, clases de lectura de fuentes y trabajo grupal, y una final para escribir una explicación factorial.

Primera sesión: en esta clase expositiva se plantearon las ideas centrales en relación a los aprendizajes esperados, se realizaron lecturas de fuentes para establecer causas del golpe de Estado, así como preguntas a los alumnos que debían ser respondidas en base a evidencia.

Segunda sesión: corresponde a la práctica de lectura de fuentes, que en este caso se hace de manera grupal intencionando el uso de evidencia y el empleo de conceptos clave, agentes y verbos causales. Una segunda parte corresponde a responder de manera grupal preguntas sobre cada una de las fuentes con la finalidad de obtener información para contestar la pregunta final.

Tercera sesión: en esta última fase, los alumnos trabajaron individual-mente, a través de una explicación factorial, en la respuesta a la pregunta histórica empleando la evidencia presente en las fuentes.

Preguntas a la fuente 1:

- ¿Quién es el autor de la fuente?

- ¿Qué ideas plantea sobre la situación de Chile antes del Golpe?

- ¿Cómo ven el gobierno de Allende los autores?

- ¿Qué cuestionamientos hacen en lo político y en lo económico al gobierno de Allende?

- ¿Qué principios están dispuestos a utilizar para combatir al régimen de la UP y a sus adherentes?

- ¿Qué argumentos sostienen la legitimidad de su actuar al constituir la Junta?

Preguntas a la fuente 2:

- ¿Cuál es la postura ante el marxismo que tienen los miembros de la Junta?

- ¿Cómo se justifica el estar en estado de guerra interna en el país?

- ¿Qué significa que la Junta se centre en poner en práctica el concepto de "seguridad nacional"?

- ¿Qué ideales o principios defiende el nuevo gobierno militar? ¿De qué forma está dispuesto a imponer los cambios?

Preguntas a la fuente 3:

- ¿Con qué intenciones se utilizan los bandos por parte de la Junta?

- ¿De qué forma se legitima el nuevo gobierno ante la ciudadanía?

- ¿Qué ocurre con la vida política en Chile al momento de asumir la Junta de Gobierno?

- ¿Qué rol le cabe al poder judicial en la nueva legislación vigente a partir del Golpe?

- ¿Cómo caracteriza las violaciones a los Derechos Humanos el autor? ¿Qué evidencias tienes de ello?

- ¿Cómo la nueva legislación trata el tema de los Derechos Humanos? ¿Qué se está legitimando con ella?

Escritura

El género propuesto para el escrito final de los alumnos fue una explicación factorial compleja que tiene como finalidad establecer las causas que permiten entender por qué el nuevo gobierno termina realizando lo mismo que cuestionaba del gobierno anterior.

En las mediaciones se enfatizó el uso de conectores tales como:

Ordenar el discurso	Explicar	Concluir o terminar
En primer lugar	Esto es	En conclusión
Para empezar	En efecto	Para terminar
En segundo lugar	En otras palabras	En definitiva
A continuación	Con esto quiero decir	En resumen
Finalmente	Es decir	En síntesis

Durante el proceso de trabajo grupal se utilizó la siguiente tabla con preguntas con la finalidad de mediar el pensamiento de los alumnos al momento de realizar la lectura y la respuesta a las preguntas de cada fuente:

	Construcción de evidencia	Adhesión al propósito	Metacognición
ESCRIBIR	- ¿La argumentación se basa en evidencia? - ¿Cuáles son las evidencias que te permiten responder la pregunta? - ¿En qué te basas para afirmar esto?	- ¿Cuántos elementos tiene la pregunta? - ¿Cuáles son los conectores más importantes que tienes que utilizar? - ¿Cuál es el verbo que tienes que usar en el objetivo?	- ¿Qué información contiene la fuente? - ¿Cómo organizaste tu respuesta? - ¿Qué operación usaste? y ¿por qué?, háblanos de lo que pensante... - ¿Por qué piensas eso?

RÚBRICA DE EVALUACIÓN

Dimensión	Criterio	LOGRADO 3	SUFICIENTE 2	INSUFICIENTE 1
ESTRUCTURA	Exposición	La exposición está presentada tipo ensayo (introducción, desarrollo, conclusión) y los argumentos e ideas aparecen de manera lógica.	En la exposición faltan algunas secciones del ensayo (introducción, desarrollo, conclusión), con algunos argumentos poco claros.	La exposición no está presentada como ensayo (introducción, desarrollo, conclusión), y los argumentos son poco claros y/o están ausentes.
ESTRUCTURA	Género	Género explicativo de tipo factorial: cumple con el objetivo del texto, sigue los pasos y ordena jerárquicamente las causas.	El texto no cumple con uno de los requisitos del género: establecer el objetivo del texto, sus pasos, orden jerárquico de las causas.	El texto no cumple con dos o más de los requisitos del género: establecer el objetivo, los pasos y/o el orden jerárquico de las causas.
CONTENIDOS	Conceptualización	Los conceptos sustantivos del fenómeno están presentes en el texto y son coherentes en su uso.	Algunos de los conceptos sustantivos del fenómeno están ausentes en el texto o son incoherentes en su uso.	La mayoría de los conceptos sustantivos del fenómeno está ausente en el texto y/o es incoherente en su uso.
CONTENIDOS	Perspectiva	El texto es heteroglósico: presenta una variedad de evidencias (fuentes, citas, paráfrasis) que son problematizadas rescatando los planteamientos nucleares de cada una y están integradas en el cuerpo del texto.	El texto presenta una heteroglosia restringida: presenta la inclusión de algunas evidencias pero solo anexas a la perspectiva principal, por lo tanto, no son mayormente problematizadas (pero sí integradas en el cuerpo).	El texto es monoglósico: presenta una interpretación única y/o expone un número de evidencias que no son problematizadas ni integradas en el cuerpo del texto. Se limita a exponerlas como ejemplos o hipertexto.
EXPLICACIÓN	Agencia	El texto posee sentido y significación, otorgados por la presencia de agencia material (personajes, grupos o entidades sociopolíticas) y mental (con motivaciones claras).	El texto posee algunas imprecisiones en el sentido y/o significación, ya que se pierde el foco de la agencia material o de la agencia mental, sobrenominalizando los procesos ("se sucedieron los hechos").	El texto no tiene sentido ni significación, es impreciso en la adjudicación de agencias, no existe un foco claro de agencia material ni mental, y se sobrenominalizan los procesos.
EXPLICACIÓN	Causalidad	La respuesta integra la explicación causal de forma ordenada y coherente, estableciendo claramente los factores del hecho en cuestión.	La respuesta integra la mayoría de los elementos de la explicación causal, con algunos elementos faltantes y/u orden confuso.	La respuesta no presenta una explicación causal coherente, construyendo solo un recuento histórico (cronología).

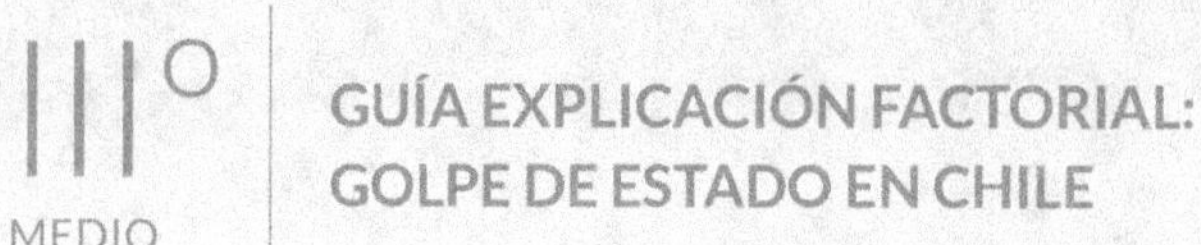

NOMBRE: .... CURSO: .... FECHA: ....

Unidad 3: El quiebre de la democracia y la dictadura militar.

AE 12 Analizar y comparar críticamente diversas visiones políticas e interpretaciones historiográficas sobre la crisis que desemboca en el quiebre democrático de 1973.

AE 13 Caracterizar los principales rasgos del golpe de Estado y de la dictadura militar en Chile, incluyendo: la violación sistemática de los Derechos Humanos, la violencia política y la supresión del Estado de derecho.

A continuación encontrarás 3 fuentes históricas que te permitirán comprender desde diferentes perspectivas el proceso del golpe de Estado de 1973 en Chile. El trabajo debes desarrollarlo primero en una fase grupal y luego en una individual.

1. FASE GRUPAL:

Lean históricamente cada fuente y luego respondan las preguntas de cada una empleando evidencia.

2. FASE INDIVIDUAL:

Una vez terminada la fase 1, responde la pregunta final con ayuda de lo que hiciste anteriormente.

FUENTE 1: Bando N° 5 del 11 de septiembre de 1973

Encabezado: Los bandos fueron mandatos de orden superior que se imponen bajo amenaza y que contienen recursos ideológicos, normativos y propagandísticos. Los objetivos de los bandos eran tres: 1) asegurar el control político militar mediante una comunicación efectiva, 2) instar a la ciudadanía a adherirse a su causa, 3) ofrecer información a la población sobre determinados acontecimientos.

El siguiente bando es una ampliación del decreto N° 1 que depone al gobierno de la Unidad Popular e intenta dar justificación al golpe de Estado.

Vocabulario   Fratricida: persona que mata a su hermano.

Arbitrio: en este contexto, medios extraordinarios de los que alguien dispone para conseguir un fin.

Subterfugio: excusa o argumento artificial o mañoso.

Teniendo presente:

1. Que el Gobierno de Allende ha incurrido en grave ilegitimidad demostrada al quebrantar los derechos fundamentales de libertad de expresión, libertad de enseñanza, derecho de huelga, derecho de petición, derecho de propiedad, y derecho en general, a una digna y segura subsistencia;

2. Que el mismo Gobierno que ha quebrado la unidad nacional fomentando artificialmente una lucha de clases estéril y en muchos casos cruenta, perdiendo el valioso aporte que todo chileno podría hacer en búsqueda del bien de la Patria y llevando a una lucha fratricida y ciega, tras las ideas extrañas a nuestra idiosincrasia, falsas y probadamente fracasadas;

3. Que el mismo Gobierno se ha mostrado incapaz de mantener la convivencia entre los chilenos al no acatar y no hacer cumplir el Derecho, gravemente dañado en reiteradas ocasiones;

4. Que además el Gobierno se ha colocado al margen de la Constitución en múltiples oportunidades usando arbitrios dudosos e interpretaciones torcidas e intencionadas, o en forma flagrante en otras, las que, por distintos motivos, han quedado sin sanción;

5. Que, asimismo, usando el subterfugio que ellos mismos han denominado "resquicios legales" se han dejado leyes sin ejecución, se han atropellado otras y se han creado situaciones de hecho ilegítimas desde su origen;

6. Que, también, reiteradamente han quebrado el mutuo respeto que se deben entre sí los Poderes del Estado, dejando sin efecto las decisiones del Congreso Nacional, del Poder Judicial y de la Contraloría General de la República, con excusas inadmisibles o sencillamente, sin explicaciones;

7. Que el Poder Ejecutivo se ha extralimitado en sus atribuciones en forma ostensible y deliberada, procurando acumular en sus manos la mayor cantidad de poder político y económico, en desmedro de actividades nacionales y poniendo en grave peligro todos los derechos y libertades de los habitantes del país;

8. Que el Presidente de la República ha mostrado a la faz del país que su autoridad personal está condicionada a las decisiones de comités y directivas de partidos políticos y grupos que le acompañan, perdiendo la imagen de máxima autoridad que la Constitución le asignó y por tanto el carácter presidencial del Gobierno;

9. Que la economía agrícola, comercial e industrial del país se encuentran estancadas o en retroceso y la inflación en acelerado aumento, sin que se vean indicios, siquiera, de preocupación por esos problemas, los que están entregados a su sola suerte por el gobierno, que aparece como un mero espectador de ellos;

10. Que existe en el país anarquía, asfixia de libertades, desquiciamiento moral y económico y, en el Gobierno, una absoluta irresponsabilidad o incapacidad que han desmejorado la situación de Chile impidiendo llevarla al puesto que por vocación le corresponde, dentro de las primeras naciones del continente;

11. Que todos los antecedentes consignados en los números anteriores son suficientes para concluir que están en peligro la seguridad interna y externa del país, que se arriesga la subsistencia de nuestro Estado independiente y que la mantención del Gobierno es inconveniente para los altos intereses de la República y de su Pueblo Soberano;

12. Que estos mismos antecedentes son, a la luz de la doctrina clásica que caracteriza nuestro pensamiento histórico, suficientes para justificar nuestra intervención para deponer al gobierno ilegítimo, inmoral y no representativo del gran sentir nacional, evitando así los mayores males que el actual vacío del poder pueda producir, pues

para lograr esto no hay otros medios de razonamiento exitosos, siendo nuestro propósito restablecer la normalidad económica y social del país, la paz, tranquilidad y seguridad perdidas.

13. Por todas las razones someramente expuestas, las Fuerzas Armadas han asumido el deber moral que la Patria les impone de destituir al Gobierno que aunque inicialmente legítimo ha caído en la ilegitimidad flagrante, asumiendo el Poder por el solo lapso en que las circunstancias lo exijan, apoyado en la evidencia del sentir de la gran mayoría nacional, lo cual de por sí, ante Dios y ante la Historia, hace justo su actuar y por ende, las resoluciones, normas e instrucciones que se dicten para la consecución de la tarea de bien común y de alto interés patriótico que se dispone cumplir.

14. En consecuencia, la legitimidad de estas normas se colige su obligatoriedad para la ciudadanía, las que deberán ser acatadas y cumplidas por todo el país y especialmente por las autoridades.

(Junta de Gobierno de las Fuerzas Armadas y Carabineros de Chile, Santiago, 11 de septiembre de 1973, recuperado de http://www.derechoschile.com/Areastematicas/legal/bandos/indexbandos1.html)

- ¿Cuáles son los argumentos que utiliza la Junta Militar para justificar el golpe de Estado? (responde utilizando evidencia).

- A partir de la evidencia, ¿qué consecuencias se prevén para Chile después del Golpe?

FUENTE 2: "¡Estamos en guerra, señores!". El régimen militar de Pinochet y el "pueblo", 1973-1980

Encabezado: Junta Militar, anticomunismo y "misión" de las Fuerzas Armadas. Este es un texto escrito por la historiadora Verónica Valdivia en 2010. En él se explica un aspecto del anticomunismo de los militares que derrocaron a Allende.

Vocabulario   Acendrado: enraizado, instalado en lo más profundo.

Geopolítica: ciencia que pretende fundar la política nacional o internacional en el estudio sistemático de los factores geográficos, económicos, raciales, culturales y religiosos.

Imbuido: convencido.

"La noche del 11 de septiembre de 1973, cuando la Junta Militar hizo su primera aparición pública, el comandante en jefe de la Fuerza Aérea, general Gustavo Leigh Guzmán, hizo explícita la naturaleza del nuevo gobierno. En esa oportunidad comunicó que el país estaba en guerra, aunque de un tipo particular, lo cual implicaba una misión específica. Esta se resumía en la frase: 'Tenemos la certeza, la seguridad de que la mayoría del pueblo chileno está contra el marxismo, está dispuesto a extirpar el cáncer marxista hasta las últimas consecuencias'. Ello fue ratificado al día siguiente en la conferencia ofrecida a la prensa extranjera, cuando un desconocido general Augusto Pinochet informó: 'La resistencia marxista no ha terminado, aún quedan extremistas. Yo debo manifestar que Chile está en este momento en estado de guerra interna'. Las palabras de los generales Leigh y Pinochet sintetizaron el pensamiento del nuevo mando, fundado en un acendrado antimarxismo y su decisión de hacer de la lucha en su contra el sentido de su existencia. Esto fue reafirmado pocos días después por este último, cuando señaló que el gobierno militar no era de transición, pues su objetivo era transformar económica, social y políticamente al país, surgiendo un nuevo Chile, razón por la cual solo había metas, no plazos.

El anticomunismo explícito de Leigh y de los otros miembros de la Junta, reflejado en todos los bandos del día del golpe, junto a los afanes de transformación presentes en los discursos de todos los altos oficiales, eran parte de un mismo fenómeno: la centralidad de la seguridad nacional. Como ya ha sido establecido, el pensamiento militar latinoamericano de la época estaba imbuido de los principios de la doctrina de Seguridad Nacional y de la geopolítica desplegados desde las escuelas de entrenamiento estadounidenses y la influencia francesa, los cuales asignaban a las fuerzas armadas la responsabilidad de la existencia de la nación. De acuerdo a ello, estas fuerzas deberían apuntar al desarrollo del poder nacional, para lo cual era necesario diseñar con claridad los objetivos nacionales. Ambos propósitos implicaban el desarrollo económico-social de los respectivos países y la neutralización o eliminación de todos aquellos elementos identificados como enemigos de la nación. Así, el quehacer de las fuerzas armadas se dirigiría no solo a la lucha por la soberanía externa, sino también contra el enemigo interno y por el poder nacional. Estas teorías se desarrollaron ampliamente en el contexto del auge revolucionario socialista y de crisis del liberalismo de los años sesenta, favoreciendo una evolución ideológica de las fuerzas armadas centrada en los peligros desintegradores de la nación, observables en las apuestas revolucionarias. En ese sentido, la guerra contrasubversiva era la tarea de las dictaduras de 'nuevo tipo' instaladas en el Cono Sur americano".

(Valdivia, V. [enero-junio 2010]. Revista Historia UC, vol. 43, n° 1,
pp. 163-201, Santiago, recuperado de http://www.scielo.cl/scielo.
php?pid=S0717-71942010000100005&script=sci_arttext)

- ¿Cuáles son los propósitos de la Junta de Gobierno?

FUENTE 3: La defensa de los derechos humanos en Chile y el terrorismo 1973-1990

Alegando que el país vivía una "guerra" o para prevenirla, el martes 11 de septiembre de 1973 un golpe militar encabezado por el General Augusto Pinochet pone término a 140 años de vida republicana. La barbarie quedó retratada en el bombardeo del Palacio de La Moneda.

El mismo día, centenares de personas son asesinadas; otras son detenidas y desaparecen; se inauguran campos de concentración, centros de tortura y exterminio (la Isla Dawson y el Estadio Nacional son los más conocidos, pero no los únicos, y una reciente investigación oficial menciona más de 1.200); los llamados al odio político y a extirpar el "cáncer marxista" se suceden. Los "bandos militares", muchos de ellos redactados por civiles, aluden a los partidarios del Gobierno constitucional depuesto como "mercenarios del marxismo que estaban asesinando a nuestro pueblo" (Bando 6); "elementos subversivos" (Bando 24); "extremistas armados", "núcleos de extremistas" (Bando 26); "traidores" (Bando 31); "elementos extremistas" (Bando 40) y amenazan a los que cometan "sabotajes" (Bandos 1, 2 y 9); "incitaciones a la violencia" (Bando 3); "ofrecer resistencia" (Bandos 7 y 9).

Ilustra el espíritu del momento el Bando 30 de un comandante del sur del país: "Las Fuerzas Armadas y de Carabineros serán enérgicas en el mantenimiento del orden público, en bien de la tranquilidad de todos los chilenos. Por cada inocente que caiga serán ajusticiados 10 elementos marxistas indeseables, de inmediato".

Para la Junta Militar, toda forma de participación, colaboración o la mera indiferencia frente al Gobierno constitucional era terrorismo, aunque no se usa esta expresión.

La Junta de Pinochet asume el Poder total: El decreto de asunción del poder expresa que la Junta "respetará la Constitución y las leyes de la República, en la medida que la actual situación del país lo permita para el mejor cumplimiento de los propósitos que ella se propone"; se disuelven el Parlamento, los municipios, los partidos políticos y sólo queda intacto el Poder Judicial, pues éste se sumó a la barbarie al proclamar "públicamente su más íntima complacencia" con los propósitos de la Junta de Gobierno. En síntesis, asume los poderes constituyente, ejecutivo, legislativo, gran parte del judicial, directamente a través de los tribunales militares, y el residual, con el servilismo de la Corte Suprema.

IV Las violaciones de los derechos humanos

He caracterizado las violaciones de los derechos humanos durante la dictadura de Pinochet como: sistemáticas, en el sentido que no se trató de hechos aislados repudiables, sino del ejercicio de una política diseñada por el Estado, al amparo de la impunidad para los responsables de los hechos criminales que constituyen la violación; institucionales, por cuanto comprometen a toda la estructura del Estado: Poder ejecutivo, legislativo, judicial, fuerzas armadas, policía, sistema carcelario, la diplomacia.

Interesa destacar que el Poder Judicial no sólo proclamó su "íntima complacencia" con los propósitos de la Junta Militar el mismo 11 de septiembre, sino que, consecuente con esa postura, dejó en la más absoluta desprotección a los ciudadanos que reclamaban por la violación de sus derechos. En el primer recurso de amparo o *habeas corpus* fallado el 14 de septiembre de 1973 en favor de 13 personas detenidas de las que no se sabía el lugar del arresto, la Corte resolvió que la persona no estaba detenida... porque la Junta Militar recién instalada había declarado el estado de sitio. La sorprendente falta de lógica fue el inicio de una cadena de arbitrariedades de igual medida que se prolongó durante los 16 años y medio de dictadura y que continuaron hasta un histórico 16 de octubre de 1998.

Masivas, porque no se trata de víctimas aisladas, sino que fueron centenas de miles, si consideramos los muertos, desaparecidos, torturados, exiliados, presos arbitrariamente, etc.

Más aún, fueron universales, en el sentido que todo el pueblo chileno ha de considerarse víctima: ningún chileno ni extranjero residente gozó en Chile de libertad de expresión y opinión, del derecho a la justicia, del derecho a la participación política, de los derechos de asociación y de reunión y de educación en los términos del artículo 26 de la Declaración Universal.

Permanentes, toda vez que se produjeron desde el primero al último día de la dictadura, y peor aún, muchas continuaron produciendo sus efectos hasta muchos años después.

Piénsese en el derecho a la justicia que por efectos de la ley de amnistía y la competencia amplísima de la justicia militar no ha sido aun íntegramente restablecido.

Todas estas violaciones de derechos humanos fueron de dos clases: "legales" y criminales.

Pero ambas formas de represión se apoyaban mutuamente: si la ley autorizaba la detención sin cargos y no exigía que se cumpliera en un recinto público, y si, además, no impedía la incomunicación; ni tampoco obligaba al funcionario aprehensor a identificarse, la mesa de la tortura estaba servida. No hubo mejor incentivo para la represión por medios criminales que la ley de amnistía de 1978 que si bien obviamente operó sólo hacia el pasado, políticamente produjo efectos hacia el futuro, pues los agentes del Estado siempre entendieron que otras leyes de la misma naturaleza se dictarían más adelante.

La represión por vías criminales afectó básicamente al derecho a la vida (asesinatos por motivos políticos y desapariciones forzadas) y a la integridad física y psíquica, con la práctica sistemática de la tortura.

Las que he denominado "legales" se ejercían mediante actos administrativos o judiciales con apoyo en algún texto legal.

La legislación penal. Desde el primer momento, se dictó una copiosa legislación penal y procesal, imposible de analizar extensamente en un trabajo de esta naturaleza, y que sólo ilustraré con algunos ejemplos:

Decreto Ley N° 5 (del 12.09.1973) modifica las leyes preexistentes que contemplaban delitos políticos, aumentando las penalidades y estableciendo para 7 de ellos la pena de muerte, disponiendo, además, que gran parte de los delitos serían juzgados por los tribunales militares de tiempo de guerra. Además, dispuso que los que utilizaren uniformes militares sin autorización, "serán muertos en el acto".

Decreto Ley N° 77 (del 08.10.1973), declarando que la obligación del Supremo Gobierno es "extirpar de Chile el marxismo", pues "la doctrina marxista atenta contra los valores libertarios y cristianos que son parte de la tradición nacional"; prohibió la existencia de todos los partidos de la alianza del gobierno de la Unidad Popular "así como todas aquellas entidades... que sustenten la doctrina marxista o que por la conducta de sus adherentes sean substancialmente coincidentes" con ella. Los que violen la prohibición cometen delito.

Decreto Ley N° 81 (del 06.11.1973) dispone, entre otras sanciones atroces, que el que ingrese clandestinamente al país, si las circunstancias o antecedentes permitan presumir al Tribunal (Militar, desde luego y, en esa época, de Tiempo de Guerra) que lo hace para atentar contra la seguridad del Estado, será sancionado con pena de 15 años de presidio.

Decreto Ley N° 604 (del 09.08.1974) sobre prohibición de ingreso al territorio nacional de personas consideradas una amenaza al orden social del país o al sistema de gobierno, penalizando el legítimo ejercicio del derecho humano contemplado en el artículo 13 de la Declaración Universal.

Decreto Ley N° 1.629 (del 22.06.1977) sobre movilización nacional, que aplica sanciones severas contra los ciudadanos que, sin causa justificada, no concurrieran a los llamados para cumplir el Servicio Militar Obligatorio.

Una modificación a la antigua Ley de Seguridad del Estado, con el fin de impedir el funcionamiento de las organizaciones de derechos humanos, castiga a "los que solicitan, reciban o acepten recibir dinero o ayuda de cualquier naturaleza proveniente del extranjero con el fin de llevar a cabo o facilitar la comisión de los delitos penados en esta ley...".

(Garretón, R. [s. f.]. Presentación al Panel de Juristas Eminentes sobre Terrorismo, Lucha antiterrorista y Derechos Humanos. Comisión Internacional de Juristas [CIJ] y Centro de Estudios Legales y Sociales [CELS], Buenos Aires. Recuperado de http://biblioteca.uahurtado.cl/ujah/856/txtcompleto/txt110769.pdf)

- ¿Cuáles son las particularidades políticas que asume la Junta de Gobierno al iniciar su mandato?

- ¿Qué consecuencias puedes establecer al analizar la situación de violación a los Derechos Humanos durante el gobierno de la Junta?

- ¿Qué rol cumplen las diferentes leyes desarrolladas durante la dictadura militar?

Si la junta de gobierno de 1973 y sus defensores justificaron el golpe de estado con el argumento de la inconstitucionalidad, la falta de democracia y el no cumplimiento de las garantías constitucionales de la up y del gobierno de Allende, ¿por qué el gobierno de la Junta de 1973 se caracterizó por estar contra el Estado de derecho, los Derechos Humanos y la democracia en Chile?

ANÁLISIS RESPUESTAS DE ESTUDIANTES

CASO 1. SUFICIENTE

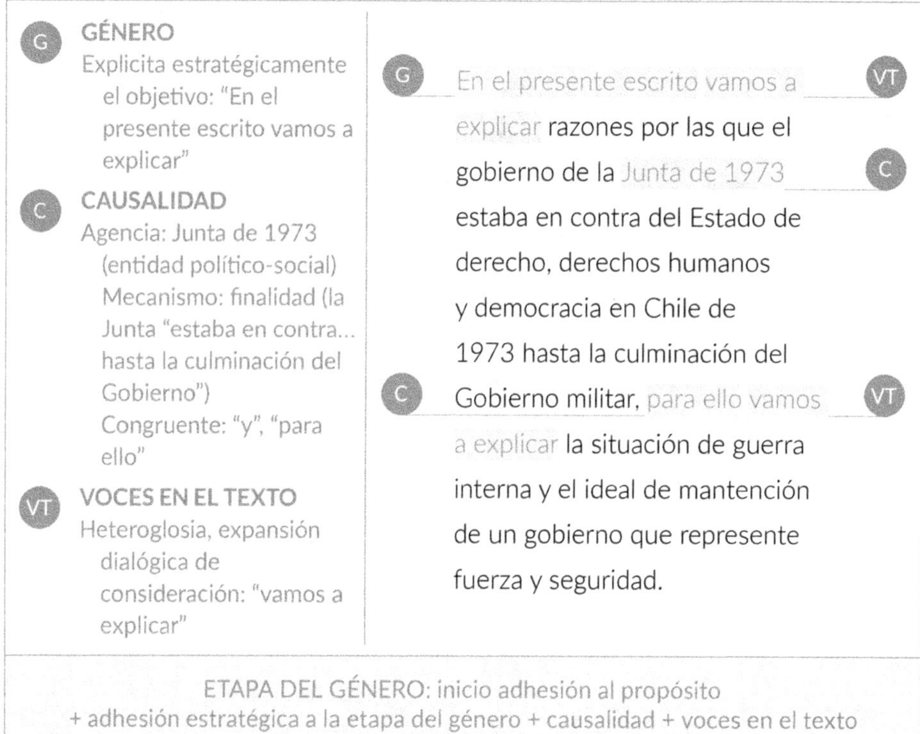

FIGURA 57: Análisis de respuesta estudiante de III° Medio

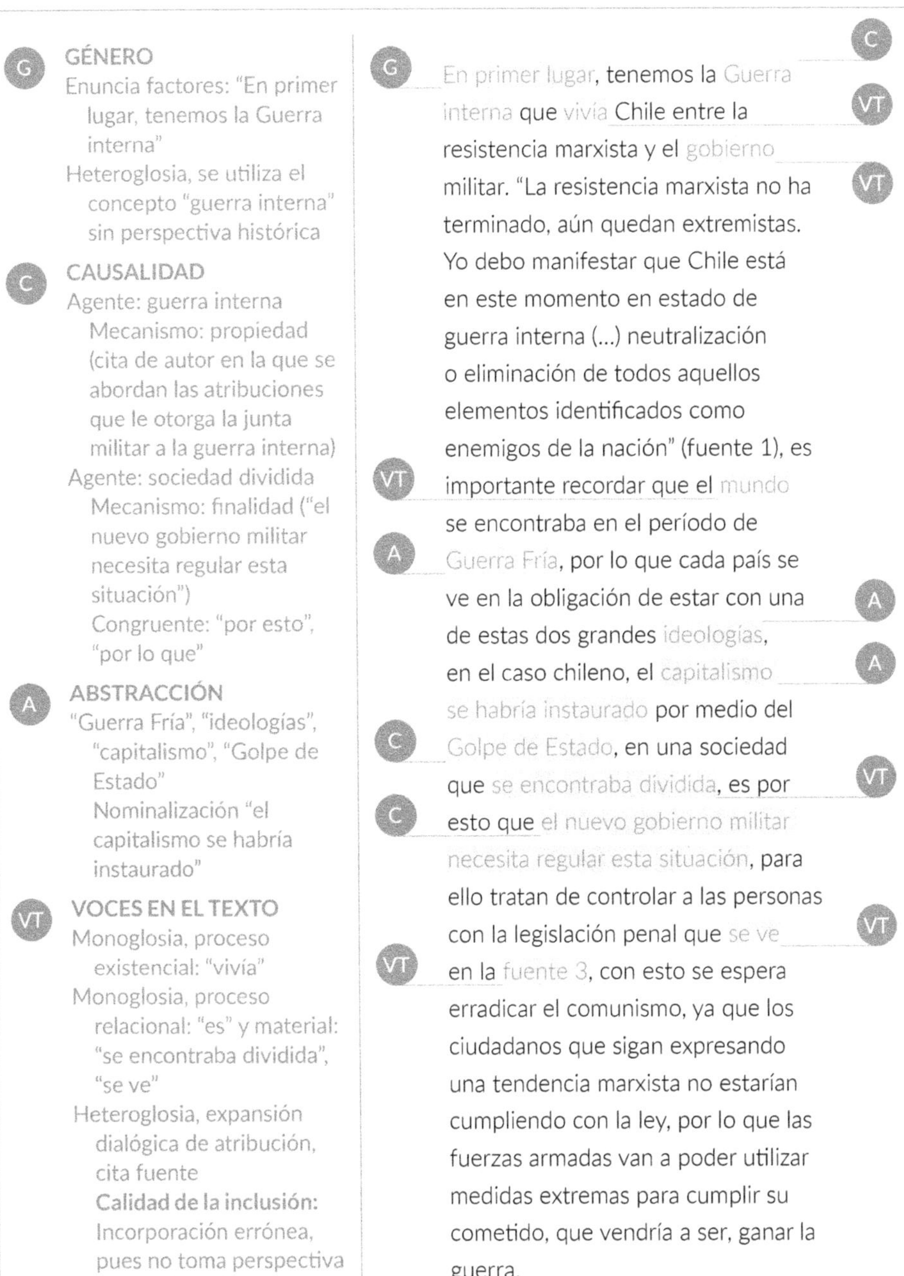

FIGURA 58: Análisis de respuesta estudiante de III° Medio

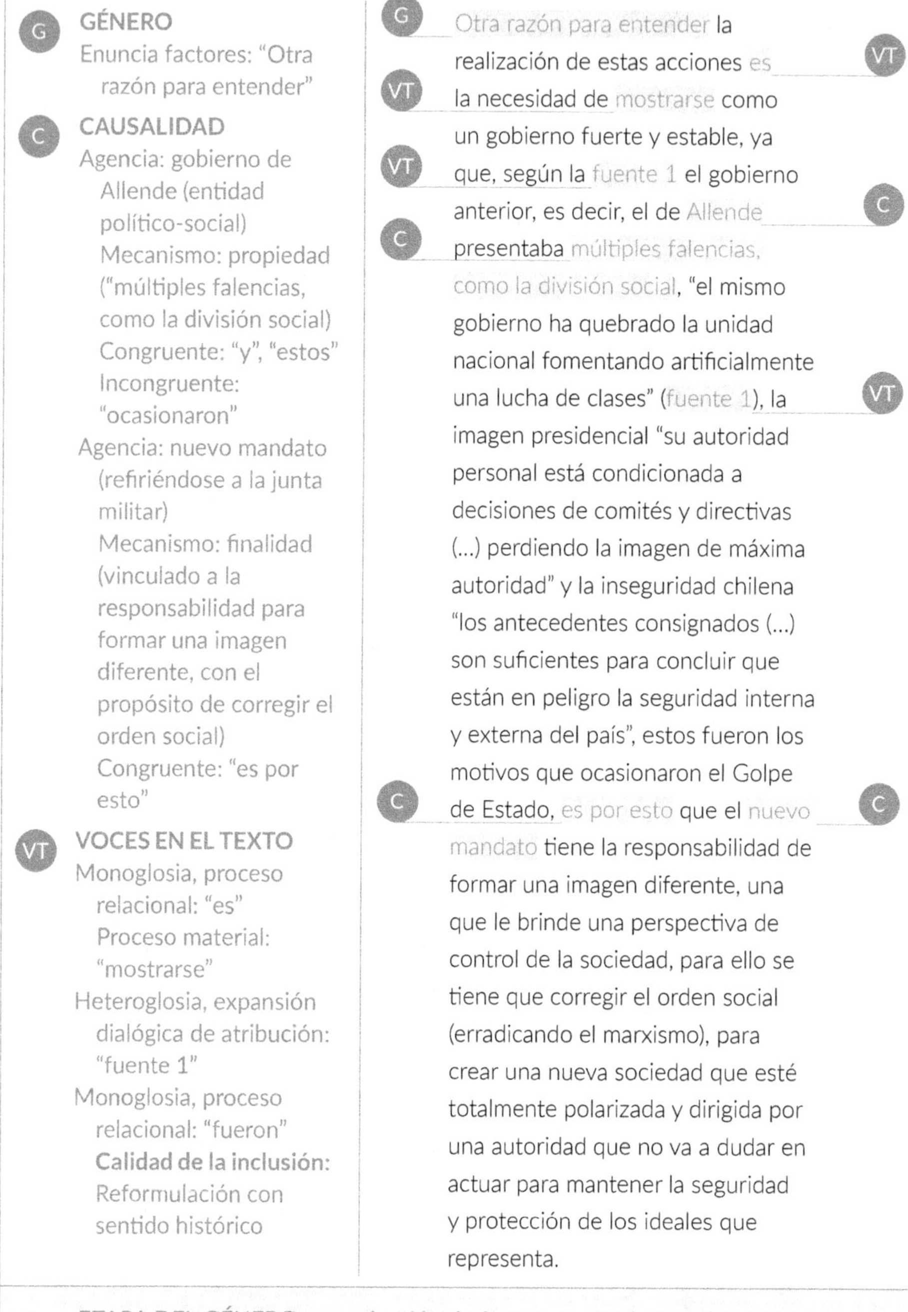

FIGURA 59: Análisis de respuesta estudiante de III° Medio

CASO 2. SUFICIENTE

 **GÉNERO**
Ausencia de propósito
Menciona el contexto
del tema a abordar:
"Durante la segunda
mitad del siglo XX"

 **VOCES EN EL TEXTO**
Monoglosia, proceso
relacional: "fue"

 Durante la segunda mitad del siglo XX, Chile presenció uno de los actos más importantes en su historia, el golpe de Estado,  el cual fue dirigido por la junta militar y principalmente liderado por Augusto Pinochet.

ETAPA DEL GÉNERO: inicio adhesión al propósito – adhesión a la etapa del género

FIGURA 60: Análisis de respuesta estudiante de III° Medio

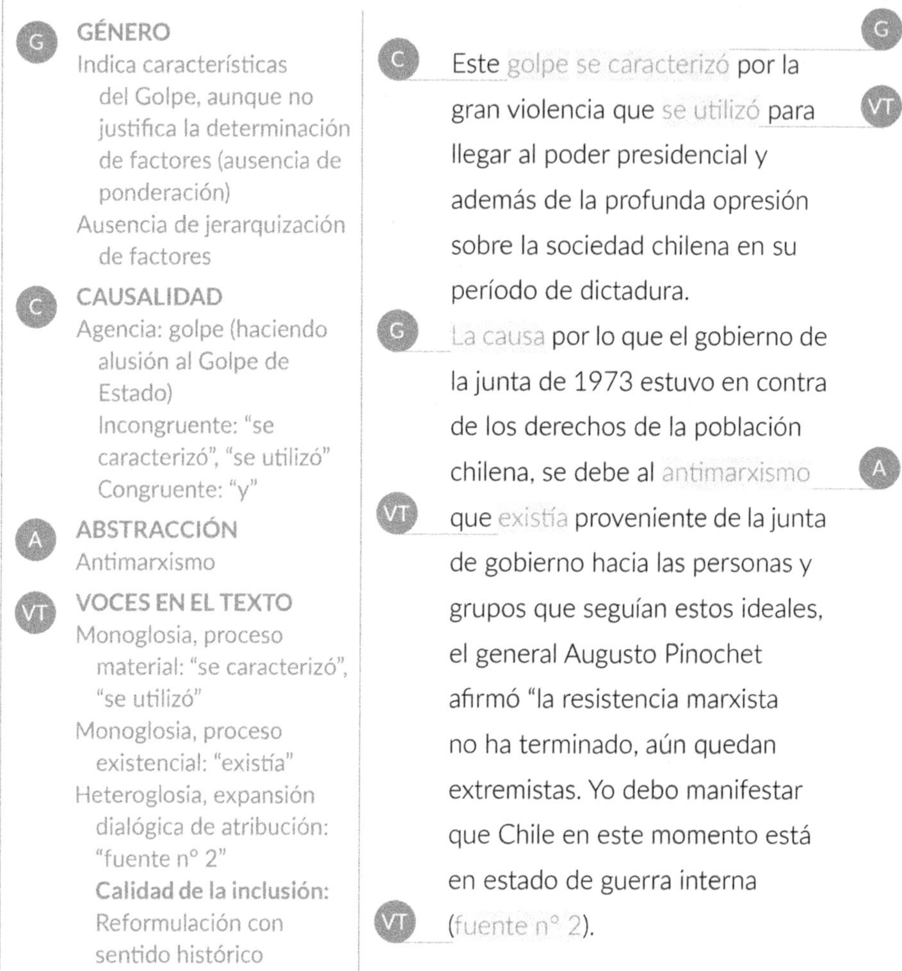

FIGURA 61: Análisis de respuesta estudiante de III° Medio

 **GÉNERO**
No se adhiere a la
    etapa del género:
    ordenamiento de las
    causas del proceso,
    sino que se refiere a los
    efectos (efectos sociales
    de la represión)

 **VOCES EN EL TEXTO**
Monoglosia, proceso
    relacional: "se vio"
Heteroglosia, expansión
    dialógica de atribución:
    "fuente n° 3"
    Calidad de la inclusión:
    Reformulación con
    sentido histórico

 A consecuencia de esto la
sociedad se vio profundamente 
oprimida bajo las intenciones del
Estado provocando múltiples
asesinatos, según Roberto
Garretón "la represión por vías
criminales afectó básicamente al
derecho a la vida (asesinatos por
motivos políticos y desapariciones
forzadas) y la integridad física
psíquica, con la práctica de
tortura" (fuente n° 3), debido a
todos los motivos conflictivos el
gobierno de la junta de 1973 se
caracteriza por estar en contra de
los derechos humanos.

ETAPA DEL GÉNERO: determinación de factores – adhesión al género
+ voces en el texto + calidad de la inclusión

FIGURA 62: Análisis de respuesta estudiante de III° Medio

 **GÉNERO**
Ausencia de jerarquización de factores

 **VOCES EN EL TEXTO**
Heteroglosia, proceso verbal "podemos decir"
Proceso mental/cognitivo: "buscaba"
Heteroglosia, expansión dialógica de atribución: "fuente n° 4"
Calidad de la inclusión: Reformulación con sentido histórico

 Finalmente podemos decir 
que el gobierno de la junta
 militar buscaba una completa renovación del país cambiando ámbitos políticos, económicos y sociales para llevar al país a una estabilidad y balance que no había encontrado en los años anteriores "siendo nuestro propósito establecer la normalidad económica y social del país, la paz, la tranquilidad y seguridad  perdidas" (fuente n° 4).

ETAPA DEL GÉNERO: organización de factores para dar sentido histórico – adhesión a la etapa del género + voces en el texto

FIGURA 63: Análisis de respuesta estudiante de III° Medio

EVALUACIÓN

OBJETIVOS:

- Analizar y comparar críticamente diversas visiones políticas e interpretaciones historiográficas sobre la crisis que desemboca en el quiebre democrático de 1973.

- Caracterizar los principales rasgos del golpe de Estado y de la dictadura militar en Chile.

El propósito de la pregunta era que el estudiante abordara la posición de la Junta Militar de 1973 para declarar inconstitucional el gobierno de Salvador Allende, y que identificara las razones de esta misma entidad política para vulnerar el Estado de derecho, los Derechos Humanos y la democracia en Chile. Por lo tanto, el alumno debía abordar la contradicción entre el discurso público de los actores que encabezaron el régimen dictatorial y sus prácticas.

CASO 1

En el "inicio" del documento determina el objetivo de su escrito y el contexto histórico, respondiendo a la dimensión de estructura (en exposición y género) según la rúbrica.

En el desarrollo del texto se presentan los conceptos claves asociados al contexto histórico y que se relacionan con la pregunta. Aunque adhiere a la etapa del género "determinación de factores", se utiliza el concepto "guerra interna" sin perspectiva de cómo es usado en la fuente 3. En ese sentido, no hay un distanciamiento de la evidencia y su inclusión es errónea. Si bien están presentes los conceptos centrales, la agencia se elabora linealmente y sin argumentos para sostener que "el país se ve en la obligación de estar con una de estas dos grandes ideologías" y que "el nuevo gobierno militar necesita regular esta situación". Esto debilita la construcción de la causalidad. En la última etapa, "organización de factores", la evaluación del proceso está integrada al último párrafo, no obstante, la adhesión a la etapa es parcial, ya que se refiere a las razones de la Junta para dar el golpe de Estado, y no explica por qué esta se caracterizó por estar contra el Estado de derecho, los Derechos Humanos y la democracia en Chile.

Si bien el estudiante utilizó la evidencia a lo largo del escrito, su incorporación no permitió responder la pregunta ni alinearse con las etapas del género histórico.

CASO 2

En la primera etapa, "inicio", no se establece el propósito del texto, sino que se da una contextualización general del golpe de Estado.

En la etapa de "determinación de factores" se identifica la causa de la violación a los Derechos Humanos, el antimarxismo de la Junta, garantizada por la fuente 2, con perspectiva de esta fuente, que es una parte de la pregunta. Luego, el siguiente factor está entrelazado con la causa anterior y su efecto, que fueron las violaciones a los Derechos Humanos y su garantía en la fuente 3. Aunque se refiere correctamente a los efectos del golpe de Estado, el género no era consecuencial sino factorial. Como el estudiante no logra establecer una cadena causal, no consigue responder a la pregunta planteada. En cuanto a los conceptos, faltan elementos claves y se referencian ideas aisladas de la evidencia.

En relación al "cierre" del texto, si bien enumera algunos factores, no logra responder a la pregunta. Solo incluye una cita que no permite tener una idea respecto de los factores considerados por quienes dirigen el golpe de Estado. En la rúbrica alcanza la categoría suficiente para estructura, contenidos y explicación.

CAPÍTULO 4

Argumentación histórica

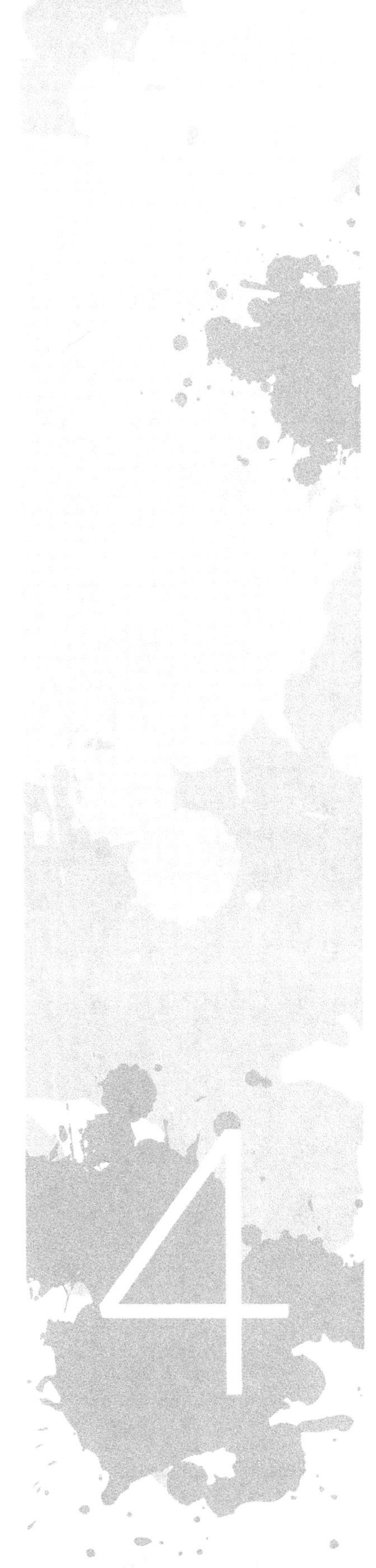

Las argumentaciones históricas tienen el propósito de utilizar distintos puntos de vista implicados en la Historia para desarrollar una narración que presente un punto de vista argumentado en razones y en diferentes evidencias, con el fin de que los estudiantes puedan ponderar diversos argumentos en la elaboración de un escrito.

El género histórico argumentativo tiene las siguientes etapas y pasos:

- Adhesión al propósito: el escrito comienza delimitando el campo que tendrá su respuesta, vinculada a los argumentos que le otorgan sustento a la tesis.

- Identificación de posiciones: se identifica el contexto histórico (estructura, coyuntura, simultaneidad) y las diversas posturas frente a un tema. Además, se desarrolla una definición de los conceptos claves que se abordarán en el escrito.

- Presenta el argumento principal respecto del tema y elabora evidencia: en esta etapa se redacta la tesis en términos afirmativos, así como las relaciones que se pueden deducir de las posiciones abordadas con anterioridad. A su vez, se explicitan las evidencias que sustentan la tesis.

- Concluye reforzando la tesis: el escrito termina con una evaluación de la problemática enunciada y se refuerza la tesis.

En este capítulo se expone una secuencia para el desarrollo del género argumentativo en IV° Medio correspondiente a la unidad de Ciudadanía. El género argumentativo es probablemente el más complejo, por la cantidad de pasos y recursos histórico-discursivos que hay que organizar. Los objetivos curriculares, didácticos y pregunta orientadora fueron los siguientes:

TABLA 10: Objetivos curriculares, didácticos y pregunta orientadora para IV° Medio

Objetivos curriculares	Objetivos didácticos	Problema/ pregunta orientadora
AE 07 Reconocer distintas formas de participación de la comunidad (a nivel nacional, regional y comunal, en organizaciones no gubernamentales y con distintos fines) y valorar su importancia para el funcionamiento y mejoramiento del sistema político y la profundización de la democracia. **AE 09** Evaluar los principales desafíos que enfrenta la organización democrática en el Chile actual y las distintas propuestas para abordarlos, la importancia de la participación de la sociedad civil para el fortalecimiento de la democracia, el mejoramiento de la eficacia de las políticas públicas, y la emergencia y consolidación de nuevas prioridades en la agenda política (Mineduc, 2015).	1. Identificar las formas de participación ciudadana en el Chile actual. 2. Comprender la importancia de la participación ciudadana para el sistema democrático. 3. Comprender los principales desafíos que enfrenta la organización democrática en el Chile actual y sus problemas.	La participación ciudadana, en especial las acciones del movimiento estudiantil, contribuyen al fortalecimiento de la democracia, la eficacia de las políticas públicas y la consolidación de nuevas prioridades en la agenda política del país. Utiliza argumentos que se encuentren en las fuentes que permitan respaldar la tesis propuesta en torno a las diferentes formas de participación ciudadana, su importancia para el sistema político y la profundización de la democracia.

SECUENCIA IV° MEDIO, CIUDADANÍA

ESTRUCTURA CURRICULAR

IV Medio de la Unidad 2 "El ejercicio de la ciudadanía y las responsabilidades ciudadanas" (Mineduc, 2015).

Aprendizajes esperados

AE 07 Reconocer distintas formas de participación de la comunidad (a nivel nacional, regional y comunal, en organizaciones no gubernamentales y con distintos fines) y valorar su importancia para el funcionamiento y mejoramiento del sistema político y la profundización de la democracia.

AE 09 Evaluar los principales desafíos que enfrenta la organización democrática en el Chile actual y las distintas propuestas para abordarlos, la importancia de la participación de la sociedad civil para el fortalecimiento de la democracia, el mejoramiento de la eficacia de las políticas públicas, y la emergencia y consolidación de nuevas prioridades en la agenda política.

OBJETIVO DIDÁCTICO O CURRICULAR

Los objetivos didácticos que establecimos para desarrollar el aprendizaje de contenidos conceptuales y procedimentales son los siguientes:

- Identificar las formas de participación ciudadana en el Chile actual.

- Comprender la importancia de la participación ciudadana para el sistema democrático.

- Comprender los principales desafíos que enfrenta la organización democrática en el Chile actual y sus problemas.

CONTENIDOS

- Participación ciudadana, distintas formas de participación de la comunidad (a nivel nacional, regional y comunal, en organizaciones no gubernamentales y con distintos fines).

- Responsabilidades ciudadanas en la promoción del bienestar común, considerando: cumplimiento de las normas y leyes, y propuestas de mejora, para hacer posible la convivencia y favorecer el bienestar común; cumplimiento de obligaciones tributarias por parte de las empresas y de los individuos para el financiamiento del Estado, y cuidado de los espacios y de la infraestructura públicos.

- Desafíos que enfrenta la organización democrática en el Chile actual y propuestas de mejora para su abordaje.

- Problemas y desafíos que enfrenta la sociedad chilena actual.

(Mineduc, 2015)

PROBLEMA/PREGUNTA ORIENTADORA

La participación ciudadana, en especial las acciones del movimiento estudiantil, contribuyen al fortalecimiento de la democracia, la eficacia de las políticas públicas y la consolidación de nuevas prioridades en la agenda política del país. Utiliza argumentos que se encuentren en las fuentes que permitan respaldar la tesis propuesta en torno a las diferentes formas de participación ciudadana, su importancia para el sistema político y la profundización de la democracia.

FUENTES

Se elaboró una secuencia basada en la información de un reportaje sobre el movimiento estudiantil y dos textos que presentan conceptos y argumentos acerca de participación ciudadana, rol del Estado y organización social.

Fuente 1

Corresponde a un documento de carácter académico (Grau, 2009) que desarrolla el tema de la agenda pro participación ciudadana, en el que se definen el concepto de participación ciudadana presente en la política pública impulsada por organismos de gobierno y algunos elementos de implementación de dicha agenda. Reafirma el rol del Estado como garante del derecho a participación y la influencia de la ciudadanía en las decisiones públicas.

Fuente 2

Esta corresponde a una fuente secundaria (Ferrero & Hoehn, 2014) que define el concepto de participación ciudadana y luego plantea la vinculación de dicho concepto con el de participación y organización social, y con el de participación social. Realiza además una descripción del régimen democrático y su tránsito a lo que los autores consideran una "democracia de calidad" en que el rol de la sociedad organizada y participativa es fundamental, todo lo cual va de la mano del desarrollo de nuevos canales de información como internet y las redes sociales, como fórmulas no tradicionales de participación, tanto a nivel local como mundial.

Fuente 3

Corresponde a un video de la web Hispantv.com que trata sobre las protestas del movimiento estudiantil. Es una fuente en la que son entrevistados dirigentes universitarios y de agrupaciones sociales que plantean las razones de participar en diversas marchas para exigir demandas en relación a la educación chilena y los diversos problemas que estos dirigentes observan en este ámbito.

DISEÑO DE CLASES

Primera sesión: clase expositiva en que se presentaron los principales conceptos para identificarlos en las fuentes realizando pequeñas conclusiones de fragmentos de textos.

Segunda sesión: la clase comenzó mostrando el video y los estudiantes registraron la información en la ficha de la fuente 3. Se discutió sobre la aplicación de los conceptos centrales para elaborar respuestas al problema/pregunta.

Tercera sesión: los estudiantes escribieron el texto.

Preguntas a la fuente 1:

- ¿Cuáles son los objetivos de la agenda pro participación? ¿Cuáles son sus ejes?

- ¿Qué significa "participación ciudadana" para el autor?

- ¿Qué objetivos persigue el Gobierno con la agenda pro participación?

- Según la fuente, ¿de qué forma se refuerza la democracia participativa?

Preguntas a la fuente 2:

- ¿Cómo se define "participación ciudadana"?

- ¿Qué significa que las personas sean portadoras de intereses sociales?

- ¿Qué se entiende por participación social?

- ¿Qué elementos conforman el régimen democrático según el autor?

- ¿Cómo se entiende la democracia de calidad?

- ¿Cómo el uso de las TICs influye en la participación y la democracia?

Respecto de las preguntas de la fuente 3, los estudiantes organizaron la información del video en la siguiente ficha:

ANÁLISIS DE VIDEO HISTÓRICO	
Título	
Autor	Género
Año	Tipo de fuente
Tema central	
Contexto histórico (época, procesos históricos, principios históricos que aparecen, relación con contenidos)	
Información importante	
Importancia histórica ¿La acción relatada constituye un acto de participación ciudadana?	
Hechos y personajes destacados	

En la discusión para elaborar la respuesta al problema/pregunta y en la retroalimentación durante el proceso de escritura de los estudiantes, los profesores fueron realizando las siguientes preguntas, que aparecen en la tabla 11:

TABLA 11: Preguntas para la lectura y escritura

	Construcción de evidencia	Adhesión al propósito	Metacognición
ESCRIBIR	- ¿La argumentación se basa en evidencia? - ¿Cuáles son las evidencias que te permiten responder a la pregunta? - ¿En qué te basas para afirmar esto?	- ¿Cuántos elementos tiene la pregunta? - ¿Cuáles son los conectores más importantes que tienes que utilizar? - ¿Cuál es el verbo que tienes que usar en el objetivo?	- ¿Qué información contiene la fuente? - ¿Cómo organizaste tu respuesta? - ¿Qué operación usaste? y ¿por qué?, háblanos de lo que pensante... - ¿Por qué piensas eso?

Junto a lo anterior se presentó la rúbrica de evaluación:

RÚBRICA DE EVALUACIÓN

RÚBRICA ESCRITO HISTÓRICO ARGUMENTATIVO

Dimensión	Criterio	LOGRADO 3	SUFICIENTE 2	INSUFICIENTE 1
ESTRUCTURA	**Género**	La exposición está presentada tipo ensayo (introducción, desarrollo, conclusión) manejando este tipo de estructura. En la introducción establece la tesis (objetivo) que desarrollará, indicando el contexto en el que se circunscriben los procesos y dando a conocer la estructura de su trabajo. El desarrollo está hecho a través de argumentos respaldados en evidencias que presentan las fuentes. El cierre permite contestar la pregunta, pues considera todos los elementos sintetizando su punto de vista y utilizando evidencia de las fuentes.	En la exposición se presentan las secciones de introducción, desarrollo y conclusión. La introducción carece de objetivo (tesis), pero contiene la estructura del escrito. El desarrollo presenta argumentos que carecen, en algunos casos, de respaldo. El cierre no permite contestar completamente la pregunta a pesar de tener una buena síntesis de su desarrollo, pues carece de evidencia o deja de lado elementos que la pregunta contiene.	El escrito no presenta con claridad las secciones que se piden: la introducción carece de objetivo (tesis), además de no contar con la estructura que dará a su trabajo. El desarrollo expone las ideas de las fuentes, pero no contiene argumentos claros ni evidencia.

(cont.)

RÚBRICA ESCRITO HISTÓRICO ARGUMENTATIVO (cont.)

Dimensión	Criterio	LOGRADO 3	SUFICIENTE 2	INSUFICIENTE 1
CONTENIDOS	Argumentos	Argumenta en relación con una interpretación determinada con la finalidad de comprobar la validez de la tesis presentada, para lo cual utiliza los conceptos clave que se relacionan con el tema propuesto por la pregunta, y los elementos presentes en las fuentes históricas.	Si bien presenta argumentos, estos no logran comprobar la validez de la tesis; además emplea 2 o 3 conceptos clave, lo que le resta peso a su manejo de contenidos.	No existe reelaboración, carece de argumentos y solo se expresan ideas que están en las fuentes, pero no terminan por conformar un cuerpo argumentativo; solo pasa a ser un relato.
	Perspectiva	El texto presenta una variedad de evidencias (fuentes, citas, paráfrasis) que son problematizadas rescatando los planteamientos nucleares de cada una y están integradas en el cuerpo del texto, lo que le permite concluir respondiendo efectivamente el problema planteado. Presenta evidencias que se desprenden de las fuentes.	El texto utiliza una o dos evidencias y no rescata los planteamientos nucleares de las fuentes.	El texto no tiene evidencia, se concentra en contenidos de clases y no en las fuentes.

IV° MEDIO
GUÍA ARGUMENTACIÓN: PARTICIPACIÓN POLÍTICA

NOMBRE: .... CURSO: .... FECHA: ....

APRENDIZAJE ESPERADO 07: Reconocer distintas formas de participación de la comunidad (a nivel nacional, regional y comunal, en organizaciones no gubernamentales y con distintos fines) y valorar su importancia para el funcionamiento y mejoramiento del sistema político y la profundización de la democracia.

INSTRUCCIONES:

- Lee cada una de las fuentes y contesta las preguntas que aparecen, recuerda hacer citas y/o parafraseos, de tal forma de sustentar tus ideas en base a la evidencia.

- Posteriormente debes desarrollar un escrito argumentativo con las fuentes asignadas y teniendo presente el siguiente problema/pregunta:

La participación ciudadana, en especial las acciones del movimiento estudiantil, contribuyen al fortalecimiento de la democracia, la eficacia de las políticas públicas y la consolidación de nuevas prioridades en la agenda política del país. Utiliza argumentos que se encuentren en las fuentes que permitan respaldar la tesis propuesta en torno a las diferentes formas de participación ciudadana, su importancia para el sistema político y la profundización de la democracia.

FUENTE 1: Agenda Pro Participación Ciudadana

En el año 2006, la presidenta Bachelet encomienda a la SEGEGOB, a través de la DOS, el impulso de la Agenda Pro Participación

Ciudadana (APPC). El propósito de la misma apunta a fortalecer la democracia e incentivar a la ciudadanía a participar activamente en la construcción de un país mejor, de manera de contribuir a que las políticas públicas profundicen su cualidad democrática y participativa (SEGEGOB, 2008). La Agenda considera acciones que involucran a los ministerios, servicios públicos y municipios, y al diverso mundo de las organizaciones sociales del país. Se plantean 4 ejes principales: la gestión pública participativa, el fortalecimiento del asociacionismo ciudadano, el derecho ciudadano a la información pública y el respeto a la diversidad y a la no discriminación.

"Participar es hacerse parte de un proceso. Participación ciudadana es tomar parte activa, como ciudadanas y ciudadanos, en los procesos decisionales de una democracia. El Estado debe garantizar a las personas el derecho de participar en sus políticas, planes, programas y acciones. Tenemos la urgencia democrática de darnos, como país, los espacios institucionales de participación ciudadana en la gestión pública. El encuentro entre las autoridades y la ciudadanía permite fundar las políticas públicas en la responsabilidad de los actores, y cada cual en su rol y competencia: las autoridades en la responsabilidad de gobernar con la gente, y las ciudadanas y ciudadanos en la responsabilidad de contribuir desde la sociedad civil a un gobierno democrático" (SEGEGOB, 2008). Uno de los objetivos que la Agenda se propone tiene que ver con el proceso de toma de decisiones de las políticas públicas. En esta línea, plantea que "toda decisión pública es un proceso que tiene pasos previos o fundamentos y, además, luego de adoptada, implicancias. En una democracia participativa, las decisiones sobre materias de interés público son tomadas por la autoridad luego de un proceso abierto a la incidencia ciudadana. El tema relevante será, entonces, cuánto incide la ciudadanía en las decisiones públicas. Si entendemos éstas como la consecuencia de un proceso participativo, con información pertinente y criterios de consulta, donde se considera el parecer de las organizaciones de la sociedad civil o de otros actores relevantes de la comunidad, a partir de una metodología dialógica y de pedagogía social, entonces el acto resolutivo de las autoridades obtiene una mayor legitimación ciudadana".

Tomando en cuenta este punto, se constata la intención de considerar dicha participación de los distintos actores en el proceso de toma de decisiones públicas, pero para esto se deben generar las instancias que lo permitan. En este sentido, la Agenda señala que "el Estado, porque reconoce a las personas el derecho a participar en las decisiones de interés público, debe crear o fortalecer, en los distintos ministerios y servicios, espacios abiertos a la ciudadanía, que le permitan, con el pluralismo y la diversidad de sus organizaciones, incidir en el diseño, ejecución, seguimiento, evaluación y control social de las políticas públicas. La responsabilidad democrática que va asociada a este derecho ciudadano requiere, de las instituciones de Gobierno, apoyar el proceso formativo de líderes comunitarios, de acuerdo a una pedagogía dialógica, con el fin de empoderar a las y los participantes en el conocimiento y gestión de las políticas públicas desde la misma base social".

(Grau, M. O. [2009]. *La influencia de la participación ciudadana en las políticas públicas: el caso de la Política Habitacional Chilena entre los años 2000 y 2009*, tesis doctoral. Facultad de Sociología y Ciencias Políticas, Universidad Complutense de Madrid. Recuperado de http://pendientedemigracion.ucm.es/centros/cont/descargas/documento18784.pdf)

- ¿Cómo se entiende la participación ciudadana según el texto y de qué manera esta es promovida por el Estado?

FUENTE 2: Participación ciudadana - un marco teórico

(...)

Nuria Cunill define que "la participación ciudadana se refiere a la intervención de particulares en actividades públicas en tanto portadores de determinados intereses sociales". Con ello establece dos parámetros para delimitar la participación ciudadana de otros tipos de participación. Para Cunill, el término participación implica asumir que se está tomando parte. En el caso de la participación ciudadana se supone que los individuos en tanto ciudadanos intervienen en el curso de una actividad pública.

Pero para Cunill no cualquier tipo de intervención en la esfera pública corresponde a la expresión de un interés social. Para ella, la participación ciudadana es la intervención de los individuos en la actividad pública en tanto portadores de intereses sociales. Así, claramente hay casos de intervención de particulares en actividades públicas que no constituyen participación ciudadana. Este es el caso de ciudadanos que intervienen en la administración pública como expertos en algún tema o por sus conocimientos en ciertas áreas, estos, si bien participan en la esfera pública, no lo hacen representando intereses sociales. Otro ejemplo recurrente son los mecanismos de defensa de los ciudadanos individuales frente a la administración y las oficinas de informaciones y reclamos, en este caso no estamos hablando de la expresión de intereses sociales, al igual que en el ejemplo anterior, debido a que estos mecanismos se reducen a intereses particulares y por lo tanto aluden a sujetos singulares.

(...)

La participación social se produce en agrupaciones de personas para la defensa de sus intereses sociales, es decir, en organizaciones a nivel de la sociedad civil. Estos intereses están asociados, por lo general, a la satisfacción de necesidades concretas mediante formas de organización social. La relación que se establece no es con el Estado, como en el caso de la participación ciudadana, sino que con otras instituciones sociales. De esta forma, el cooperativismo, el asociativismo, la autogestión, etc. no forman parte de la participación ciudadana en relación a los criterios establecidos por la autora; exceptuando aquellos casos en que exista una relación con la actividad pública, más allá de la mera obtención de recursos.

En el caso de la participación comunitaria, la relación con el Estado, de existir ésta, es meramente asistencial con el fin de impulsar acciones que son ejecutadas por los propios ciudadanos, las cuales están vinculadas a necesidades que afectan su vida más inmediata. La diferencia fundamental entre este tipo de participación y la participación ciudadana radica en que, en los primeros, la participación de estos grupos no se plantea respecto de una actividad pública sino de una actividad social, la cual eventualmente requerirá la asistencia técnica y/o económica por parte del Estado. Más precisamente, esta ayuda se enmarca en la función protectora de los individuos, la que se expresa en términos asistenciales, por lo tanto la participación de estos es mínima.

(...)

3.1 Del régimen democrático a una democracia de calidad

La democracia es más que un régimen político. Es una búsqueda histórica de igualdad y libertad, de justicia y progreso. Como tal, la democracia es una tarea inconclusa. Es más, si la democracia no logra perfeccionarse, su propia sustentabilidad y perduración está en riesgo, debido a que el impulso intrínseco por el poder y la dominación puede destruir la democracia. Por otro lado, donde no haya libertad, justicia y progreso, nacerá la lucha para alcanzarlos. Hoy en día la democracia es un camino para alcanzar estos valores, para un acceso legítimo al poder y para organizar los conflictos de intereses. Pero la democracia también representa el resultado de éstos.

El optimismo acerca de la estabilidad institucional de las democracias electorales junto a un aumento cualitativo de la democracia como mecanismo de selección de autoridades, de toma de decisiones y de resolución de conflictos no es unánime, tal como lo refleja una serie de publicaciones, entre las que se encuentra el informe del Programa de las Naciones Unidas para el Desarrollo (PNUD) "La Democracia en América Latina. Hacia una Democracia de Ciudadanas y Ciudadanos" publicado en 2004, así como el Anuario de Derechos Humanos publicado en 2010 por el Centro de Derechos Humanos de la Facultad de Derecho de la Universidad de Chile. Estas publicaciones coinciden en que, a pesar de notar un avance sostenido y aparentemente irreversible de las democracias electorales, hay que constatar una baja calidad o baja intensidad de las democracias, lo que genera no un malestar con la democracia sino un malestar en la democracia. Hoy en día, probablemente los riesgos de sufrir golpes de Estado hayan disminuido, pero acechan otros peligros: ha crecido la desconfianza en la democracia y en su capacidad de mejorar las condiciones de vida para la mayoría. Los partidos políticos tienen hoy su más bajo nivel de confianza. El ímpetu democrático se ha debilitado. La sociedad civil está movilizada prescindiendo de las instituciones clásicas de nuestra democracia.

Los nuevos movimientos rechazan la concentración de poder en manos de unos pocos, la que es considerada como la causante de la desigualdad, la injusticia y la falta de cohesión social que conduce a la violencia. Rechazan un sistema económico obsoleto y anti-natural por medio del cual se enriquecen unos pocos para empobrecer a la gran mayoría. Este manifiesto del movimiento constituye una plataforma mínima en torno a la cual se articulan las más diversas demandas, grupos y movimientos de las más diversas características y todo ello, recurriendo a la Internet, una herramienta hoy en día muy interactiva y muy amigable para que todo ciudadano pueda usarla para sus fines. El modelo de organización en red, a partir del cual se estructuran las principales actividades de la sociedad de la información, también es un modelo referencial para los movimientos y redes sociales de resistencia y oposición al proceso de globalización. En este escenario con base tecnológica de Internet, las redes sociales de resistencia emplean de manera innovadora las redes informáticas, la política informativa y las formas organizativas en red. Dentro de esta nueva lógica, la capacidad de influir en la opinión pública constituye un medio muy importante para acrecentar el poder social.

Al mismo tiempo, el modelo comunicativo de Internet contribuye a reducir la dependencia de los canales tradicionales de comunicación. Las organizaciones cuentan con la oportunidad de difundir sus discursos y acciones más allá de las fronteras locales, logrando apoyos y reconocimientos a escala mundial. La mediatización de sus mensajes forma parte de las nuevas herramientas de lucha, la visibilidad de la acción se constituye en un requisito indispensable. Sin desconocer las dificultades de acceso, tanto a nivel de recursos materiales como en lo relativo a la necesidad de poseer ciertos conocimientos específicos, Internet ofrece a los movimientos la posibilidad de ser los creadores de sus mensajes y no depender de la voluntad política y económica de los grandes conglomerados multimedia. La ampliación del acceso a la información y la posibilidad de producir su propia información, modifica los estilos de la intervención política.

(Ferrero, M. & Hoehn, M. [2014]. *Participación ciudadana - un marco teórico*. Asesoría parlamentaria BCN, Departamento de Estudios, Extensión y Publicaciones, Biblioteca del Congreso Nacional. Recuperado de http://www.giorgiojackson.cl/wp-content/uploads/2014/09/marco-teorico-estudio-participacion-ciudadana.pdf)

- A partir del texto, ¿cómo se entiende la participación ciudadana?

- Explica cómo las formas de participación ciudadana a las que se refiere el texto sustentan al sistema democrático y de conformación de los movimientos sociales.

- ¿Cuáles son los elementos coyunturales que hoy nos permiten ampliar el concepto de "participación ciudadana"?

FUENTE 3: Trabajemos con videos

A continuación aparecerá un video que debes observar detenidamente y anotar tus comentarios en la siguiente ficha. Recuerda no perder de vista las evidencias que te permitirán contestar el problema/pregunta final. Recuerda también que puedes consultar con tu profesor cuando tengas dudas.

Dirección web: http://www.hispantv.com/noticias/china/253256/chile-masiva-marcha-estudiantil-augura-protestas

Publicado: viernes 22 de abril de 2016.

ANÁLISIS DE VIDEO HISTÓRICO	
Título	
Autor	Género ....
Año	Tipo de fuente ....
Tema central	
Contexto histórico (época, procesos históricos, principios históricos que aparecen, relación con contenidos)	
Información importante	
Importancia histórica ¿La acción relatada constituye un acto de participación ciudadana?	
Hechos y personajes destacados	

La participación ciudadana, en especial las acciones del movimiento estudiantil, contribuyen al fortalecimiento de la democracia, la eficacia de las políticas públicas y la consolidación de nuevas prioridades en la agenda política del país. Utiliza argumentos que se encuentren en las fuentes que permitan respaldar la tesis propuesta en torno a las diferentes formas de participación ciudadana, su importancia para el sistema político y la profundización de la democracia.

ANÁLISIS RESPUESTAS DE ESTUDIANTES

CASO 1. MUY BUENO

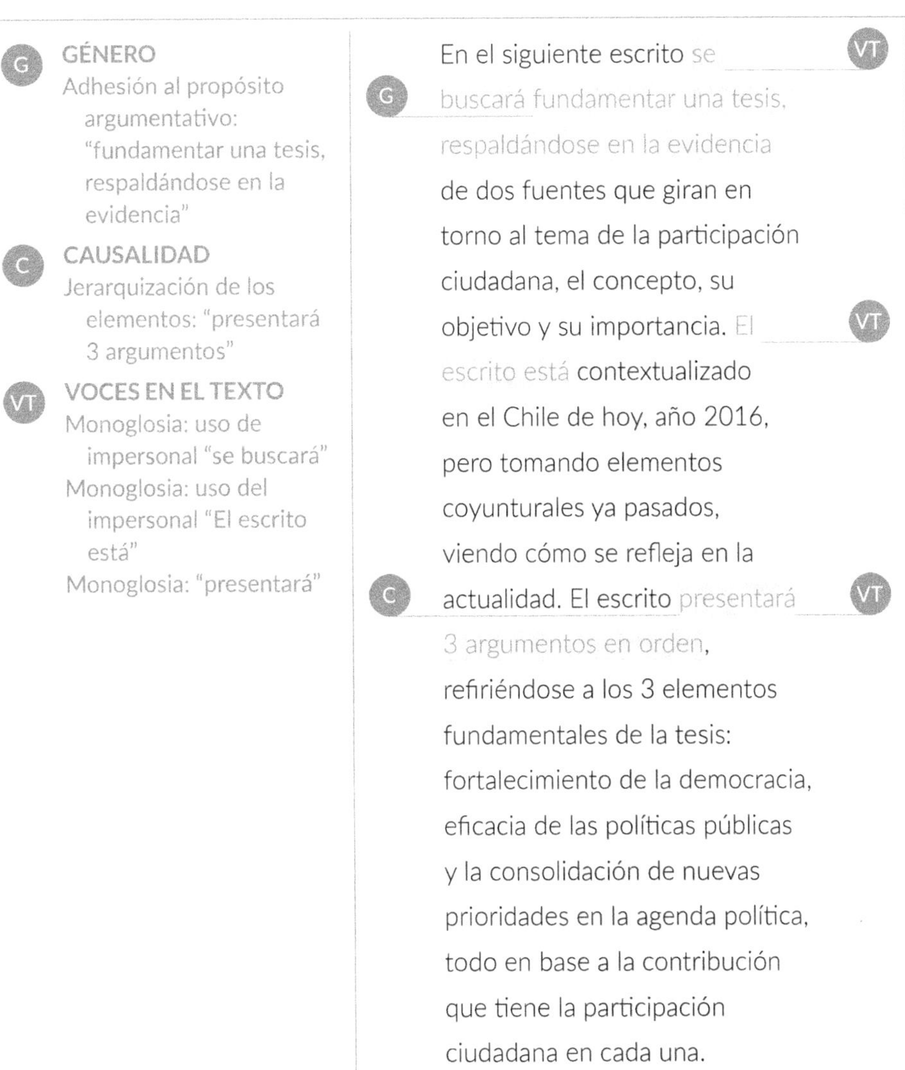

FIGURA 64: Análisis de respuesta estudiante de IV° Medio

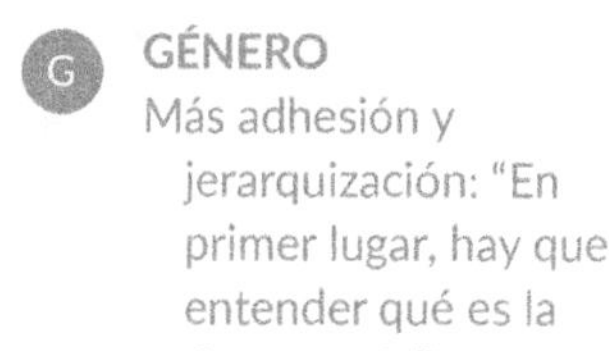

(G) GÉNERO
Más adhesión y jerarquización: "En primer lugar, hay que entender qué es la democracia"

(A) ABSTRACCIÓN
Concepto: "fortalecer... la democracia"

(VT) VOCES EN EL TEXTO
Heteroglosia: procesos relacionales "hay", "es"
Proceso mental/cognitivo "entender"
Heteroglosia, extravocalización por inserción
Calidad de la inclusión: Reformulación con sentido histórico

(G) En primer lugar, hay que entender qué es la democracia **(VT)** para entender luego su fortalecimiento, "La democracia es más que un régimen político. Es una búsqueda histórica de igualdad y libertad, de justicia y progreso (...) donde no haya libertad, justicia y progreso nacerá una lucha para alcanzarlos. Hoy en día la democracia es un camino para alcanzar estos valores (...)" **(VT)** (fuente 1). Esta cita quiere decir **(A)** que para fortalecer, sustentar o perfeccionar la democracia se necesita luchar por los valores de la misma.

ETAPA DEL GÉNERO: identificación de posiciones, fuente 1 + adhesión a la etapa + identificación posiciones de la fuente + voces en el texto + calidad de la inclusión + abstracción

FIGURA 65: Análisis de respuesta estudiante de IV° Medio

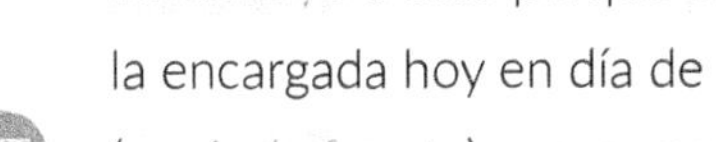

ETAPA DEL GÉNERO: identificación de posiciones, fuente 2 + adhesión a la etapa + identificación posiciones de la fuente + voces en el texto + calidad de la inclusión + abstracción

FIGURA 66: Análisis de respuesta estudiante de IV° Medio

(G) GÉNERO Fase del género "Esta lucha se evidencia"	**(G)** Esta lucha se evidencia también en el movimiento estudiantil, precisamente en la marcha del décimo aniversario de la Revolución pingüina, en donde la coordinadora de padres y apoderados Dafne Concha da cuenta de la desigualdad del sistema chileno "hasta ahora el sistema hace lo mismo (...) tratan de defender el lucro" (fuente 3), y la que evidencia la lucha por un cambio es la vocera de la CONFECH, Marta Matamala, quien dice "hay que seguir protestando para cambiar el sistema educacional (...) se seguirá protestando hasta que haya un salto sustancial" (fuente 4).
(C) CAUSALIDAD Agente: concepto "la participación ciudadana" Mecanismo: verbo que permite "contribuye"	**(C)** Por lo que la participación ciudadana contribuye al fortalecimiento de la democracia ya que hoy en día es una lucha para alcanzar los valores de la misma, como es el ejemplo del movimiento estudiantil. Al igual que con la democracia, para referirnos a cómo contribuye la participación ciudadana a la eficacia de las políticas públicas, hay que entender bien los conceptos de eficacia y política pública. Una política pública es una decisión del Estado para aplicar una ley en un ámbito que afecte a todas las personas, y no solo a un grupo (lo cual sería una política social), como es el caso de la ley de educación gratuita presente hoy en Chile. Si entendemos esta como consecuencia de un proceso participativo, con información pertinente y criterios de consulta donde se considere el parecer de las organizaciones de la sociedad civil o de otros actores relevantes de la comunidad, a partir de una metodología dialógica y de pedagogía social, entonces el acto resolutivo de las autoridades obtiene una mayor legitimación ciudadana (fuente 1). Esta cita es importante, ya que da cuenta del porqué la participación ciudadana contribuye a la eficacia de las políticas públicas: porque si se participa en la instancia correcta e incidiendo en gran parte en una decisión pública, la política restante obtendrá más legitimación, más eficacia.
(A) ABSTRACCIÓN Conceptos: "política pública", "decisión del Estado", "metodología dialógica", "pedagogía social", "proceso participativo", "sociedad civil"	
(VT) VOCES EN EL TEXTO Monoglosia: uso de impersonal "se evidencia" Heteroglosia, extravocalización por inserción, inclusión de cita "Dafne Concha da cuenta", "(fuente 3)" **Calidad de la inclusión:** Reformulación sin juicio Heteroglosia, extravocalización por inserción, inclusión de cita "quien dice", "(fuente 4)" **Calidad de la inclusión:** Reformulación con juicio	

ETAPA DEL GÉNERO: identificación de posiciones, fuentes 3 y 4
+ identificación posiciones de la fuente + voces en el texto + abstracción

FIGURA 67: Análisis de respuesta estudiante de IV° Medio

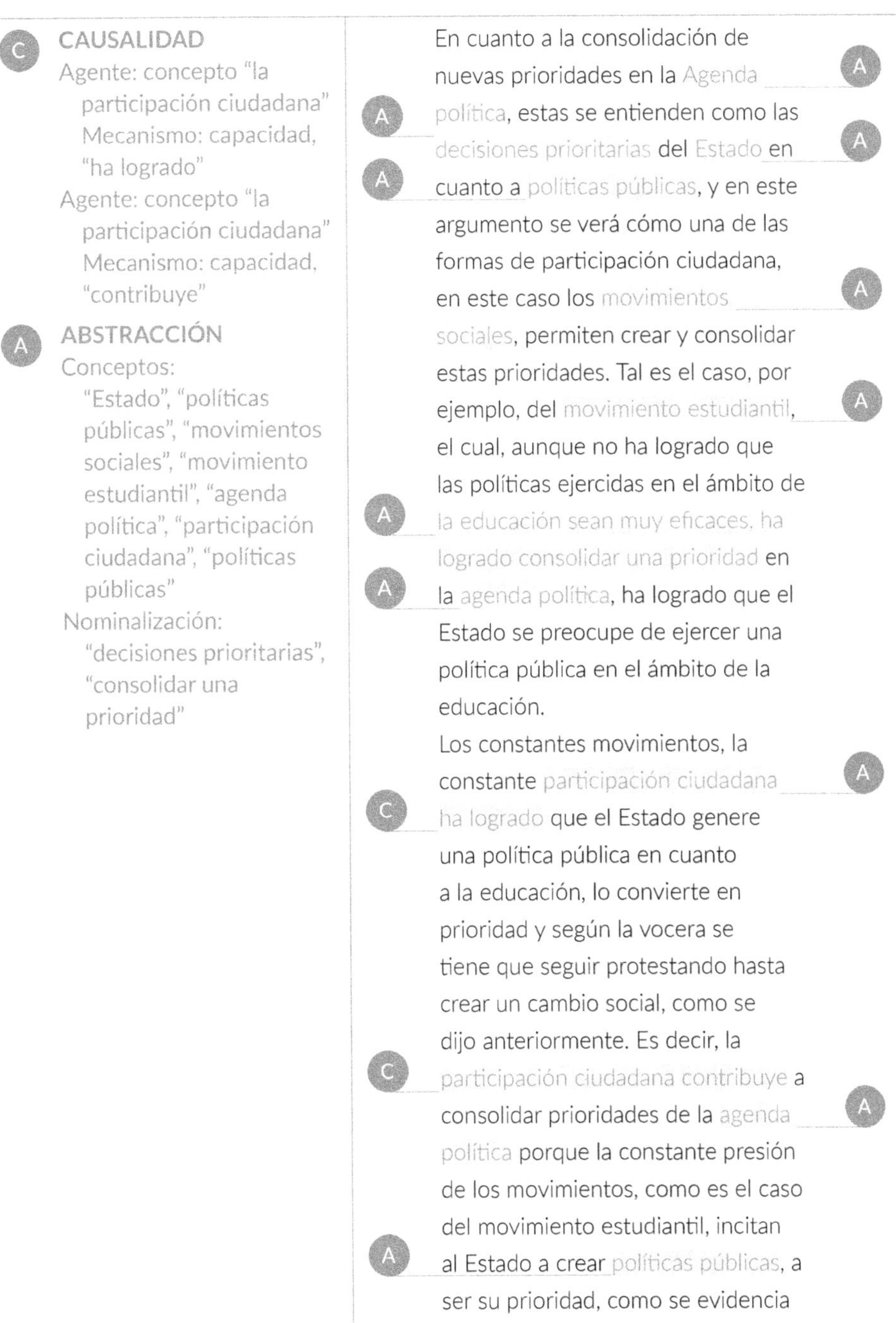

FIGURA 68: Análisis de respuesta estudiante de IV° Medio

(G) GÉNERO
Fase del género "En conclusión"

(C) CAUSALIDAD
Agente: "la participación ciudadana"
Mecanismo: "contribuye"
Consecuencia: "fortalecimiento de la democracia"
Agente: "participación ciudadana" (implícito)
Mecanismo: "contribuye"
Consecuencia: "la eficacia de las políticas públicas"
Agente: "participación ciudadana"
Mecanismo: "contribuye"

(A) ABSTRACCIÓN
"Movimiento estudiantil", "participación"

(VT) VOCES EN EL TEXTO
Monoglosia, proceso relacional "es"
Monoglosia, proceso material "se generaría", "contribuye"

(G) En conclusión, la participación ciudadana en efecto contribuye (C) al fortalecimiento de la democracia, porque hoy en día es una lucha para alcanzar los valores de la misma (libertad, justicia, igualdad y progreso), como es el ejemplo del movimiento estudiantil. También (C) claramente contribuye a la eficacia de las políticas públicas, ya que según la primera fuente, si (VT) la política pública es el resultado de un correcto proceso de participación ciudadana, teniendo incidencia el ciudadano en la (VT) decisión, se generaría una mayor legitimación de la política pública. Y finalmente, evidentemente (C) la participación ciudadana (VT) contribuye a la consolidación de prioridades de la agenda política, tal y como se evidencia en los logros del movimiento estudiantil, (A) el cual permitió la creación de una ley de educación gratuita (aunque poco eficaz), gracias a su (C) participación y movilización del año 2016.

ETAPA DEL GÉNERO: concluye reforzando la tesis + adhesión a la etapa + voces en el texto + causalidad

FIGURA 69: Análisis de respuesta estudiante de IV° Medio

CASO 2. SUFICIENTE

 **GÉNERO**
El propósito no está
asociado al del género
"defender mi postura"

 El siguiente texto tiene como objetivo defender mi postura frente a la participación, contribuye al fortalecimiento de la democracia, lo eficiente que pueden ser las políticas en la agenda política nacional.

ETAPA DEL GÉNERO: inicio adhesión al propósito – adhesión a la etapa

FIGURA 70: Análisis de respuesta estudiante de IV° Medio

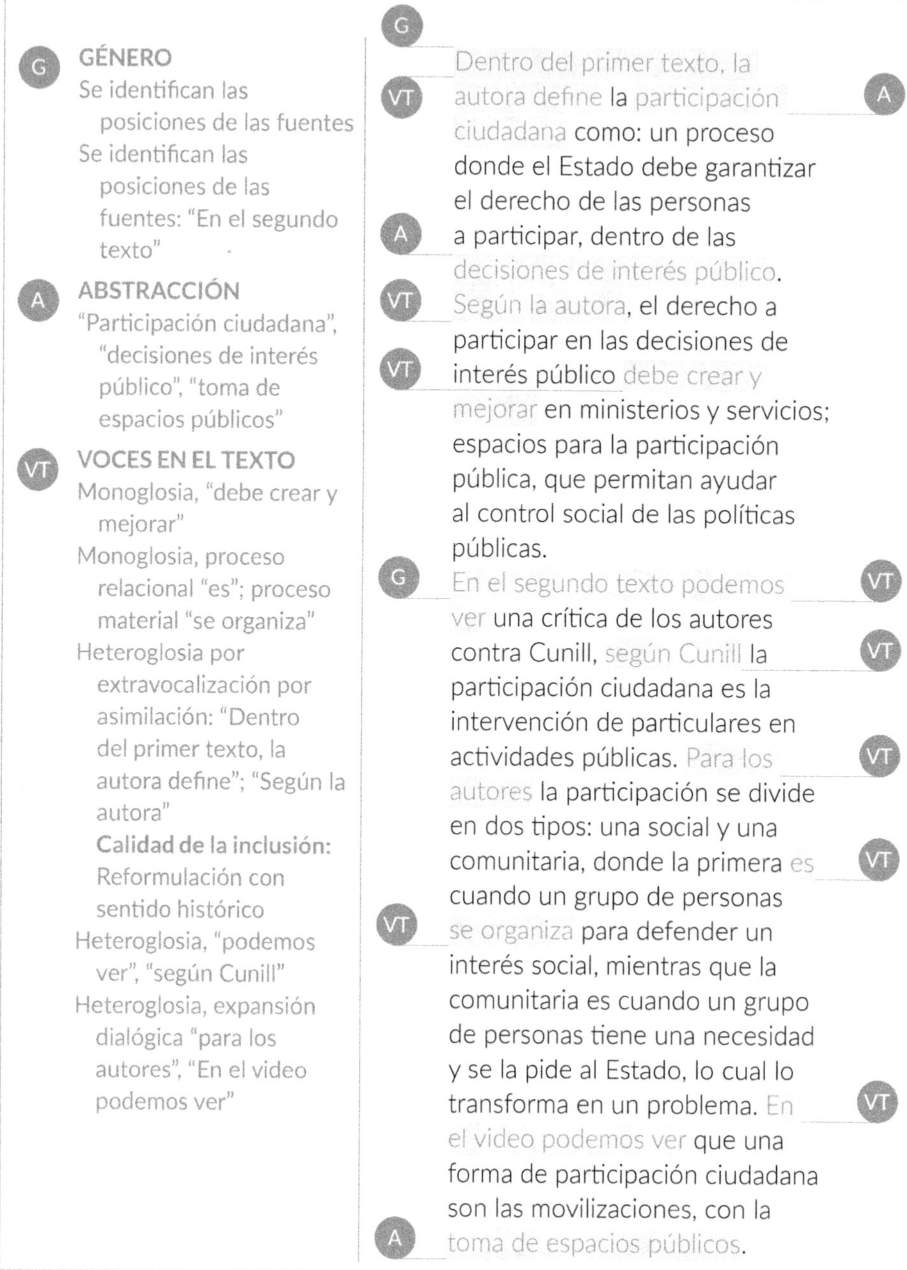

FIGURA 71: Análisis de respuesta estudiante de IV° Medio

GÉNERO
Se indica que se concluye de forma estratégica, sin tesis

En conclusión, una forma de mejorar la democracia sería garantizando el derecho a participación y escuchando las peticiones del pueblo.

ETAPA DEL GÉNERO: concluye reforzando la tesis – adhesión a la etapa del género

FIGURA 72: Análisis de respuesta estudiante de IV° Medio

EVALUACIÓN

OBJETIVOS:

- Identificar las formas de participación ciudadana en el Chile actual.

- Comprender la importancia de la participación ciudadana para el sistema democrático.

- Comprender los principales desafíos que enfrenta la organización democrática en el Chile actual y sus problemas.

Para llevar a cabo el propósito del problema/pregunta, el estudiante debía otorgar un marco temporal y espacial a la problemática. Posteriormente debía definir conceptos y posiciones para abordar el tema. En el desarrollo debía enunciar el argumento principal, así como evidencias que lo respaldaran. Finalmente debía reforzar su tesis.

En la secuencia "ciudadanía", los casos muestran un comportamiento distinto, ya que el de mejor desempeño comienza explicitando el propósito del escrito y otorgando el marco temporal y geográfico. En la etapa de "identificación de posiciones" define un concepto clave en su argumentación: democracia. En esta misma línea, comienza a relevar el rol de la participación ciudadana y la eficacia de las políticas públicas. Todo ello, mediante la utilización de evidencia con sentido histórico. En cambio, el caso insuficiente, si bien establece un propósito, lo realiza desde el lenguaje implicado ("mi postura"). En la etapa de "identificación de posiciones" define participación ciudadana, pero no relaciona los conceptos que se solicitan en el enunciado.

En la etapa "presenta un argumento principal respecto del tema", el caso 1 relaciona los tópicos y el caso 2 no presenta esta etapa.

En la etapa final, el caso 1 refuerza su tesis y el caso 2 realiza una estrategia retórica de abordar una relación que no explicitó en el desarrollo.

CASO 1

En la etapa "inicio" se explicita el propósito del género y se entregan elementos para su contextualización.

En la etapa "identificación de posiciones" describe los conceptos utilizando las fuentes 1, 2 y 3, desarrollando la perspectiva del alumno con la incorporación de agencias vinculadas a entidades sociopolíticas, no obstante, en uno de los conceptos, "participación ciudadana", indica los efectos ("contribuye"), pero no utiliza la evidencia. En relación con los contenidos, se presentan los conceptos claves asociados al contexto histórico relacionados con la pregunta. Con respecto a la causalidad, esta aparece expresada en diversos factores que se encuentran jerarquizados por el estudiante.

En la etapa "presenta un argumento principal respecto del tema" describe y relaciona cómo la participación ciudadana contribuye a la democracia y esta a la eficacia de las políticas públicas y su legitimación. Utiliza adecuadamente conceptos como "eficacia" y "legitimación", dando al texto un alto nivel de abstracción.

En la etapa "conclusión" relaciona los dos conceptos (participación ciudadana y democracia) y los aplica al movimiento estudiantil, evaluando la eficacia de las políticas públicas. La conclusión es débil, pues relata sin evidencia, por tanto, sus afirmaciones carecen de respaldo y, además, no establece relaciones con la pregunta/problema central.

CASO 2

En la etapa "inicio" se explicita un propósito no alineado con el género implicado en "mi postura", aunque establece la relación entre conceptos. El alumno comienza desarrollando el concepto de participación ciudadana, pero no emplea los requisitos del género en esta parte de su escrito, pues no establece el contexto en el cual se enmarca el tema. Por ello, lo evaluamos como medianamente adherido al género.

En la siguiente etapa, "identificación de posiciones", se describe el concepto de "participación ciudadana" utilizando la evidencia 1 y la referencia a un autor presente en la evidencia 2, pero no se indica el argumento de este. No establece la relación entre los conceptos que pide la instrucción dada al comienzo de la secuencia, por ello, en la rúbrica cumple con el nivel suficiente (en el ámbito "género"). Si bien presenta argumentos, estos no logran comprobar la validez de la tesis.

No elaboró la etapa "presenta un argumento principal respecto del tema y elabora evidencia".

En la etapa "conclusión" no establece un argumento. Se señala una relación no desarrollada antes (democracia con participación ciudadana) y utiliza una nominalización de sentido común: "la voz del pueblo". En relación con la perspectiva del uso de la evidencia, el texto es heteroglósico, pero presenta escasez de fuentes, aunque manteniendo planteamientos nucleares.

IDEAS PARA FINALIZAR

Las respuestas analizadas en este libro son una pequeña muestra de la infinidad de textos que escriben nuestros estudiantes en la Educación Básica y Media. Los 10 casos aquí estudiados son una aproximación que, aunque muy focalizada, nos habla de un fenómeno global (al menos occidental) del aprendizaje histórico: la relación de interdependencia entre la adquisición de lenguaje académico en la disciplina histórica y la evaluación de objetivos curriculares. Este fenómeno no solo ocurre en Historia, Geografía y Ciencias Sociales, es un aspecto transversal al currículum.

Los principales hallazgos del estudio en que se basó este libro (Henríquez, Carmona & Quinteros, 2018) caracterizaron el aprendizaje histórico como la adquisición simultánea y entrelazada de la disciplina y de su lenguaje disciplinar. La noción de "género histórico" nos ayudó a contextualizar el aprendizaje histórico al currículum escolar y nos permitió visibilizar al menos tres procesos indispensables de la práctica de la enseñanza de la Historia cuya meta sea el aprendizaje del pensamiento histórico:

1. Relacionar un objetivo con un determinado género histórico. Esto permitió asociar el cumplimiento de un objetivo curricular o didáctico a una tarea de lectura y escritura, y que los estudiantes visualizaran los pasos, los recursos históricos y discursivos para cumplir un objetivo. En otras palabras, hacer visible la habilidad histórica.

2. Establecer criterios históricos y discursivos para diseñar actividades de diferente propósito, sea este describir, contextualizar, explicar o argumentar. La identificación lingüística de cuestiones como la agencia histórica, la causalidad y la evidencialidad permiten, a su vez, focalizar la retroalimentación de los textos de los estudiantes a través de la identificación de las fases del género que no están desarrolladas correctamente.

3. Establecer criterios para evaluar el uso de evidencia histórica en cada género. La evidencialidad es uno de los indicadores más importantes de la calidad del pensamiento histórico. Los resultados indican que existen criterios de calidad dados por la cercanía a la evidencia histórica y que se expresan en cada una de las fases al interior de las etapas del género, caracterizadas en el estudio de Henríquez et al., 2018. Para la identificación de la calidad de la incorporación de la evidencia se utilizaron las nociones de Oteíza, Dalla Porta y Garrido (2014): 1. incorporación estratégica y/o errónea, 2. reformulación sin juicio, y 3. reformulación con inferencia, sentido histórico y/o juicio.

En la etapa más compleja, los estudiantes utilizaron la evidencia con sentido histórico adecuada al género y en la etapa menos compleja, los estudiantes usaron la estrategia de "cortar y pegar" sin sentido histórico. Hay otros textos que en apariencia construyen un discurso lógico y coherente, pero la evaluación de la calidad de la incorporación de la evidencia muestra dificultades que pueden llevar a la distorsión de las ideas nucleares de las fuentes. En una etapa de menor complejidad, los estudiantes utilizan estratégicamente la cita para demostrar al evaluador/lector que han usado los textos. Una cuestión que queda para futuros estudios es la caracterización de la heterogeneidad de los textos de los alumnos. Son pocos los textos homogéneos de principio a fin. En casi todos hay etapas mejor logradas que otras. Es decir, un mismo texto puede pasar por distintas fases de complejidad, sin ser homogéneo de principio a fin.

En relación con los géneros históricos y las preguntas/problemas evidenciamos que las mayores dificultades estuvieron en el género explicativo factorial. En sus respuestas, los estudiantes debían explicar la tensión entre un fenómeno ocurrido antes y después (de aliados a enemigos, como en el caso de la secuencia de I° Medio). En este sentido, relevamos el desafío de las mediaciones docentes para trabajar estas contradicciones e integrarlas en el desarrollo de la lectura y la escritura. En el género recuento histórico, los resultados muestran menores complejidades en el desarrollo de sus etapas, probablemente porque se trabaja más con preguntas descriptivas en el aula. De todas maneras, modelar la incorporación de marcos temporales y espaciales en los escritos es necesario para complejizar el desarrollo del pensamiento histórico. Queda como desafío enseñar la argumentación no solo en IV° Medio sino que hacerlo extensivo para otros niveles. Otro desafío es comprender cómo se pueden potenciar otras formas de escritura en las aulas chilenas como, por ejemplo, los escritos con propósitos investigativos o la utilización de la multimodalidad de las fuentes y el desarrollo del discurso oral histórico. La caracterización de los recursos histórico-discursivos aquí realizada proporciona evidencia sobre la adquisición del pensamiento histórico por medio de sus huellas en el lenguaje académico disciplinar. Estas evidencias permiten clarificar las oportunidades de aprendizaje y las prácticas de enseñanza que favorecen su desarrollo (formulación de preguntas históricas, prácticas de lectura de evidencia, prácticas de escritura histórica, retroalimentación, entre otras).

BIBLIOGRAFÍA

Ackerman, J. M. (1991). Reading, writing and knowing: the role of disciplinary knowledge in comprehension and composing. *Research in the Teaching of English, 25*, 133-178.

Altamirano, P., Godoy, G., Manghi, D. & Soto, G. (2014). Analizando los textos escolares de Historia, Geografía y Ciencias Sociales: la configuración multimodal de los pueblos originarios. *Estudios Pedagógicos, 40*(1), 263-280.

Biggs, J. & Tang, K. (2011). *Teaching for quality learning at university.* 4th ed. Maidenhead: Oxford University Press.

Carr, E. H. (1984). ¿Qué es la historia?: conferencias. Barcelona: Ariel.

Coffin, C. (2004). Learning to write history: the role of causality. *Written Communication, 21*(3), 261-289.

Coffin, C. (2006). *Historical discourse: the language of time cause and evaluation.* London: Continuum.

Concha, S., Aravena, S., Coloma, C. J. & Romero, V. (2010). Escritura expositiva en tres niveles de escolaridad: coherencia y dominio de recursos lingüísticos. *Literatura y Lingüística*, 75-92.

De La Paz, S. (2005). Effects of historical reasoning instruction and writing strategy mastery in culturally and academically diverse middle school classrooms. *Journal of Educational Psychology, 97*(2), 139-156.

De La Paz, S. & Felton, M. K. (2010). Reading and writing from multiple source documents in history: effects of strategy instruction with low to average high school writers. *Contemporary Educational Psychology, 35*(3), 174-192.

De La Paz, S., Felton, M., Monte-Sano, C., Croninger, R., Jackson, C., Deogracias, J. S. & Hoffman, B. P. (2014). Developing historical reading and writing with adolescent readers: effects on student learning. *Theory & Research in Social Education, 42*(2), 228-274.

Fogo, B. (2014). Core practices for teaching history: the results of a Delphi panel survey. *Theory & Research in Social Education, 42*(2), 151-196.

Halliday, M. (2004). *The language of science.* London: Continuum Halliday, M. & Martin, J. (1993). *Writing science: literacy and discursive power.* London: Falmer.

Harambour, A. (2016). Monopolizar la violencia en una frontera colonial. Policías y militares en Patagonia austral (Argentina y Chile, 1870-1922). *Quinto Sol*, Instituto de Estudios Socio-Históricos. Facultad de Ciencias Humanas. Universidad Nacional de La Pampa, *20*, 3.

Henríquez, R. & Canelo, V. (2014). Géneros históricos y construcción de la significación histórica en estudiantes de Licenciatura en Historia. *Onomázein*. Número especial IX ALSFAL, 138-160.

Henríquez, R. & Ruiz, M. (2014). Chilean students learn to think historically: construction of historical causation through the use of evidence in writing. *Linguistics and Education, 25*(1), 145-157.

Henríquez, R., Carmona, A. & Quinteros, A. (2018). Escribir historia desde las evidencias. Géneros históricos y sentido histórico en estudiantes de 8vo de Educación Básica. *Revista Signos. Estudios de Lingüística, 51*(96), 61-81.

Hyland, K. (2004). Disciplinary cultures, texts and interactions. In *Disciplinary Discourses. Social Interactions in Academic Writing* (pp. 1-19). Michigan: The University of Michigan Press.

Lago, I. (2008). *La lógica de la explicación en las Ciencias Sociales: una introducción metodológica.* Madrid: Alianza.

Latorre, I. & Henríquez, M. (2013). Historia, Geografía y Ciencias Sociales III° Medio. *Texto del estudiante.* Santiago de Chile: Zig-Zag.

Lee, P. (2005). Putting principles into practice understanding history. In M. Donovan & J. Bransford (Eds.). *How Students Learn: History in the Classroom.* Washington DF: National Academies Press.

Manghi, D. (2013). Géneros en la enseñanza escolar: configuraciones de significado en clases de historia y biología desde una perspectiva multimodal. *Revista Signos. Estudios de Lingüística, 46*(82), 236-247.

Manghi, D., Badillo, C. & Villacura, P. (2014). Alfabetización semiótica en clases de historia, estrategias de mediación desde un enfoque multimodal. *Perfiles Educativos, XXXVI, 146*, 63-79.

Martin, J. (2009). Genre and language learning: a social semiotic perspective. *Linguistics and Education, 20*(1), 10-21.

Martin, J. & White, P. (2005). *The language of evaluation: appraisal in english.* London: Palgrave MacMillan.

Martin, J. & Rose, D. (2008) *Genre relations: mapping culture.* London: Equinox.

Ministerio de Educación, Chile (2012). *Bases curriculares de la Educación Básica. Historia, Geografía y Ciencias Sociales.* Santiago, Gobierno de Chile. Recuperado de http://www.mineduc.cl/index5_int.php?id_portal=47&id_contenido=17116&id_seccion=3264&c=1

Moje, E. B. (2008). Foregrounding the disciplines in secondary literacy teaching and learning: a call for change. *Journal of Adolescent and Adult Literacy, 52*(2), 96-107.

Monte-Sano, C. (2010). Disciplinary literacy in history: an exploration of the historical nature of adolescents' writing. *Journal of the Learning Sciences, 19*(4), 539-568.

Monte-Sano, C., De La Paz, S., & Felton, M. (2014). Implementing a disciplinary-literacy curriculum for US history: learning from expert middle school teachers in diverse classrooms. *Journal of Curriculum Studies, 46*(4), 540-575.

Moss, G., Barletta, N., Chamorro, D. & Mizuno, J. (2013). La metáfora gramatical en los textos escolares de Ciencias Sociales en español. *Onomázein* (28), 88-104.

Müller, M. & García, A. (2016). *Manual del Sistema de Prácticas de la Facultad de Educación*. Pontificia Universidad Católica de Chile.

Navarro, F. & Alzari, I. (2014). *Manual de escritura para carreras de humanidades*. Buenos Aires: Editorial de la Facultad de Filosofía y Letras, Universidad de Buenos Aires.

Nystrand, M. & Graff, N. (2001). Report in argument's clothing: an ecological perspective on writing instruction in a seventh-grade classroom. *The Elementary School Journal*, *101*(4), 479-493.

Oteíza, T. (2009). Solidaridad ideológica en el discurso de la historia: tensión entre orientaciones monoglósicas y heteroglósicas. *Revista Signos. Estudios de Lingüística*, *42*(70), 219-244.

Oteíza, T. (2011). Representación de las memorias del pasado: intersubjetividad en el discurso pedagógico de la historia. En T. Oteíza & D. Pinto, *En (re)construcción: discurso, identidad y nación en los manuales escolares de historia y de ciencias sociales* (pp. 129-172). Santiago de Chile: Cuarto Propio.

Oteíza, T., Garrido, M. & Dalla Porta, C. (2014). La evidencialidad en la construcción de la significación histórica por estudiantes de Licenciatura de Historia. *Onomázein*. Número especial IX ALSFAL, 57-80.

Oteíza, T., Henríquez, R. & Pinuer, C. (2015). History class interactions and the transmission of recent chilean memory of human rights violations. *Journal of Educational Media, Memory and Society*, *7*(2), 44-67.

Peck, C. L. & Seixas, P. (2008). Benchmarks of historical thinking: first steps. *Canadian Journal of Education*, *31*(4), 1015-1038.

Reisman, A. (2012). Reading like a historian: a document-based history curriculum intervention in urban high schools. *Cognition and Instruction*, *30*(1), 86-112.

Rothschild, E. (2000). The impact of document-based questions on the teaching of United States history. *The History Teacher*, *33*, 495-500.

Ruiz, M. & Henríquez, R. (en revisión). Causal connection as used by high school students to respond to historical problems: properties of agency, temporality and finality.

Schleppegrell, M. & De Oliveira, L. C. (2006). An integrated language and content approach for history teachers. *Journal of English for Academic Purposes*, *5*(4), 254-268.

Shanahan, T. & Shanahan, C. (2008). Teaching disciplinary literacy to adolescents: rethinking content area literacy. *Harvard Educational Review*, *78*(1), 40-61.

Snow, C. & Uccelli, P. (2008). A research agenda for educational linguistics. In B. Spolsky & F. Hult (Eds.), *The handbook of educational linguistics*. Singapur: Blackwell.

Stahl, S. & Shanahan, C. (2004). Learning to think like a historian. Disciplinary knowledge through critical analysis of multiple documents. In T. L. Jetton & J. A. Dole (Eds.), *Adolescent Literacy Research and Practice* (pp. 94-115). New York: Guilford Press.

Stevens, R., Wineburg, S., Herrenkohl, L. R. & Bell, P. (2005). Comparative understanding of school subjects: past, present and future. *Review of Educational Research*, *75*, 125-157.

Van Boxtel, C. & Van Drie, J. (2008). Historical reasoning: towards a framework for analyzing students' reasoning about the past. *Educational Psychology Review, 20*(2), 87-110.

VanSledright, B. & Limón, M. (2006). Learning and teaching social studies: a review of cognitive research in history and geography. *Handbook of Educational Psychology, 2*, 545-570.

Vergara, A. (2012). Precios fijos y raciones: la Anaconda Copper Company en Chile entre 1932 y 1958. *Investigaciones de Historia Económica, 8*(3), 135-143.

Wineburg, S. (1991). Historical problem solving: a study of the cognitive processes used in the evaluation of documentary and pictorial evidence. *Journal of Educational Psychology, 83*(1), 73-87.

Wineburg, S. (2001). *Historical thinking and other unnatural acts: charting the future of teaching the past.* Philadelphia: Temple University Press.

Young, K. M. & Leinhardt, G. (1998). Writing from primary documents: a way of knowing in history. *Written Communication, 15*(1), 25-68.